智能网联汽车协同控制技术

王庞伟　王力　余贵珍　著

机 械 工 业 出 版 社

本书讨论的是借助车路协同技术的智能网联汽车系统。借助车路协同技术高效可靠的通信机制，可使交通路网内车辆和基础设施之间形成高效可靠的信息交互机制，进一步提高智能网联汽车的智能控制，有效解决交通拥堵和交通安全问题。

本书基于车路协同体系探讨了智能网联汽车的路径决策和速度引导方法，研究了智能网联汽车动力学模型、编队控制模型及编队切换控制技术和主动安全控制技术，最后介绍了研究采用的智能网联汽车编队控制硬件在环仿真平台。

本书适合从事车路协同技术应用和智能交通研究的人员阅读参考，也可以作为智能交通、人工智能等专业师生的参考用书。

图书在版编目（CIP）数据

智能网联汽车协同控制技术/王庞伟，王力，余贵珍著．—北京：机械工业出版社，2019.7（2024.11 重印）
ISBN 978-7-111-62896-5

Ⅰ．①智…　Ⅱ．①王…　②王…　③余…　Ⅲ．①汽车－智能通信网－协调控制－研究　Ⅳ．①U463.67

中国版本图书馆 CIP 数据核字(2019)第 109183 号

机械工业出版社（北京市百万庄大街 22 号　邮政编码 100037）
策划编辑：王　欢　责任编辑：王　欢
责任校对：黄兴伟　封面设计：严娅萍
责任印制：单爱军
北京虎彩文化传播有限公司印刷
2024 年 11 月第 1 版第 6 次印刷
184mm×260mm · 10.25 印张 · 246 千字
标准书号：ISBN 978-7-111-62896-5
定价：39.00 元

电话服务	网络服务
客服电话：010－88361066	机　工　官　网：www.cmpbook.com
010－88379833	机　工　官　博：weibo.com/cmp1952
010－68326294	金　　书　　网：www.golden－book.com
封底无防伪标均为盗版	机工教育服务网：www.cmpedu.com

序

交通在城市发展中的战略地位极为重要，一个便捷、高效、畅通的交通系统是城市可持续发展的重要保障。随着我国城镇化进程不断加快，汽车保有量逐渐增加，随之出现的交通拥堵和车辆事故问题愈发严重，不仅影响了道路行车的安全性，而且造成了巨大的能源浪费，进而成为制约城市可持续发展的重要因素。因此，如何缓解城市道路交通拥堵及提高交通安全，已经成为亟待解决的重要社会难题。

随着车联网和自动驾驶技术的迅速发展，智能网联汽车技术已成为当今学者用以解决交通问题的重要技术手段之一。该技术将交通系统所涉及的人、车、道路与移动互联网环境有机地结合在一起，从而使交通系统智能化，更好地实现安全、畅通和低能耗的目的。2018年4月，工业和信息化部、公安部、交通运输部联合发布了《智能网联汽车道路测试管理规范（试行)》；2018年12月，工业和信息化部发布了《车联网（智能网联汽车）产业发展行动计划》。由此可见，智能网联汽车已成为我国政府大力支持的未来交通系统重点发展方向。

本书由王庞伟等合著，从面向智能网联汽车行驶条件下交通评价体系入手，结合车车/车路无线通信技术的优势与城市道路交叉口的特征，详细阐述了面向智能网联汽车的高实时性车路协同体系，创新地提出了利用多源车路信息融合的实时交通运行状态评价方法。同时，基于新型交通评价结果，通过挖掘车路协同交互系统数据，以交叉口交通信号配时和路径转向信息作为影响因素，建立了智能网联汽车实时路径规划理论方法。基于作者的长期研究成果，本书充分考虑了无线通信系统的网络延迟、中断、丢包等情况，创新地提出了时变通信拓扑结构下的智能网联汽车编队控制理论；通过对具有共同行驶目的的所有车辆个体进行统一控制和管理，将交通流调整到最佳状态，使得复杂的交通控制得以简化，交通可组织性也同时增强，起到了缓解交通拥堵、提高道路通行能力的作用。最后，为应对无线通信时变性特征，作者研究了智能网联汽车协同避撞及切换控制方法，车队整体通过协同控制机制调整所有车辆单体性能，实现了队列稳定性，有效地减少了由于个别人为驾驶行为因素所造成的交通事故，保证了车辆行驶安全性。本书是智能网联汽车技术领域研究成果的重要总结，是作者在该领域多年辛勤研究凝练而成的，对智能网联汽车技术实际应用及理论研究具有重要价值。

展望未来，智能网联汽车是集汽车、交通产业与高性能计算芯片、人工智能、物联网等新一代信息技术深度融合的产物。这一发展将变革人们交通出行的行为模式，使其呈现出多元融合、人机协同、模拟思考的新特征。大力发展智能网联汽车技术，不仅是解决汽车社会面临交通安全、道路拥堵、能源消耗、污染排放等问题的重要手段，也是构建智慧出行服务新型产业生态的核心要素，更是推进交通强国、数字中国、智慧社会建设的重要力量。本书作者在相关技术上已有了前瞻性研究成果，同时也给从事智能交通技术研究人员提出了新的研究课题。

北京航空航天大学副校长，长江学者特聘教授　王云鹏

2019 年 4 月于北京

前言

交通拥堵和交通安全问题，是世界各国亟待解决的两大交通领域难题。近年来，随着车路协同技术在智能交通系统中的广泛应用，借助其高效可靠的通信机制，使得交通路网内车辆和基础设施之间可以进行高效可靠的信息交互，智能网联汽车技术随之应运而生。

智能网联汽车作为当今全球智能交通技术研究的热点，其发展已经超越了传统汽车产业的范畴，与人工智能、信息通信、大数据等新技术和新兴产业跨界融合，构建起新的汽车产业生态。智能网联汽车带来的不仅是汽车产业的深刻变革，也将对出行方式和道路交通系统带来重大变化，是备受关注的发展方向和焦点。近几年，美国、日本、德国等国家陆续发布各自在自动驾驶领域的法规和鼓励自动驾驶汽车的发展政策，布局智能网联汽车研发。我国也在努力推进智能网联汽车的发展，自 2015 年国务院发布《中国制造 2025》明确将发展智能网联汽车提升至国家战略高度后，国家发展改革委、工业和信息化部和科学技术部等各有关部门密集发布了《新一代人工智能发展规划》《智能汽车创新发展战略》《智能网联汽车道路测试管理规范（试行）》等一系列政策促进智能网联汽车的产业化发展。在可预见的将来，智能网联汽车的规模化应用将对交通基础设施、道路交通运行及交通管控方法产生巨大影响。

智能网联汽车是指，搭载先进传感器、控制器、执行器等装置，融合现代通信与网络技术，实现车与 X（车、路、人等）智能信息交换、共享，具备复杂环境感知、智能决策、车路协同控制等功能，可实现安全、高效、舒适、节能行驶，并最终替代人来操作的新一代智能汽车。智能网联汽车的主要优势在于，可以提供更安全、更节能、更环保、更便捷的出行方式和综合解决方案。智能网联汽车的技术架构主要涉及以下 6 种关键技术：

1）环境感知技术，包括利用机器视觉的图像识别技术、利用雷达的周边障碍物检测技术、多源信息融合技术、传感器冗余设计技术等。

2）智能决策技术，包括危险事态建模技术、危险预警与控制优先级划分技术、群体决策和协同技术、局部轨迹规划技术和驾驶人多样性影响分析技术等。

3）控制执行技术，包括面向驱动/制动的纵向运动控制技术、面向转向的横向运动控制技术、基于驱动/制动/转向/悬架的底盘一体化控制技术、融合车联网通信及车载传感器的多车队列协同和车路协同控制技术等。

4）V2X 通信技术，包括车辆专用通信系统技术、车间信息共享与协同控制的通信保障机制、移动网络技术、多模式通信融合技术等。

5）云平台与大数据技术，包括云平台架构与数据交互标准、云操作系统、数据高效存储和检索技术、大数据关联分析和深度挖掘技术等。

6）信息安全技术，包括汽车信息安全建模技术、数据存储和传输及应用三维度安全体系、信息安全漏洞应急响应机制等。

发展智能网联汽车，可以改善随着汽车保有量的增长带来的能源、环保、安全、拥堵等多方面问题，有利于建立新型社会交通体系和新型智慧城市，建立绿色、共享型汽车社会，有利于推动通信、交通、电子等相关产业的协同发展，有利于推动建设人工智能、大数据、机器人、工业互联网、智慧城市等多个万亿级产业的深度融合，对于汽车产业经济及社会和国家都具有战略意义。

本书结合车车/车路无线通信技术的优势与城市道路交叉口的特征，设计了面向智能网联汽车的高实时性车路协同体系，并定义了车辆与路侧智能设备间的数据交互方式，基于车路协同体系提出了一种利用多源信息融合的实时交通运行状态评价方法。该方法通过从上述数据交互系统得到的实时数据中选取评价指标进行模糊综合，引入多算子对来构成二级交通评价模型，并根据层次分析法确立指标权重；同时，根据仿真和实验结果建立了适用于各级道路参数的可变隶属度规则，从而融合动态车辆数据与静态路段参数，最终计算得出交通评价结果。基于以上评价结果，本书通过挖掘车路协同交互系统数据，以交叉口交通信号控制和路径转向信息作为影响因素，对传统路径规划系统得到的结果进行进一步的优选。该方法能根据当前时刻各路段的统计数据和实时信号机数据来预测各备选路线的行程时间，从而选择行程时间最少的路线。并且，根据智能网联汽车行驶数据，本书验证了该方法的有效性。

本书考虑了传统交通传感器精度上的限制及车辆状态信息获取的滞后性，认为目前交通信号控制系统很难根据实时车流量动态优化配时方案，来达到预期效果。但是，随着车路协同智能网联汽车技术的广泛应用，编队控制技术为未来城市交通控制系统提出了新的解决方案。智能网联汽车编队技术，可以使车辆行驶时保持理想的车距和车速，优化城市干线车流行驶状态，为缓解城市干线拥堵、提高道路通行能力提供新的技术手段和解决方案；同时，车路协同控制技术对具有共同行驶目的的所有车辆进行统一控制和车队化管理，使得复杂的交通控制得以简化，交通可组织性也同时增强，起到了缓解交通拥堵、提高道路通行能力的作用；最后，车辆队列依靠协同控制机制来调整所有车辆性能以保持一致，将交通流调整到最佳状态，有效地减少了由于个别人为驾驶因素造成的交通事故，保证了车辆的行驶安全性。

综上所述，面对新型车路协同体系，智能网联汽车欲达到更好的编队控制效果，需要设计可靠、有效的协同控制模型，来解决车车通信延迟、失效对车辆队列行驶安全性和稳定性造成的影响；充分利用道路条件，弥补传统控制模型缺陷，使智能网联汽车能够根据不同交通状况，准确预测未来交通状态和交通安全事故，进行动态路径优化及控制从而避免可能发生的交通拥堵和交通事故，为解决目前交通问题提供有力的技术保障。

本书第1、3~5、7~10章由王庞伟负责撰写，第2章由王力负责撰写，第6章由余贵珍负责撰写。项目组张名芳老师及研究生邓辉、蒋依伦、于洪斌为本书进行了资料收集和整理，在此表示感谢。同时，还要特别感谢北京航空航天大学副校长王云鹏教授为本书作序。

本书介绍的研究内容得到国家自然科学基金项目61603004、北京市自然科学基金资助项目4174088、北京市科技新星计划Z181100006218076、北方工业大学毓杰人才培养计划18XN154-003的资助，以及北方工业大学“城市道路交通智能控制技术北京市重点实验室”和北京航空航天大学“车路协同与安全控制北京市重点实验室”的大力支持，在此表示深深的感谢！

由于作者水平有限，书中难免存在不足之处，恳请广大专家、学者和读者批评指正。

作者

2019年4月

目　录

第1章

智能网联汽车相关技术发展过程

汽车现已成为人们日常生活不可或缺的一部分，全世界汽车保有量持续增长。随着经济持续稳定发展，我国的汽车工业得到了发展机遇。特别是改革开放以来，汽车工业产值加速增长，汽车产业在我国经济发展中起到了支柱作用和战略地位。截至2018年6月底全国机动车保有量已达3.19亿辆。

在汽车总量不断增长带动经济发展和提高生活水平的同时，能源消耗、环境污染、交通拥挤、交通事故等诸多问题（见图1-1）随之产生，直接影响着人民的生命安全，也导致巨额的经济损失。相关文献数据表明，对于世界上大多数国家，交通拥堵和交通安全事故（见图1-1）严重影响着人们的日常生活。在美国和欧洲，每年有超过40 000人因车祸死亡。我国2016年涉及人员伤亡的路口交通事故为21.284 6万起，共造成6.3万人死亡和22.643万人受伤，比2014年分别上升8.2%、8.6%、6.9%。以上国内外数据表明，随着道路交通环境的发展和汽车保有量的增长，道路交通事故造成的伤亡人数和财产损失对社会的影响十分恶劣。这引起各国政府高度关注[1]。

图1-1 车辆的增多带来交通拥堵和事故

根据公安部交通管理局的数据，近年来发生在我国境内的交通事故中，不同类型事故的占比及其对应经济损失的占比如图1-2所示[2]。

如图1-2所示，车辆碰撞事故的数量占比最高，相应财产损失占比也最大。所以避免碰撞事故可以最大限度地减少交通事故数量，避免财产损失。通过有关文献分析可知，驾驶人操作失误、道路状况信息获取不及时是导致碰撞事故的主要原因[3]。

如何利用最新的科技手段解决交通安全问题备受关注。世界各国相继出现了很多解决交通碰撞事故的车辆安全控制技术，如驾驶辅助安全系统，包括超速提醒、盲点监测、车距提醒、辅助换道等以及车辆主动避撞控制系统（或主动制动系统）等。其中很有代表性的是车辆主动避撞控制技术。该技术通过先进的传感器技术（雷达、超声波传感器等测距）检测车辆前方障碍物的距离信息和前方车辆的距离、速度信息，控制车辆在遇到紧急情况时自动制动。该技术受到了汽车行业的广泛关注。

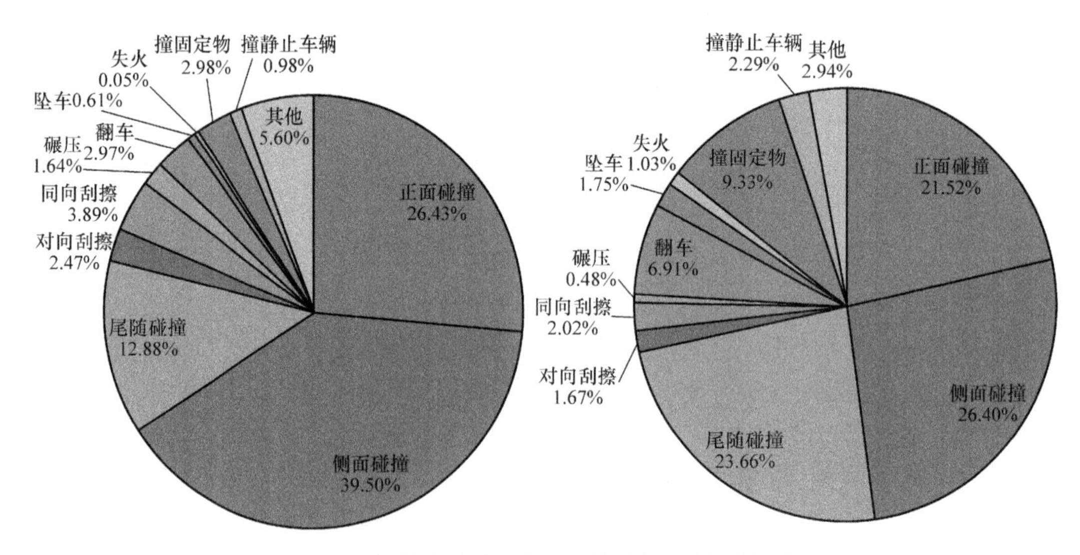

图 1-2 不同类型事故的占比及其对应经济损失的占比

1.1 车路协同技术

车路协同系统（Cooperative Vehicle Infrastructure System，CVIS）是采用先进的无线通信和新一代互联网等技术，全方位实施车车、车路动态实时信息交互，并在全时空动态交通信息采集与融合的基础上开展车辆主动安全控制和道路协同管理，充分实现人车路的有效协同，保证交通安全，提高通行效率，从而形成安全、高效和环保的道路交通系统，如图1-3所示。作为智能交通系统（Intelligent Transportation System，ITS）发展的主要方向之一，车路协同系统的应用范围非常广泛。基于车路、车车通信的车路协同系统不仅能有效减少各种碰撞事故的发生，如人车主动避障、车车主动避障、危险路段预警等，且能够在大范围内

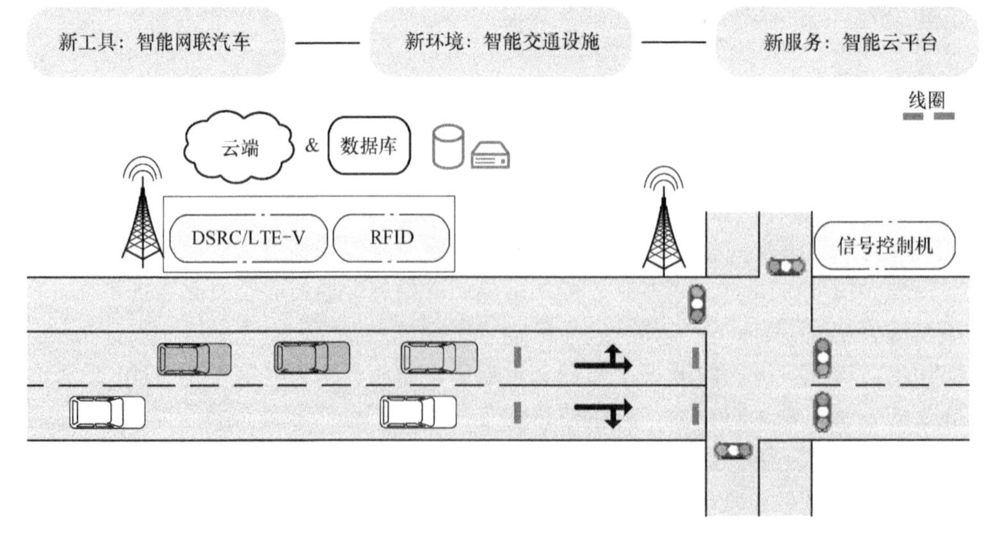

图 1-3 车路协同系统架构

实现交通协调控制，如交通信号协调控制、实时路径诱导、公交优先控制等。车路协同技术在提高交通运输效率、缓解交通拥堵、减少尾气排放等方面可发挥重要作用[4]。

车路协同系统通过开发和集成各种车载和路侧设备及通信技术，让驾驶人在驾驶中能够更好和更安全地进行决策。当其与车辆自动安全系统结合应用时，在面对危险的情况下，如果驾驶人不能或没有及时做出响应，则会自动响应并进行操作，在增强了安全预防的同时减轻了碰撞损失。此外，运输系统管理者、车辆运营商、出行人都能得到所需数据，为机动性、安全性、运输成本等做出动态决策。建立车路协同系统，实现车路协同控制，改善交通安全，提高通行能力，达到安全高效、节能环保的目的。车路协同技术结构框图如图 1-4 所示。

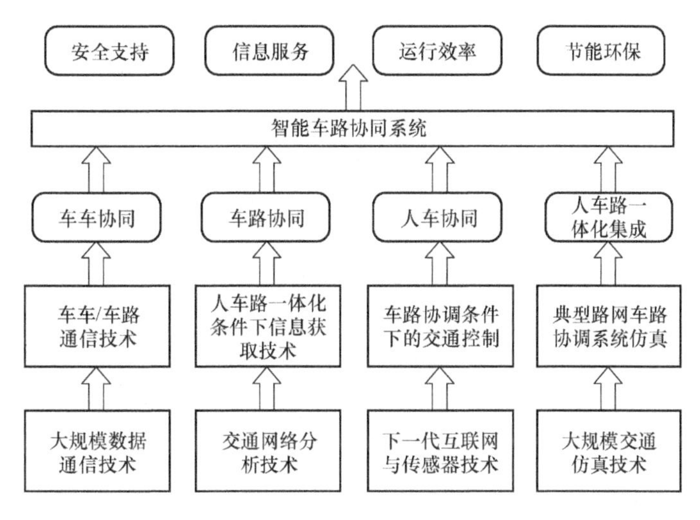

图 1-4 车路协同技术结构框图

车路协同技术在国内外都是近几年才发展起来的新技术，对缓解交通拥堵及改善交通安全都有很大帮助，因此备受关注。

1997 年，美国（加州）进行了自动公路系统的演示，并于 1998 年开始组织智能车先导（Intelligent Vehicle Initiative，IVI）计划、协同式车辆－公路自动系统（Cooperative Vehicle－Highway Automation Systems，CVHAS）以及车路协同（Vehicle Infrastructure Integration，VII）计划的研究。2007 年，VII 计划被美国交通部（Department of Transportation，DOT）更名为 IntelliDrive。2009 年 11 月 8 日，美国交通部发布了《智能交通系统战略计划 2010—2014》，为之后五年的智能交通系统（Intelligent Traffic System，ITS）研究项目提供战略引导。2012 年，相关部门在美国加州、密歇根州等地建立了相应的车路协同城市平台。2014 年 2 月，专用短程通信技术（Dedicated Short Range Communications，DSRC）被美国交通部确认为 V2V 通信的标准。美国 ITS 关键的安全性应用领域要求采用 5.9GHz DSRC。

2001 年，欧盟发表白皮书《面向 2010 年的欧盟交通政策：时不我待》（European Transport Policy for 2010：Time to Decide），提出到 2010 年道路死亡人数减少 1/2 的宏伟目标。为实现这个目标，欧盟启动了 eSafety 计划。2004 ~ 2010 年，欧洲投入了大量经费研究车路协同，解决了一系列车路协同系统关键技术，并先后推出了 PReVENT、SAFESPOT、CVIS、COOPERS 等项目。但欧洲对车路协同的研究并未就此止步，2011 年启动了面向 2020 年的

DRIVE C2C 项目，重点研究车车通信环境下的交通安全技术及应用。

1991 年，日本政府组织警察厅、通产省等部门开始研发 VICS 并投入运行。1994 年，日本警察厅、运输省等 5 个部门联合成立日本路车交通智能协会（Vehicle Road and Traffic Intelligence Society，VERTIS；已更名为日本智能交通协会，即 ITS Japan）。2001 年，日本开始安装使用 ETC。2004 年，日本提出了 SmartWay 项目。2011 年，以 SmartWay 的研究为基础，在全日本高速公路上开始安装部署 ITS 的设备和系统。VICS、VERTIS 和 ETC 是车路协同的初级阶段，从 SmartWay 项目开始，日本进入了系统研究车路协同技术的新阶段[5]。

我国的科研机构从交通的组成要素人、车、路三个不同角度，开展了车路协同的研究工作，取得了许多有价值的成果。针对车辆的辅助驾驶，开展了基于机器视觉和雷达技术的道路环境感知技术、危险状态识别技术及安全辅助驾驶等方面的研究，取得了车道偏离报警、前向危险报警、安全车距保持等方面的研究成果。清华大学是较早开始进行车路协同技术研究的单位之一。从 2008 年起就进行了一系列车路协同试验和仿真，研究内容涉及基于 NS2 的城市交通环境无线通信建模、基于无线传感器网络的交通信息提取等。这些研究所取得的一系列成果为车路协同实际系统的构建提供了有效支持[6]。2015 年，清华大学校园成为我国车路协同首个园区运行示范基地，校园内 8 处交通复杂路口建设应用车路协同路侧系统，实现对周边环境目标的动态检测，并通过 DSRC、Wi – Fi 和 LED 发布；在 30 辆校园公交车安装一体化车载终端，给驾驶员提供安全预警[7]。

企业方面对车路协同也展开了大量研究，并取得了一定的成果。华为公司于 2015 年在南京举办的“第十四届亚太智能交通论坛”上，与清华大学进行了演示车路协同的技术展示。2017 年底，5G 汽车通信技术联盟（5G Automotive Association，5GAA）上海会议期间，华为公司公布了 LTE – V2X 近期的测试结果。测试结果显示，LTE – V2X 直连通信覆盖达到 1km 以上，能有效提供两车面对面相对时速达 500km/h 下的卓越性能；高密度拥堵的交通场景下（400 辆车在十字路口），通信时延小于 20ms，消息发送成功率超过 90%。2018 年 7 月，华为公司发布了全球首款支持 Uu + PC5 并发的路侧产品（Road Side Unit，RSU）。2018 年 10 月，“世界智能网联汽车大会”成功召开，车路协同技术再次成为热门。阿里巴巴公司推出自己的自动驾驶车 + 路侧“感知基站” + 云控平台，实现云端、路端、车端一体的智能方案[8]。

LTE – V 车联网系统如图 1-5 所示。我国车路协同技术的发展路线如图 1-6 所示。

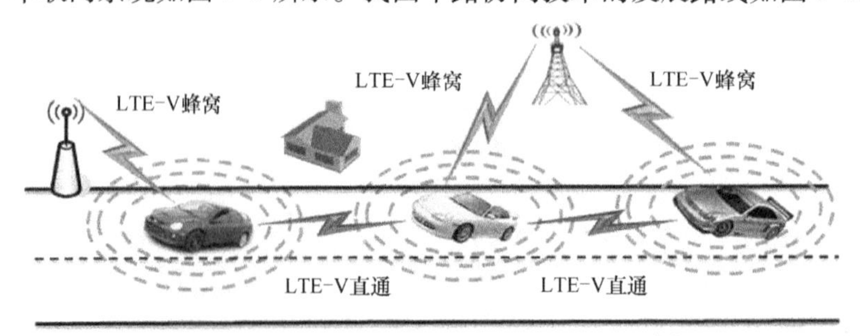

图 1-5　LTE – V 车联网系统[9]

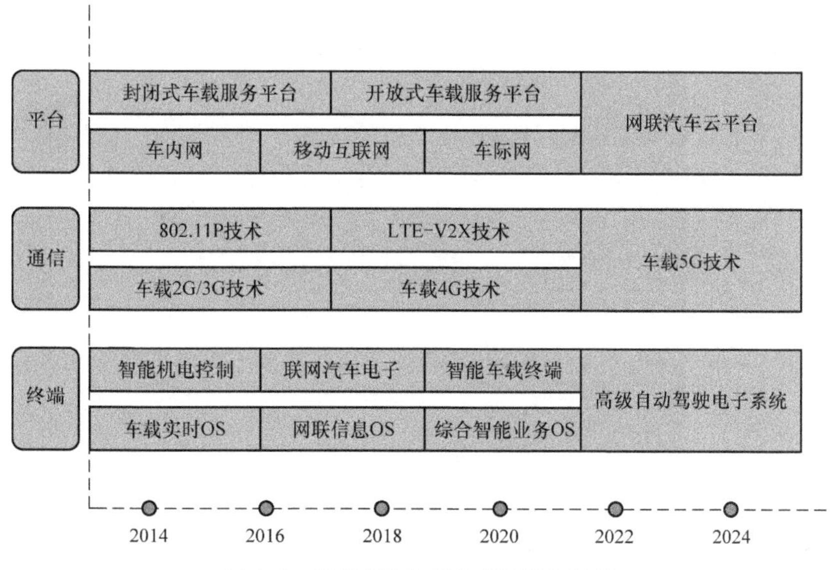

图 1-6 我国车路协同技术的发展路线

智能网联汽车作为物联网浪潮下的典型应用，市场规模已具备，并且有着巨大的发展空间。2018 年，每年新车出货量可能超过 1 亿台，而其中 60% 的新车可实现联网（见图1-7）。到 2020 年，所有出厂汽车均必须装前联网模块。目前这一比例为 20%。从全球看，GSMA 与 SBD 预计，到 2018 年，全球车联网的市场总额有望达 390 亿欧元，互联网连接将成为未来汽车的标配，到 2025 年 100% 的汽车将具备移动互联网接入功能。据美国 Gartner 集团的 Machina Research 公司预计，到 2024 年，汽车领域连接数将达 1.2 亿。而 Business Intelligence 公司的估计更加乐观：2021 年，连接的汽车数量将达 3.8 亿。就我国而言，近几年，我国车联网产业的市场规模可能发展到千亿人民币级别。

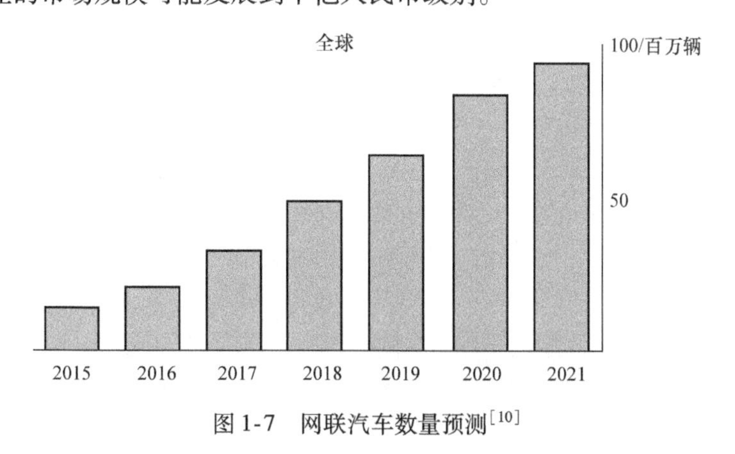

图 1-7 网联汽车数量预测[10]

总体而言，目前我国的车路协同系统研究仍处于初级阶段，和国外研究相比有一定差距。早期我国的车路协同技术，大多是采用日本汽车电子巨头电装公司和澳大利亚 Cohda 无线公司的设备，但现在从芯片到终端，都有国产设备，而且一些终端设备都支持 DSRC 和 LTE－V 两种感知通信技术，在车路协同的全球市场建立了自己的优势。

1.2 智能网联汽车技术

智能网联汽车是搭载先进的车载传感器、控制器、执行器等装置，融合现代网络通信技术的一种新型智能汽车，实现车与X（人、车、路、云端等）智能信息交换共享，拥有复杂的环境感知、智能决策、协同控制和执行等功能，保障车辆安全、舒适、节能、高效行驶，并最终可替代驾驶人实现自动驾驶，如图1-8所示。

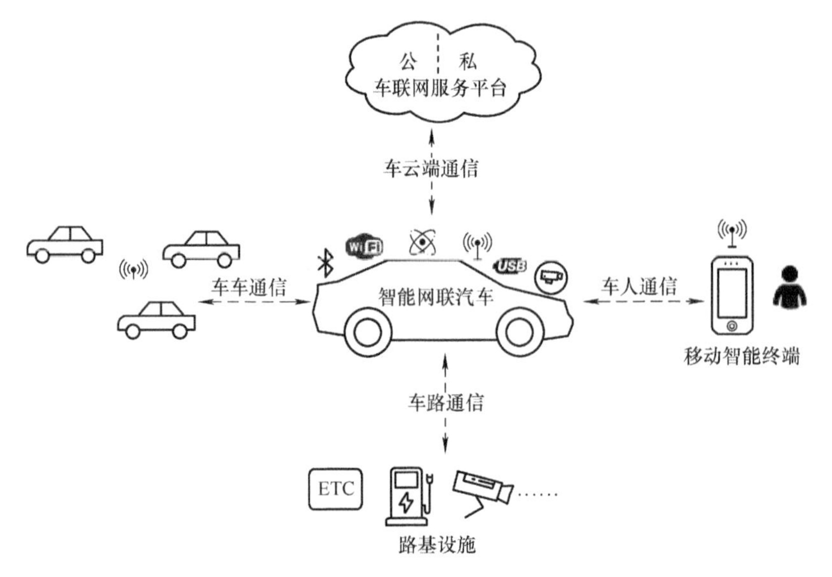

图1-8 智能网联汽车系统结构图[11]

从发展历史来看，1885年，卡尔·本茨制造出世界上首辆三轮汽车；1939年，美国通用汽车公司首次展出无人驾驶概念车；1970年前，一些车企尝试使用射频和磁钉的方式引导车辆实现自动驾驶；1980年开始，美国国防部高级研究计划局（Defense Advanced Research Projects Agency，DARPA）进行了自动驾驶陆地车辆军事化应用的研发；1995年，美国卡耐基梅隆大学研制出的无人驾驶汽车在州际公路上完成了测试；2009年，美国谷歌公司推出了无人驾驶汽车计划（见图1-9a）。2015年，福特公司获得美国加州的自动驾驶车辆测试许可。2017年至今，自主式和网联式加速融合，更高级别驾驶辅助技术逐渐成熟[12]。

a)　　b)

图1-9 智能驾驶汽车

从20世纪90年代开始，我国各高校及车企也展开了对自动驾驶技术的研发。1992年，国防科技大学研制出国内第一款自动驾驶汽车CITAVT－I型自主车。2011年，一汽红旗HQ3无人驾驶车完成从长沙至武汉286km的路测。2015年，百度无人驾驶汽车完成北京开放高速路的自动驾驶测试。2016年，长安汽车完成2000km超级无人驾驶测试（见图1-9b）[13]。

百度公司也积极推动智能汽车技术进步，全力提升Apollo平台（见图1-10）安全性的同时，也催生了无人配送车、无人清扫车、无人微循环巴士等“自动驾驶新物种”出现，促进了自动驾驶产业发展[14]。

图1-10 百度Apollo无人驾驶汽车

智能网联汽车融合了多项关键技术，如环境感知技术、无线通信技术、智能互联技术、信息融合技术、人机界面技术和信息安全与隐私保护技术等。智能网联汽车主要包括环境感知系统、决策与控制系统和执行系统（见图1-11）。感知主要可分为自主式感知和网联式感知。通过车载传感器获得的对复杂环境的感知，称为自主式感知；借助现代通信和网络技术来感知环境，称为网联式感知。在大数据时代，自主式感知可以由通信设备传播至互联网络，同时网络式感知也可分发至智能网联汽车，这是一个交互的过程。存在于互联网络中的智能网联汽车，通过这样的密切交互，形成了一种特定的新型网络系统——车联网。而车联网并不只是一般意义上的信息服务，它除了包括车车通信、车路通信和车内部的通信外，还包括了在移动互联下能提升安全和节能等方面指标的信息服务。

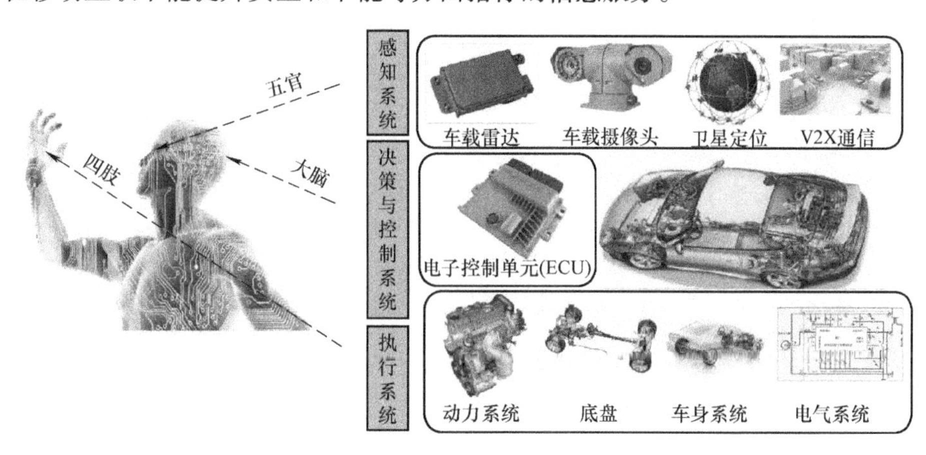

图1-11 智能网联汽车主要组成

目前在智能化方面，业内普遍接受的是美国汽车工程师协会（Society of Automotive Engineers，SAE）的分级定义。它分为L1 驾驶辅助（Diver Assistance，DA）、L2 部分自动驾驶（Partial Automation，PA）、L3 有条件自动驾驶（Conditional Automation，CA）、L4 高度自动驾驶（High Automation，HA）、L5 完全自动驾驶（Full Automation，FA）五个等级，如图1-12所示。如果包含L0 无自动驾驶（No Automation)，则可视为6 个级别。

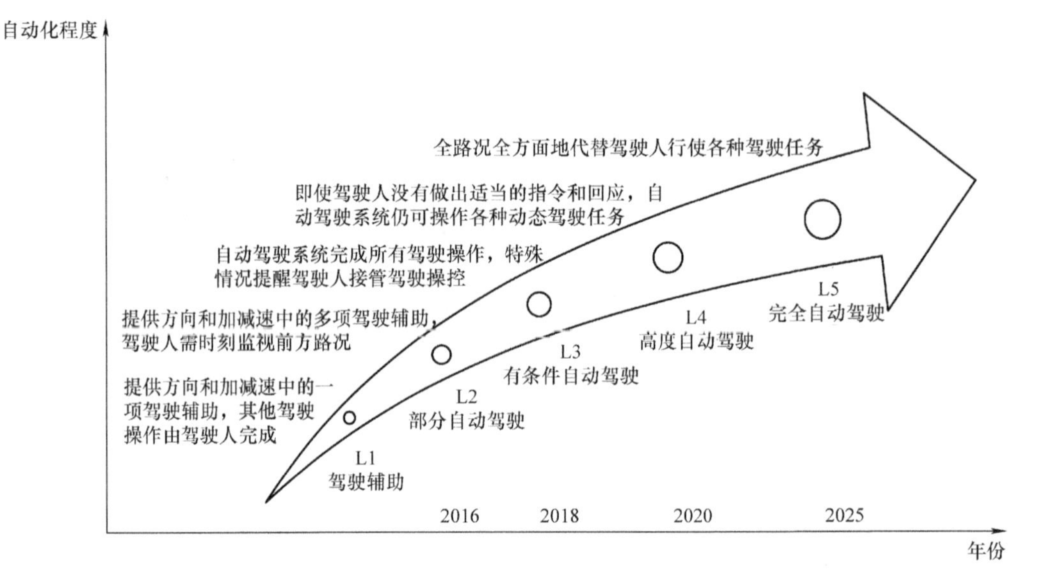

图1-12　智能汽车技术发展路线

无自动驾驶：驾驶人是整个汽车系统的唯一驾驶决策者和操作者，驾驶人控制方向盘、加速踏板、制动踏板、档位等来实现对汽车的驾驶和控制。

驾驶辅助：系统可提供方向和加减速中的一项驾驶辅助功能，如自适应巡航控制（Adaptive Cruise Control，ACC）功能或车道保持辅助（Lane Keeping Assist，LKA）功能，其他驾驶操作由驾驶人完成。驾驶辅助按其功能可分为两类——预警类驾驶辅助和执行类驾驶辅助。在遇到紧急情况时，预警类驾驶辅助功能只发出告警信号，由驾驶人决定如何操作；而执行类驾驶辅助功能则可自主判断决策，控制车辆实现加速、制动、转向等动作，以避免碰撞。

部分自动驾驶：两个以上的方向和加减速中的驾驶辅助功能被组合在一起（如车道变换)，提供方向和加减速中的多项驾驶辅助，如ACC 功能与KLA 功能组合在一起，但驾驶人需要时刻监视前方路况的变化，需要根据车辆环境随时接管对车辆的操作。

有条件自动驾驶：驾驶人短暂地释放对车辆的控制，由系统完成对方向盘、加速踏板和制动踏板等的所有驾驶操作。特殊情况下，如驶离高速公路等，车辆判断是否需要将车辆操控权交还给驾驶人，如果需要则提醒驾驶人，驾驶人按要求接管对车辆的驾驶操控。

高度自动驾驶：驾驶人可长时间地释放对车辆的控制，实现高速公路全部路况和特定市区全部路况的无人驾驶，如封闭的小区或特定的市区路段。特殊情况下，如驶离封闭的小区或特定的市区路段，系统提醒驾驶人是否接管驾驶操控，驾驶人可以不响应。

完全自动驾驶：这是最高程度的自动驾驶，即车辆在整个行驶过程中，完全自动控制，

全程检测交通环境，能够实现所有的驾驶目标；驾驶人只需提供目的地或者输入导航信息，实现门到门的货物或人员运输；方向盘与制动踏板的操作为可选项，驾驶人操作也为可选项。

1.3　车辆编队技术

在传统车辆控制技术的基础上，新兴智能车路协同系统（Cooperative Vehicle - Infrastructure System，CVIS）技术的广泛应用给车辆主动安全技术带来了崭新的产业变革。车路协同系统将具有共同行驶目的的车辆进行统一化管理，从而促进了车辆编队技术的应用[15]。日本汽车行驶电子技术协会（JSK）最早提出的车辆编队控制技术，目的在于充分利用道路条件，保证道路交通安全与高效行驶的条件下，将一系列车辆进行统一车辆队列管理，使具有相同行驶路径的车辆能够根据交通状况，以协同合作的方式完成车辆队列巡航、跟随、组合与拆分、换道等相关控制策略[16]，如图1-13所示。

图1-13　车路协同系统中车辆编队行驶

车路协同控制系统对具有共同行驶目的的所有车辆进行统一控制和车队化管理，使得复杂的交通控制得以简化，交通可组织性也同时增强，起到了缓解交通拥堵，提高道路通行能力的作用；并且，车辆队列依靠协同控制机制调整所有车辆单体的性能保持一致，将交通流调整到最佳状态，有效地减少了由于个别人为驾驶行为因素所造成的交通事故，保证了车辆行驶安全性。基于以上优点，车队协同控制成为解决交通安全和避免碰撞事故问题的新手段[17]。

国外的早期车路协同研究开始于20世纪80年代，同时也开辟了车辆队列协同控制的先河。美国加州大学伯克利分校于1986年就成立了PATH项目组，对车辆队列控制模型展开了研究，并联合美国加州交通管理局和相关领域的数家公司、机构共同开展了高速公路智能车队驾驶实验。该项目得到美国政府、科研机构和社会各界的广泛支持，取得了丰硕的研究成果，为美国加州的地面交通系统优化提供了有效的解决方案。

1997年8月，美国智能高速公路系统协会（National Automated Highway System Consortium，NAHSC）在加州圣地亚哥市的 15 号州际高速公路上成功地进行了一系列演示实验，内容包括车辆队列编队控制和智能车辆无人驾驶等，如图 1-14 所示。车辆队列控制实验由 8 辆别克牌汽车组成的车辆队列完成，利用每辆汽车保险杠配置的磁传感器来接收地面埋设的磁道钉的磁场信息，以检测车辆在公路上的横向位置从而对车辆进行横向控制，防止车辆偏离车道。同时利用车车通信及雷达测距传感器获取车辆纵向状态信息，车辆电子控制系统基于这些信息控制车辆的制动、加速和转向。在高速公路上该实验最终实现了期望车距为 6.5m 的车辆队列自动驾驶，行驶车速达到 105km/h。

图 1-14　分别在美国和日本进行的车辆编队实验

1996 年，日本也启动了车辆队列控制相关的项目。该项目采用 11 辆具有自动驾驶功能的车辆组成车辆队列，在高速公路上进行了往返 11km 的车队驾驶实验。在车辆队列行驶中还进行了安全行驶控制的演示，包括车辆自动巡线控制和防车道偏离控制等。在无人为干预的自动驾驶的情况下，车辆队列的速度可以达到 100km/h。2002 年，德国慕尼黑联邦国防军大学研究的自动驾驶汽车，最高时速达到 160km/h 以上，在高速公路上能够安全地进行自动车辆跟驰和自动超车等驾驶动作。

在各国投入车辆队列控制项目的同时，相应的控制模型研究也取得了丰硕的成果。美国 PATH 项目将智能车队的协同工作原理划分为五个层次，如图 1-15 所示。不同性质的问题由不同层次处理，五个层次分别为网络层、链接层、协调层、调节层及物理层。网络层和链接层负责交通量的控制和协调；协调层用于协调车队的合并、分离和换道等，并生成车辆行驶意图；调节层按照车辆的行驶意图计算车辆控制参数；物理层根据调节层的指令实现控制目标。从网络层开始，自上而下的发送本层的控制目标，下一层实现上一层的指令，最后由物理层实现对车辆行驶的具体控制。另外，由物理层开始，自下而上每一层都将本层的控制信息反馈给上一层，作为上一层控制的参考。

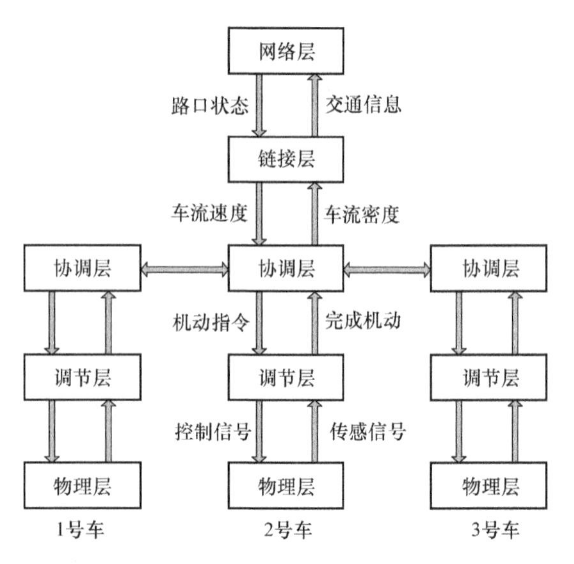

图 1-15　车辆编队行驶时车辆层级协作体系结构

日本的研究人员也做过相关的车辆队列控制模型研究[18]，2000 年，Tsugawa 等人设计了车辆协同驾驶系统，该系统也为多层次控制结构，具体分为三层：交通控制层、车辆管理层和车辆控制层[19]，如图 1-16 所示。交通控制层为系统第一层，主要由多种路侧设备组成，给车辆提供道路信息，如无线通信设备、道路交通标志等；车载端进行车辆管理层和车辆控制层设置，用于驾驶策略的生成和执行。

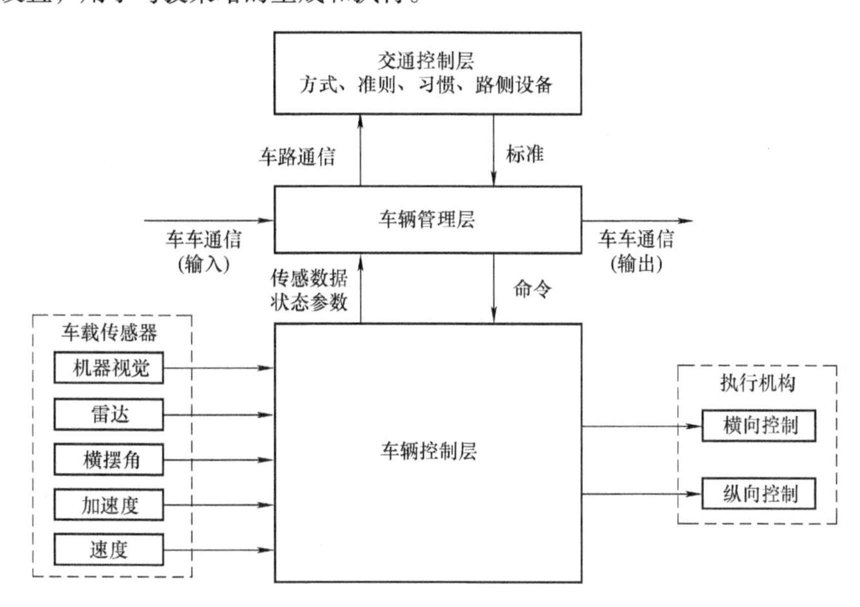

图 1-16　智能网联汽车控制系统结构图

此后，Hallé 等人基于津川（Tsugawa）的研究基础，建立了一种新的车辆队列协同系统结构模型，主要针对管理层和控制层的内容进行了调整，对其进行具体的模块化设计，并针对车队协同驾驶过程中的数据采集与处理、车队协同控制、车队通信、策略决策等做了详细的说明[20]。

2008 年由日本新能源产业技术综合开发机构（The New Energy and Industrial Technology Development Organization，NEDO）发起的“能源 ITS 推进”项目正式启动，项目为期 5 年。该项目包括了货车编队行驶控制方法和能耗评估方法的研究。项目中对货车的控制单元进行改造，加装了车车通信设备（V2V），RTK - GPS 接收器等设备，实现卡车状态的自主决策。2013 年实现了 4 辆货车（3 辆重型，1 辆轻型）以时速 80km/h、间距 4m 状态的编队行驶（见图 1-17）。

图 1-17　日本 NEDO 的货车编队行驶控制[21]

以上介绍的国际上的车辆队列多层系统结构设计模型，在车辆队列协同控制的系统结构设计上具有很高的可操作性和实用性，相关的研究成果也具有很大的参考价值。有关车辆队列的研究同时也引起了我国研究人员的关注。

在国外车辆队列研究成果的基础上，我国也针对车辆队列协同控制开展了各项研究。2009 年，上海交通大学王锋辉等首先针对车辆跟随距离的标准建立了模型；然后针对智能车队列的协作模型进行了扩展研究，并分析了跟随控制的车队局部稳定性和全局稳定性；最终建立了在保证车队稳定性前提下，保证最小车距的智能车辆队列跟车时距计算模型[22]，如图 1-18所示。

图 1-18　国内车辆编队演示系统

2012 年，武汉理工大学马育林、严新平对纵向一维车队的控制建模进行了研究：基于分散滑模变结构方法建立了一维车队直路行驶的车速控制模型和车距控制模型；基于李雅普诺夫稳定性理论分析了首车及跟随车辆的行驶稳定性，采用 MATLAB 软件进行了仿真对跟车控制器的可行性和稳定性进行了验证[23]。

2006 年，清华大学高峰、李克强针对车辆纵向运动的多模型分层切换控制进行了应用性研究：首先，基于鲁棒性控制理论改进了车辆多模型分层切换控制，并对控制系统的稳定性和抗扰动能力进行了软件仿真验证；然后，在汽车纵向动力学模型存在不确定性的前提下，改进了车辆纵向控制系统的速度和加速度控制器设计方法，能够对车辆的速度和加速度进行快速准确的控制。此研究成果提高了车辆纵向运动控制系统的实用性，并且解决了实际中很多具有不确定性对象的控制问题[24]。

在数学模型的研究方面，我国一些研究机构也进行车辆队列模型的设计并测试了模型的可行性。2010 年，上海交通大学彭新荣、杨明在智能小车多车协作硬件仿真平台的基础上，对分布式多车协作算法进行了研究：首先，对于基本车辆行驶提出协作决策模型；然后，为解决车队中超车的路径规划问题设计了基于最优控制的跟车算法，超车的同时保证车辆队列行驶的安全性和高效性；最后，设计了基于冲突表的多车协作算法用于解决交叉口避撞问题，并通过多车协作硬件仿真系统验证了算法的实用性[25]。

2012 年，武汉理工大学马育林将跟踪误差转化到滑模函数，作为车辆队列控制目标，通过设计使滑模面趋于零的模糊规则，建立了车辆队列模糊跟随控制方法。这种方法相对于常用的滑模跟随控制方法来说更简单，且计算量较小易于实现。并且，利用半实物仿真验证平台对于车辆队列模糊控制跟随方法进行了验证。

2010 年，北京航空航天大学牵头建立车路协同与安全控制北京市重点实验室，进行综合交通系统规划与需求管理方法、车路信息获取与交互技术、车路信息综合集成与服务技术、车路协同控制技术相关技术的研究。并在北京、上海、武汉、重庆等共 16 处地点设立无人车实验场，用以进行车车通信、车路协同、车辆编队等技术的实验[26]。

基于以上综述可知，现有的车辆队列控制模型大多是基于车辆状态信息来建立，通过计算目标车速来达到保持最小车距行驶的目的，并通过控制系统鲁棒性和稳定性分析来保证车辆队列的安全行驶，并实现了系统稳定且快速响应的控制效果。但是以上所有的模型均是在

理想的无线通信的环境中成立，在模型建立前期既没有判断车辆所处的无线通信环境是否存在安全隐患，也没有对模型成立的前提条件进行判断，特别是当车辆队列中存在无通信状态或车辆通信失效的情况下，对于如何协同控制队列缺乏理论研究。针对以上不足，本书就要解决建立车辆队列控制模型时，如果判断当前环境不满足车辆行驶的安全性条件和队列稳定性条件，控制系统如何通过自身调整参数来保证安全行驶。

参考文献

[1] 车语者屠龙刀. 2017 年，中国道路交通事故死亡人数到底是多少？[EB/OL]. [2018-02-25]. http://blog.sina.com.cn/s/blog_5fecf7100102x6h7.html.

[2] 交通违章查询网. 道路交通事故分类及特点 [EB/OL]. [2018-02-28]. http://ww.chajiaotong.com/yewubanli/85327.html.

[3] Lee J D, Mcgehee D V, Brown T L, et al. Collision warning timing, driver distraction, and driver response to imminent rear-end collisions in a high-fidelity driving simulator [J]. Human Factors: The Journal of the Human Factors and Ergonomics Society. 2002, 44 (2): 314-334.

[4] 罗亮红. 基于 ZigBee 的车路协同关键技术研究 [D]. 广州：华南理工大学自动化科学与工程学院，2010.

[5] 陈超，吕植勇，付姗姗，等. 国内外车路协同系统发展现状综述 [J]. 交通信息与安全，2011，29 (1): 102-105.

[6] 邹枫. 智能交通车路协同系统数据交互方式设计与验证 [D]. 北京：北京交通大学，2014.

[7] 智慧交通. 借东风，简要回顾我国车路协同技术发展历程 [EB/OL]. [2018-09-19]. https://www.sohu.com/a/254866018_649849.

[8] 智慧交通. 浅论车路协同的商业模式与路侧综合设备市场 [BE/OL]. [2018-11-08]. http://www.sohu.com/a/274121243-649849.

[9] 高鸿股份. 车联网 LTE-V [BE/OL]. http://www.gohigh.com.cn/layout.aspx?id=95.

[10] 章鹰. 一文看懂刷爆资本圈的“LTE-V”与智能网联 [BE/OL]. [2016-09-13]. http://www.elecfans.com/iot/435670_a.html.

[11] 齐鲁壹点. 日韩后年开始无人驾驶运营，青岛智能网联汽车大发展 [EB/OL]. [2018-06-22]. http://k.sina.com.cn/article_5328858693_13d9fee45020007ra1.html.

[12] 殷媛媛. 国内外智能网联汽车发展趋势研究 [J]. 竞争情报，2017，13 (5): 51-58.

[13] 杨雅茹. 车企、科技公司等纷纷加速布局智能网联汽车 [EB/OL]. 亿欧智库 [2018-04-27]. https://ww.ijiou.com/intelligence/insight71088.html.

[14] 诺亚. 李彦宏亮相世界智能网联汽车大会！呼吁车路协同，剑指智能城市 [EB/OL]. [2018-10-21]. http://zhidz.com/p/134639.html.

[15] Ge J I, Orosz G. Dynamics of connected vehicle systems with delayed acceleration feedback [J]. Transportation Research Part C: Emerging Technologies, 2014, 46: 46-64.

[16] 陈建中. 自治汽车列队控制仿真软件设计与实现 [D]. 武汉：武汉理工大学，2012.

[17] 任殿波. 自动化公路系统车辆纵横向控制 [D]. 成都：西南交通大学，2008.

[18] Kato S, Tsugawa S, Tokuda K, et al. Vehicle control algorithms for cooperative driving with automated vehicles and intervehicle communications [J]. Intelligent Transportation Systems, IEEE Transactions on, 2002, 3 (3): 155-161.

[19] Tsugawa S, Kato S, Matsui T, et al. An architecture for cooperative driving of automated vehicles [C]. IEEE, 2000.

[20] Hallé S, Chaib – Draa B. A collaborative driving system based on multiagent modelling and simulations [J]. Transportation Research Part C: Emerging Technologies, 2005, 13 (4): 320 – 345.
[21] Tsugawa S. An Overview on an Automated Truck Platoon within the Energy ITS Project [J]. Ifac Proceedings Volumes, 2013, 46 (21): 41 – 46.
[22] 王锋辉. 面向区域智能运输的多智能车辆协作研究 [D]. 上海: 上海交通大学, 2009.
[23] 马育林. 车队协同驾驶分散变结构建模、仿真与控制研究 [D]. 武汉: 武汉理工大学, 2012.
[24] 高锋. 汽车纵向运动多模型分层切换控制 [D]. 北京: 清华大学, 2006.
[25] 彭新荣. 基于智能小车平台的多车协作研究 [D]. 上海: 上海交通大学, 2010.
[26] 王庞伟, 余贵珍, 王云鹏, 等. 基于滑模控制的车车协同主动避撞算法 [J]. 北京航空航天大学学报, 2014, 40 (2): 268 – 273.

第 2 章

面向智能网联汽车的车路协同系统

欲使智能网联汽车充分发挥其高效性能，就需要先进的车路协同系统加以配合。车路协同技术是以能够实现交通智能化管理、动态交通信息服务等智能交通系统职能为目的，以车内网、车际网和车载互联网为基础，遵循一定通信协议与交互标准，在相互独立交通元素个体之间进行通信与数据传输的大系统网络技术，是传统物联网与传感网络技术在交通领域的延伸[1]。

车路协同概念自出现起，就成为了交通领域的研究热点。作为未来智能交通系统中的核心组成部分，它具有高效数据传输和近场自组网能力，不仅会对未来交通出行模式产生深远影响，其所生成的海量实时数据更是为解决传统交通规划、管理与控制问题提供了新的思路[2]。

本章从车路协同技术特征研究入手，以利用先进技术手段解决传统交通管控与出行服务问题为目的，给出了面向高实时性车路通信的交互系统设计方案，并开发了配套软件系统，以验证方案的可行性。

2.1 车路协同技术特征分析

车路协同技术虽然在短时间内就成为了重要研究领域，但其成果迁移到智能交通领域的过程是相对缓慢的：一方面出于对系统安全的考虑，相关软硬件设备的标准与测试工作需要一定的时间去检验完善；另一方面，要想将车联网成果真正有效地用于改善现有交通环境、缓解当前交通难题，还需要研究人员在充分了解车联网技术特征的前提下，结合具体问题进行长时间的思考和研究[3]。

图 2-1 给出了车联网场景中的五大要素，其通过先进通信网络将人、车、路三个基本交通要素绑在一起，定制化开发各要素上的终端软硬件，实现对要素数据与指令的交互。这衍生出以下各类通信模式：

V2V（Vehicle to Vehicle），车辆互联通信。

V2I（Vehicle to Infrastructure），车辆与智能交通设备/物联网设施间通信。

V2C（Vehicle to Cloud），车辆与移动互联网生态通信。

V2A（Vehicle to Appliance），车辆与人类生活相关的智能设备间通信。

借助上述丰富的通信模式和配套应用服务最终构建成多个系统应用平台，可全面提升智能网联汽车行驶效率。

车路协同技术非常丰富，是多个学科共同进步孕育而生的新成果。其最终的服务水平也取决于各项技术的发展进度。车联网能够发展成为如此庞大的一个产业，正是因为它推动了多项技术的发展[4]。因此，车联网的快速成长也将惠及多个领域的发展。作为物联网在交

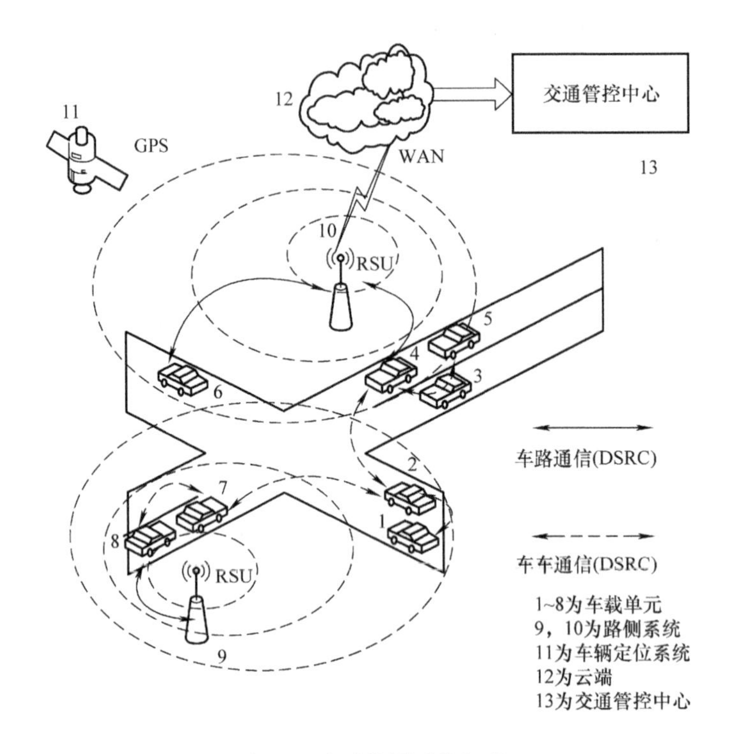

图 2-1　车路协同系统组成

通领域的延伸，在思考如何使车联网技术解决传统交通问题的过程中，有必要事先考虑它的实现将为传统交通带来哪些变革（即这种通信网络的特性）[5]：

（1）近场自组织通信

车联网通信手段支持各节点在通信范围内自动组网，使得各终端的数据得以在整个网络内实时共享。当选定路侧终端为主节点时，驶入其通信范围的车辆能够第一时间感应到其组网信息和相关指令；在驶离后，能迅速断开，便于在交叉口场景进行数据采集交互[6]。

（2）高实时性稳定传输

以低延迟、低丢包率为代表的各类车联网通信协议具有较传统移动网络更稳定的数据传输功能，从而确保数据可靠性，便于主节点在区域内进行统一协同管理或编队控制。

（3）多源异构节点交互

车联网通信将各类终端连接在一起而不对其数据结构做出限定，使其构成一个复杂的多源异构通信网络，处于网络中的各智能设备或终端能够自由发送具有自身特征的数据包，而接收方也可以选择性地解析与其相关的内容。

考虑到未来智能车载与路侧终端普及后，路网的海量实时交通数据将形成。这些数据与检测器等间接获取数据的设备相比，具有更为直接、准确的特点。例如，车辆总线中的车载诊断（On Board Diagnostics，OBD）数据可以非常直观地反映车辆实时与历史状态，有利于为更复杂的数据分析系统提供更多样的数据支持，以数据驱动的交通分析与管控模式将愈发重要。

2.2　面向智能网联汽车的车路协同系统设计

2.2.1　系统设计目的

如果能精确检测到实时的交通状况和突发事件从而引导交通流，路网的运行效率就能获得提升。但是，目前很多基于交通检测数据的交通疏导应用研究都没有取得预期的效果。其主要原因有两点：一是受技术条件和成本所限，这种以外部检测器作为数据源的方案能提供的数据种类较单一，受检测器精度影响大，难以还原复杂的原始交通状态；二是很多借助交通仿真软件下取得的研究成果考虑的场景过于简单，与实际交通状况不符。可见，寻找一种更可靠的还原度更高的交通数据检测和交通状态评价方法是十分有必要的[7,8]。

与此同时，随着车联网技术的深入发展，路网上的车辆和智能设备将通过无线网络彼此分享信息、协同运行，越来越多的交通数据将被挖掘出来以提高交通运行效率[9]。事实上，车辆本身就装有大量的传感器，各类数据被用于检测车辆状态，保障行车安全或进行智能辅助驾驶，而这些检测数据中很大一部分可以通过 OBD 提供的接口获得。经过计算后，这些数据可以转化为交通评价中的一些统计量，如停车次数、旅行时间等。其数据精度和实时性与现有检测手段相比都有大幅提高。如果能把路段上一定时间内的车辆数据汇总在一起进行评价分析，将大大提高交通评价方法的精度[10]。

2.2.2　车路信息交互场景

本系统基于车路协同系统模式，主要包含两部分——车载终端（On Board Unit，OBU）和路侧终端（Road Side Unit，RSU），能协同完成车辆运行数据的采集、处理、转发和评价工作。其结构如图 2-2 所示。

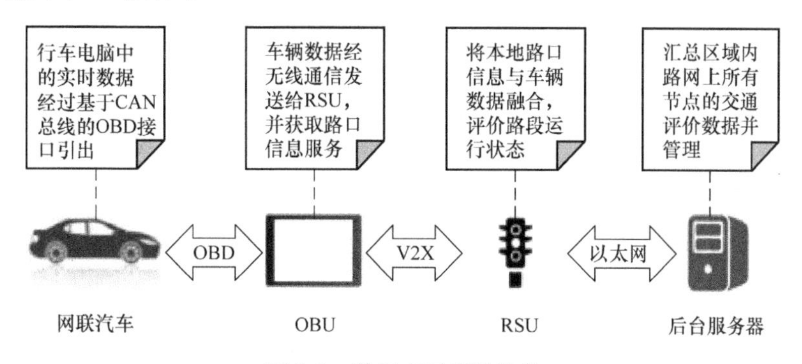

图 2-2　数据交互系统结构

系统核心功能主要包含以下两个：

（1）智能网联汽车信息交互

智能车载终端，一直被看做是车联网功能的理想接入口，不仅承担着车辆的基本咨询、娱乐、导航功能，在车联网环境下更多的信息传递和辅助驾驶功能将通过它与驾驶人进行交互。因此，本系统中的车载终端将成为整个车辆的数据交互中心，在基本功能的基础上，通过采集车辆 OBD 数据完成车辆状态诊断、驾驶行为报告等辅助功能，并通过多种网络通信渠道将更多有价值的交通信息传递给驾驶人，如智能停车场的车位数据、前方路口的信号灯状态数据等。

（2）基于车辆数据的实时交通状态感知

车载设备与路侧终端在通信范围内将建立起稳定的车路通信。部分车辆数据将在路侧终端的指令下进行处理和上传。路侧终端将根据对单位时间内的所有有效数据进行处理和计算，最终得出该时段内的交通状态，并支持将该状态上传至远程服务器中。

交通评价系统通过车载终端与路侧终端协同工作，车载终端持续向与其建立连接的路侧终端主机发送车辆定位数据，路侧终端根据车辆位置向车载终端下达数据记录、处理与发送的命令，并校验上传数据的可靠性。图 2-3 所示也包括了该系统进行交通评价时的工作场景。

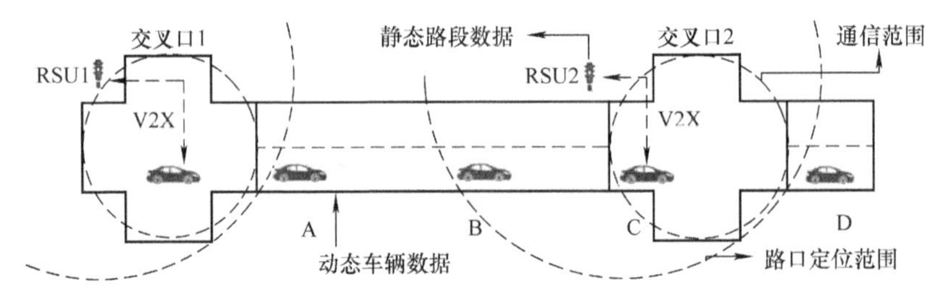

图 2-3　车路数据交互场景

2.2.3　车路数据实时交互方法

当车辆离开上一个交叉口（点 A）时，系统开始记录所需行车数据，在离开下一个交叉口（点 D）时将在路段上生成的数据发送给 RSU2。从点 A 到点 D 间的时间间隔即为车辆在路段上的通过时间；当车辆进入 RSU2 的通信范围（点 B）时，双方将建立稳定的 V2X 通信。

此后车载终端发送当前车辆的基本信息，并在 RSU2 请求 OBD 数据之前连续发送定位信息。当车辆进入交叉口 2（点 C）时，由于车载终端中记载了上一次通信的主机 RSU1 信息，所以 RSU2 可以确定本次通信的数据来源于入口道（1→2）。根据该原理，路侧终端将根据一定时间段内的实时车辆数据更新多个方向的路段评价结果。图 2-4 所示为评价系统的数据交互流程框图。

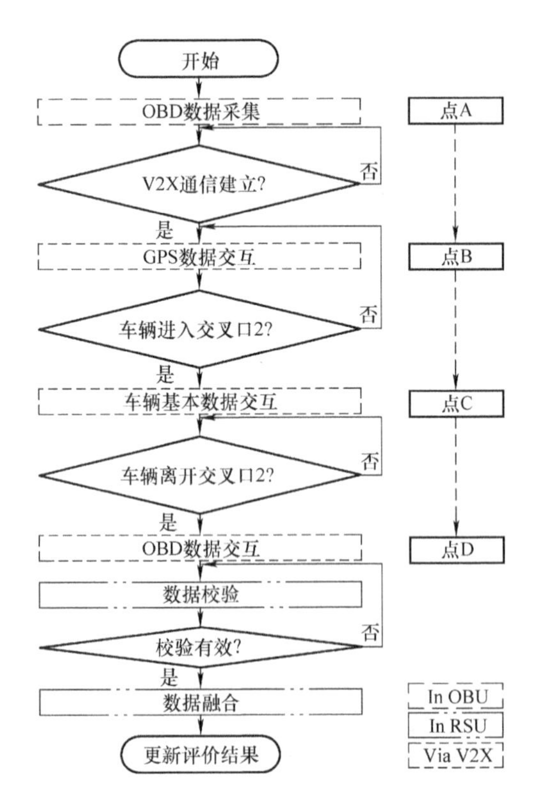

图 2-4　评价系统的数据交互流程框图

与传统浮动车数据采集系统相比，该

方案具有如下优势：

1）丰富的原始车辆数据。

2）根据主机通信历史确定数据归属，不需根据定位信息匹配。

3）数据在车载终端中自动统计计算，在开阔路口通信，减少通信过程中产生的错误数据和误差。

4）人、车、路信息交互共享，前方路口状态可以提供给驾驶人。

2.3 车路数据交互软件系统

2.3.1 车路数据交互软件系统总体目标

系统还涉及软硬件多个方面的开发，开发过程中的主要内容包含以下两个方面：

（1）基于安卓（Android）系统的深度开发

方案中车载终端采用了Android系统作为开发平台，主要是考虑该系统开源免费的优势和丰富的应用资源。但这也带来了开发上的新问题，终端需求的如CAN总线和串行接口等相关通信功能由于对移动端设备来说并不常用，所以Android系统的开发套件对这些并不支持[12]。这就导致要实现相关功能需要对原系统进行深度开发，将相关的驱动程序写入到底层的Linux系统来完成数据的交互功能，再以程序接口的形式向Android系统上层应用提供通信使能和数据收发的功能，在一定程度上增加了开发的难度。

（2）高实时性的数据采集与通信功能设计

车载终端不仅需要实时采集车辆总线、GPS和移动网络数据，还需要对这些数据按照需求进行处理，并在合适的时间和地点与路侧终端进行交互，并反馈信息给驾驶人[13]。这对终端系统的软硬件设计提出了较高的要求：一方面硬件设计上要保证多种通信模块的正常工作不受干扰，尤其是在环境复杂的车辆上其可以稳定工作；另一方面在软件设计中要合理安排多个线程协同工作，并尽可能地降低对内存的占用，从而在数据交互过程中不影响软件系统其他功能的使用。

目前，交通评价的数据主要来源于固定式的检测器或移动式的浮动车，受技术条件所限，在实际应用中有诸多不便。本章介绍的设计总结了其不足，并结合智能网联汽车技术特点，提出了基于车路协同的车辆数据采集和交通评价方法，具有如下创新点：

（1）采用智能网联汽车行驶数据代替传统检测器数据

就交通状态的检测与评价方法而言，像地磁、线圈、微波等传统固定式检测器的安装和维护成本高，提供的数据种类较少且精度不高，只能用于基本的道路状态与违章检测，且一整套设备只能服务于一个路口[14]。智能网联汽车可实现OBD行驶数据共享，基于OBD数据不仅可以提供海量的高精度车辆行驶数据，同时借助路侧终端和无线通信，评价所需的车辆数据还可被有效收集；与此同时，车载终端也能将这些原始车辆数据提供给智能网联汽车诊断和辅助驾驶功能[15]。

（2）面向智能网联汽车建立车路信息交互机制

浮动车也是目前应用较为广泛的交通数据采集技术之一，属于移动式的检测手段，与固定式的检测器相比能提供更多的数据细节和更大的检测范围。但其所提供的数据并非来源于车辆本身，而是安装在车辆上的 GPS，其信息包含车辆 ID、经纬度、方向和速度。在 GPS 和移动信号较弱的地方，数据会有较大波动。数据上传后还需要根据定位信息对数据的归属路段进行匹配，容易产生误差[16]。而这里设计的系统中的路侧终端均安装在空旷的交叉口旁，环境干扰小；通过近场无线网络来传输指令和数据；路侧终端根据车载终端的定位信息来下达数据打包和发送的指令，车辆数据的归属路段可以直接确定。因而，这种车路协同系统在数据采集和处理过程中提高了数据精度并降低了处理难度。更重要的是，它提供了一个双向信息交互的渠道，不止车辆数据可以上传并汇总，路口的信息也可以发送给车载终端，在发生突发事件时也可以及时通知道路上的车辆[17]。

2.3.2 车路数据交互软件系统方案论证

（1）检测数据方案

选取何种数据作为数据源，是交通评价系统首先要考虑的问题。目前主流的交通数据检测方案和其能提供的数据种类都无法令人满意，因此本软件系统提出了基于车路协同模式的 OBD 无线传输数据作为评价交通状态的数据源，并与传统方法从多个方面进行了比较[18]，对比结果如表 2-1 所示。

表 2-1 检测数据方案对比

检测数据	固定式检测器	浮动车系统	OBD 无线传输
系统成本	高	较低	中等
实时性	较高	中等	较高
检测精度	较高	中等	较高
环境干扰	有影响	有影响	影响较低
数据种类	单一	较少	较多

从上述对比可以看出，本章提出的软件系统设计方案具有较多的优点，弥补了传统方法的不足，因此选用该方案。

（2）协同通信方案

在车路协同模式中，位于车载终端内的 OBD 数据需要传输到路口节点的路侧终端中，这就需要借助无线通信网络[19]。因此，本设计选取了几种适合的协同通信无线方案进行了对比，如表 2-2 所示。

表 2-2 协同通信无线方案对比

通信方式	LTE - V	大功率 Zig Bee	大功率蓝牙
设备成本	高	低	低
通信延迟	低	较低	较高
通信距离	中等	较远	较近
通信带宽	高	较高	低
通信稳定性	稳定	较稳定	较不稳定
支持节点数	较多	多	少
数据安全	安全	较安全	较不安全
使用限制	较多	较少	较少
开发难度	高	较低	较低

从表 2-2 所示可以看出，应选用 LTE－V 模块作为目前智能网联汽车专用通信单元，这样基于 LTE－V 通信可按实际信息交互机制实现车路协同系统。

（3）车载终端系统方案

车载终端不仅要承担 OBD 数据采集、处理和无线转发的功能，在产品定位中它还是车辆的智能辅助中心，需要将各类信息反馈给驾驶人，并提供基本的车载资讯、娱乐、导航功能，因此需要嵌入式系统的支持[20]。表 2-3 给出的车载终端系统方案，选取的是几种目前主流的嵌入式系统方案。

表 2-3 车载终端系统方案对比

终端系统	Win CE	Linux	Android
系统成本	付费	部分开源	开源
稳定性	高	较高	中等
应用资源	较少	中等	丰富
集成开发难度	较低	较低	高
硬件支持	较多	较多	较少
安全性	较安全	中等	中等
UI 设计	传统	传统	美观
芯片供应	断货	充足	充足
系统升级频率	停止更新	低	高

从表 2-3 所示可以看出，Win CE 和 Linux 系统作为传统嵌入式系统具有成熟、稳定、安全的特点，但成本较高、芯片供应有断货可能、系统更新慢，与很多新技术功能的兼容性不够高；Android 系统作为高速发展的移动端系统，具有非常丰富的应用资源，便于产品的后续升级和优化，因此选择作为最终的车载终端系统。

2.3.3 车载终端软件系统实现

车载终端程序按照开发内容分为系统层、驱动层、应用层三个层次，如图 2-5 所示。三个层次之间相互支持，下面介绍具体软件结构。

（1）系统层

这一层主要涉及在 Linux 系统下完成 Android 源码的编译和烧录，确保 Android 系统可以在核心板上正常工作，并参照芯片官方手册修改 U－boot 配置以使各模块正常使用，同时根据 debug 日志查找潜在错误信息，为后续开发工作排查问题。

（2）驱动层

这一层主要涉及 Android 系统中间件的程序开发，架起底层芯片和应用程序接口的数据通道。对于 Android SDK 所支持的底层驱动，基本芯片官方已经提供了对应的 Linux C 代码，只需要参照 C 程序的输入、输出和 Android SDK 写好对应的 JNI 代码即可。而对应 CAN 这一类 Android 底层不支持的驱动，则需要查找在 Linux 系统内核下支持的驱动程序，以 NDK 的形式加载到 Android 应用的工程中，再进行后续的驱动开发。这里所使用的是硬件配套的 Flex CAN 驱动。

（3）应用层

这一层主要涉及基于 Android Studio 工具的 Android App 开发，由于 Android 应用程序的

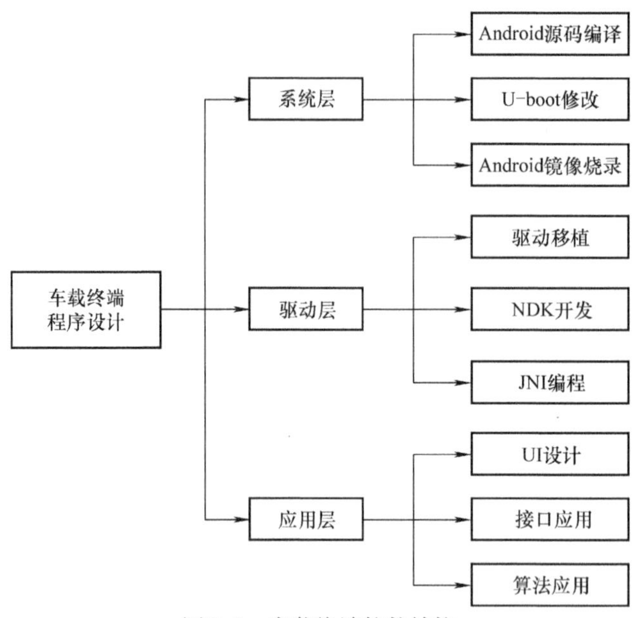

图 2-5　车载终端软件结构

逻辑功能和界面是分开的，因此也要分开设计。前期以使用 XML 语言的 UI 设计为主，并为本系统开发了 Android App 软件界面。在界面定型后，依次进行接口程序和算法应用程序的开发，前者主要涉及通过驱动程序接口与各类传感器、通信模块进行交互，传递数据；后者则根据协议或算法对数据进行处理，如对 OBD 数据的解析和评价数据的计算。

2.3.4　路侧终端软件系统实现

路侧终端没有操作系统，主要按照程序执行流程进行划分，分为初始化程序、主循环程序和中断程序，如图 2-6 所示。

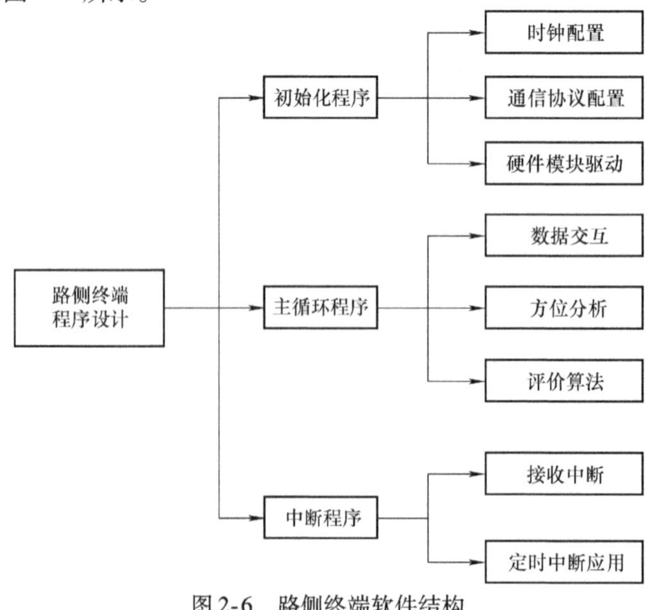

图 2-6　路侧终端软件结构

（1）初始化程序

初始化程序包含对芯片时钟、引脚的配置和串口、SPI 总线的通信参数设置，保证各模块的正常使用。

（2）主循环程序

通过信号机与建立起无线通信的车载终端进行数据交互；根据车载终端的经纬度信息计算车辆与路口的间距，从而下达对应的指令；在收到评价数据后进行数据校验，并根据评价算法计算一定时间内的道路运行状态。

（3）中断程序

中断程序分为接受中断和定时中断两部分。前者负责第一时间接收车载终端的实时信息；后者用于控制程序周期和时序，保证评价算法的精度，并进行数据上传与备份等操作。

参考文献

[1] 李刚，杨屏，张红．车联网在“智慧城市”中的应用［J］．办公自动化，2015（2）：58－60.

[2] 成卫，张东明，肖海承．路网可靠性动态交通仿真及评价系统研究［J］．系统仿真学报，2013，25（12）：2986－2992.

[3] 李竺皓．交通诱导策略自动生成及辅助决策系统研究［D］．北京：北京交通大学，2014.

[4] 王建强，吴辰文，李晓军．车联网架构与关键技术研究［J］．微计算机信息，2011，27（4）：156－158.

[5] 刘小洋，伍民友．车联网：物联网在城市交通网络中的应用［J］．计算机应用，2012，32（4）：900－904.

[6] 陈前斌，柴蓉，岑明．车联网何去何从［J］．中兴通讯技术，2015，21（1）：47－51.

[7] Willke T L, Tientrakool P, Maxemchuk N F. A survey of inter－vehicle communication protocols and their applications［J］. IEEE Communications Surveys & Tutorials, 2009, 11（2）：3－20.

[8] Toor Y, Muhlethaler P, Laouiti A. Vehicle Ad Hoc networks: applications and related technical issues［J］. Communications Surveys & Tutorials IEEE, 2008, 10（3）：74－88.

[9] 张家同，王志强，曹绪龙．国内外车联网的发展［J］．数字通信世界，2012（2）：26－29.

[10] 吴玮．美国车路协同系统和智能交通［J］．全球科技经济瞭望，2012，27（11）：19－21.

[11] 印曦，魏冬，黄伟庆．日本车联网信息安全发展现状与分析［J］．中国信息安全，2017（1）：98－101.

[12] 王泉．国外车联网智能交通发展状况［J］．中国科技投资，2014（34）：32－39.

[13] Lee K C, Lee U, Gerla M. Geo－opportunistic routing for vehicular networks［J］. Communications Magazine IEEE, 2010, 48（5）：164－170.

[14] 程刚，郭达．车联网现状与发展研究［J］．移动通信，2011，35（17）：23－26.

[15] 饶毓，戴翠琴，黄琼．车联网关键技术及联通性研究［J］．数字通信．2010，5（10）：36－40.

[16] 许勇．车联网通信协议研究和系统开发［J］．桂林电子科技大学学报．2010，30（5）：457－461.

[17] 张国锋．面向车联网的车载信息服务系统设计［D］．杭州：浙江大学，2013.

[18] 屠雨，张凤登，单冰华．基于汽车 OBD 车联网的设计与实现［J］．电子测量技术，2016，39（8）：32－36.

[19] Wang Q, Yu Y, Tang Z M. Architecture Design for Intelligent Vehicle Computing Platform Based on Internet of Vehicles［J］. Applied Mechanics & Materials, 2013, 253－255：1423－1426.

[20] Xu J, Zheng Z, Lyu M R. CGA－based deadlock solving strategies towards vehicle sensing systems［J］. Eurasip Journal on Wireless Communications & Networking, 2014, 2014（1）：214－224.

第3章

基于车路信息融合的交通运行状态评价方法

智能网联汽车，为传统交通管控部门提供了大量实时交通数据，而不必依赖检测器等间接数据获取方式，为进一步提高对宏观车流或微观车辆精细化管理程度提供了可能。但对于如此庞大的数据集，也需要相应的数据处理手段以使数据价值被充分挖掘，由此引入了信息融合的方法[1]。

本章首先对信息融合技术进行了简单介绍，说明其在交通数据评价场景中的优势和必要性；然后以对城市道路路段运行状态评价为目的，本书第2章介绍的通信系统和数据交互流程，选择以平均通过时间、平均停车次数和平均停息时间作为一级评价指标，在多级模糊综合理论的基础上建立了基于可变隶属度函数的交通评价模型，并通过层次分析法对指标权重进行了科学划分；最后还设计实验对评价方法进行了验证。

3.1 车路信息融合技术分析

通过关联或综合多个数据源的原始数据，车路信息融合对目标状态进行估计，从而对其重要程度进行及时评估评价处理[2]。该过程是对多源数据的一个持续精练过程，同时也是数据处理中自我修正的过程，最终改善原有结果。按照对数据抽象处理的不同级别，融合过程可分为三级[3]：

1）像素级融合，是在原始数据上进行的融合，属于最低一层的融合手段，即不对各种传感器的原始信息进行预处理，便开始综合分析[4]。

2）特征级融合，位于中间层。它首先提取原始信息特征，然后根据这些信息进行综合处理，处理过程中包括数据校准、参数实现和状态估计等环节。最终通过大量处理将原始信息的特征向量拆分成各类有意义的组合[5]。

3）决策级融合，是最高层次的。其直接将原始数据拟合成决策信息，为上层决策提供依据。因此，它要求模型从具体问题需求出发，充分利用融合过程中提取到的对象特征信息，数据特征利用率将直接影响决策水平和预处理代价[6]。

对多源信息融合相关技术的需求，主要来源于各类系统的不断复杂化和应用场景对系统性能的更高要求，通过依靠不同数据源间的信息互补，充分利用各类数据在特定方面的优势，而弥补其不足之处，最终形成最为准确的结果[7]。对于交通状态这种主观性因素较大的不确定性问题，选取适当的融合方法也势在必行。

3.2 基于信息融合的交通运行状态模糊评价方法研究

3.2.1 目前常用的交通评价方法

将智能网联汽车动态行驶数据和静态路段数据相融合来掌握路段整体的运行状态，本质上是一个交通评价问题。由于交通状态是一种相对主观的评价对象，不仅需要根据原始交通检测数据去评估运行状况[8]，而且为了便于与其他路段或历史同期数据进行对比，往往还需要利用综合评价方法将定性评价转为定量评价。这就需要利用决策层的综合评价方法[9]。目前主流的评价算法方案对比如表 3-1 所示。

表 3-1 目前主流的评价算法方案对比

评价算法	主成分分析	模糊综合	数据包络分析
操作	将原始评价指标中筛选出几个主成分来代替原始指标，再通过适当形式进行综合	通过隶属度函数计算各指标对不同评语等级的隶属程度，再通过权值向量与模糊评判矩阵综合评价	对比输出和输入的加权和来判断系统的投入与产出，从而产生系统间的相对评价
局限	只能处理线性问题；分析结果精度受指标相关性影响	多个评价指标时两两比较困难；受主观经验影响大	结果可能不切实际；运算量较大

三种评价算法得到了广泛应用，但都有各自的局限性。考虑实际交通场景，同样的评价指标值在不同道路上的评价结果应当是有所不同的。评价算法应当可以根据实际情况进行动态调整，因此这里选取了模糊综合评价法。该方法根据隶属度函数把定性评价问题转化为定量评价问题。其综合结果具有清晰直观、整体系统结构完善的特点，在面对模糊与不确定性问题时有良好的效果[10]。但由于不同道路的差异非常大，一套隶属度函数无法满足实际需求，而又难以单独为每条道路都计算出一个合理的隶属度函数值[11]。因此，本章制定了一套根据静态道路参数来动态调整的可变隶属度函数，只需要将道路等级、长度、信号灯等参数输入，即可生成一套相匹配的隶属度函数，从而保证了设备和评价方法的适用性。

3.2.2 多级模糊综合方法结构设计

本章建立的实时交通状态评价模型，是基于多级模糊综合评价法实现的。该方法首先根据模糊数学的隶属度理论把交通状态定性评价转化为具有强对比性的定量评价，对受到动静态交通因素制约的对象得出当前交通状态的评价结果，用于解决交通状态评价中非确定性问题[12,13]。模型以车路协同环境下动态车辆数据和静态路段数据为输入，考虑实际交通场景特性建立变隶属度函数规则，并引入算子对构建二级评价模型，最终得到实时路段交通状态评分，如图 3-1 所示。

车辆选择最优行驶路线时，通常选择平均通过时间为主要指标。但在城市道路环境下，行程时间会受到多种微观因素影响，如交通信号周期、车辆变道、进出交叉口等[14]。为弥补这一不足，引入通过时间、停车次数、停怠时间指标，建立综合实时交通状态评价指标体系。这三项指标也被国内外学者证明可用于城市环境交叉口状态评价[15]。

3.2.3 一级模糊评价空间

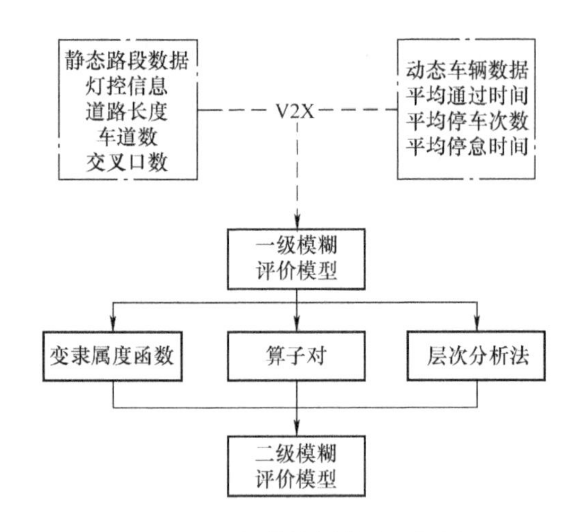

图 3-1 二级模糊评价流程框图

定义一个有限集合 Q: $Q=\{q_1,q_2,\cdots,q_n\}$。元素 $q_i(i=1,2,\cdots,n)$ 表示被评价对象，即实验测试中不同时间段内所产生的车辆行驶数据。定义一个有限集合 P: $P=\{p_1,p_2,\cdots,p_m\}$。元素 $p_i(i=1,2,\cdots,m)$ 表示用以评价 Q 中数据的评价指标，这里选取平均通过时间（Average Travel Time，ATT）、平均停车次数（Average Number of Stops，ANS）、平均停怠时间（Average Stop Time，AST）三项，并根据 OBD 数据间接计算得到的评价指标作为模糊评价集合，即

$$P=\{p_1,p_2,p_3\}=\{\text{ATT},\text{ANS},\text{AST}\} \tag{3-1}$$

令 u_j 为第 j 个评价指标 $p_j\in P$ 的隶属度函数，即 $u_j=u(p_j)$，$u_j\in[0,1]$，得到 U 为一个有限模糊子集，即 $U=\{u_1,u_2,\cdots,u_m\}$。于是可以得到一个评价矩阵 $\boldsymbol{R}$，构成模糊关系 $\boldsymbol{R}$: $Q\times U$，即

$$\boldsymbol{R}=\begin{bmatrix}\boldsymbol{R}_1\\\boldsymbol{R}_2\\\vdots\\\boldsymbol{R}_n\end{bmatrix}=\begin{bmatrix}r_{11}&r_{12}&\cdots&r_{1m}\\r_{21}&r_{22}&\cdots&r_{2m}\\\vdots&\vdots&\ddots&\vdots\\r_{n1}&r_{n2}&\cdots&r_{nm}\end{bmatrix}_{n\times m} \tag{3-2}$$

式中，r_{ij}为第 i 个被评价对象关于第 j 个评价指标的隶属度，$r_{ij}=\boldsymbol{R}(q_i,u_j)\in[0,1]$。

定义评价结果集为一个有限集合，表示划分后的四个交通运行状态等级 $V=\{v_1,v_2,v_3,v_4\}=\{$拥堵,轻度拥堵,基本畅通,畅通$\}$。集合中的每一个元素对应隶属度函数的一个可能性分布区间：

$$u_j\in[0.25(i-1),0.25i],\ v=v_i(i=1,2,3,4) \tag{3-3}$$

考虑到评价指标对评价结果的负相关特性，选取降半柯西型的隶属度函数：

$$u_i=\mu(p_j)=\begin{cases}1 & \text{当 } p_j\leqslant c_j\\ \dfrac{1}{1+[a_j(p_j-c_j)]^{b_j}} & \text{当 } p_j>c_j\end{cases} \tag{3-4}$$

对于 $\forall a_j$，b_j，$c_j>0$，有 $p_j\to+\infty$ 时 $u_j\to0$，$p_j\leqslant c_j$ 时 $u_j=0$。综合式（3-3）和式（3-4）可知，在 p_j-u_j 坐标系每一个隶属度函数分布区间界限 $0.25i$ 必定存在一个对应的临界值 p_{ij}。根据同一隶属度函数下的一组临界值，可通过回归分析的方法求出隶属度函数的待定系数 a_j，b_j，c_j。针对所求得的隶属度区间 u_i，进一步变换为对应指标的隶属度 r_{ij}。采用梯形隶属度模型，取隶属度函数分布区间界限 $0.25i$ 为两个相邻评语的中间隶属度 $r_{ij}=0.5$，浮动区间为 $0.25i\pm0.1$，对应的隶属度关系如图 3-2 所示。

定义 $S=(Q,U,R)$ 为本方法中的第一级交通评价空间，从而给定一个模糊向量 $\boldsymbol{W}$：

$$\boldsymbol{W}=(w_1,w_2,\cdots,w_m)^{\mathrm{T}} \tag{3-5}$$

式中，w_j 为各评价指标对于第一级交通状态评价结果的重要性，则有第一级交通评价模型：

$$\boldsymbol{D}=\boldsymbol{R}\otimes\boldsymbol{W} \tag{3-6}$$

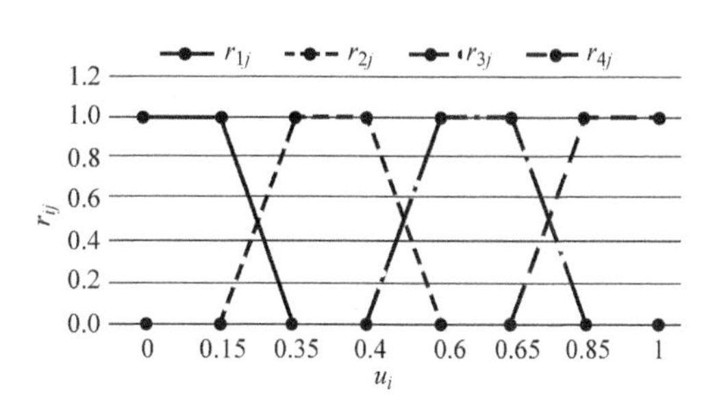

图 3-2 二级模糊评价结构

实时交通数据在一级模型间的流向如图 3-3所示，OBD 系统为车载终端提供原始的车辆数据，如停车次数和停息时间。车载终端通过与路侧终端的通信判断所处数据交互的阶段，在一个数据流程结束时根据所用时间计算评价指标集 P 中的三项平均指标。之后，建立评价指标对应于评语集的隶属度函数，可用实验数据为评价对象集 Q，结合权重集输入到隶属度函数中计算第一级评价空间 D。

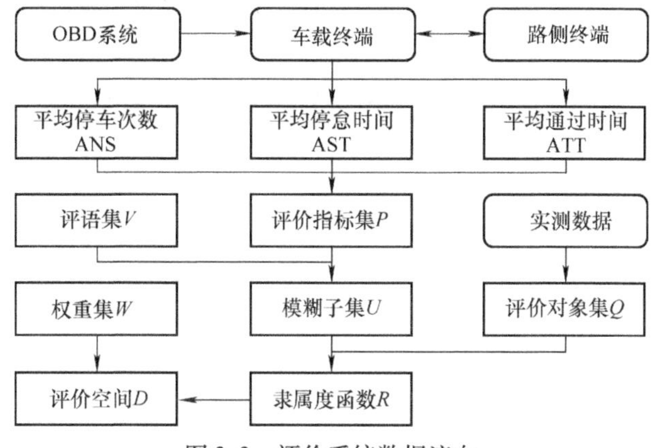

图 3-3 评价系统数据流向

在本系统中，隶属度关系的临界值分为典型临界值$\hat{p}_{ij}$和动态临界值 p_{ij}，以典型临界值$\hat{p}_{ij}$作为一个标准值，在此基础上根据实际道路的长度、车道数、道路交叉口数、灯控信号等因素的不同而计算适合每一条道路的动态临界值 p_{ij}。考虑实际道路差异性，不同道路隶属度函数对应的临界值需要根据实际情况进行修正。

为了保证评价结果的客观性，在确定评价指标与评语间的隶属度关系时，临界值 p_{ij}采用动态取值策略：

$$p_{ij}=\frac{(1-\xi_j)\,\hat{p}_{ij}L\omega_{mj}}{\hat{L}\alpha_{nj}}+\xi_j\,\hat{p}_{ij}\quad i=2 \tag{3-7}$$

式中，$\hat{p}_{ij}$为指定道路等级下单方向道路长度的典型临界值；

$\hat{L}$为标准道路长度；

L 为实际道路长度；

ξ_j 为受信号控制影响的比例因子，由绿信比和信号周期等动态因素决定，交叉口不存在灯控信号时取零；

α_{nj}为第 n 条车道对第 j 个评价指标的影响系数；

ω_{mj}为第 m 个道路交叉口对第 j 个评价指标的影响系数。

为计算出上述准确的典型值$\hat{p}_{ij}$和影响系数（α_{nj}，ω_{mj}），本系统采用实际测试与仿真相结合的方式进行研究。其中，典型值$\hat{p}_{ij}$通过车载终端在典型道路上采集的实验数据确定，而后根据所选取的典型道路参数信息在仿真软件中建立对应模型，基于控制变量法对道路参数进行修改，根据不同参数的仿真结果来计算影响系数。计算的具体过程如下：

首先，参考部分城市发布的城市道路交通运行评价指标体系将平均路段车辆行驶速度V_s与评语对应，以次干路为例，如表 3-2 所示。

表 3-2　交通运行状态等级划分

状态划分	畅通	基本畅通	轻度拥堵	拥堵
次干路平均行驶速度/(km/h)	$V_s>25$	$19<V_s\leqslant25$	$14<V_s\leqslant19$	$V_s\leqslant14$

为了得到交通运行状态与本系统评价指标间的对应关系，选择北京市八角北路与古城东街和杨庄东街两个交叉口之间西向东方向的路段作为典型道路。该路段为单车道，道路长度 505m，具有两阶段信号控制和两个交叉口，高峰平峰间运行状态差异明显，便于确定各级运行状态下的隶属度临界值，其路段静态参数如表 3-3 所示。

表 3-3　选取典型道路的路段静态参数

道路参数	数据值
道路等级	次干路
道路类型	单方向单车道
道路长度	505m
交叉口数	2
灯控信号	两阶段

在实验过程中，网联汽车通过某交叉口，依靠车载终端独立记录每次行驶过程中的三项评价指标数据和路段平均行驶速度，每日 8、12、15、18、21 时记录行驶数据，一周总计 210 条数据；以表 3-2 所示的平均行驶速度分界点划分评语集中四个评语等级，将数据散点拟合为式（3-4）形式的隶属度函数，取 $V_s=35$km/h 作为$\mu(p_j)=1$的临界速度，即式中 c_j 点，对应关系如图 3-4 ~ 图 3-6 所示，以此作为本系统的典型参考值。

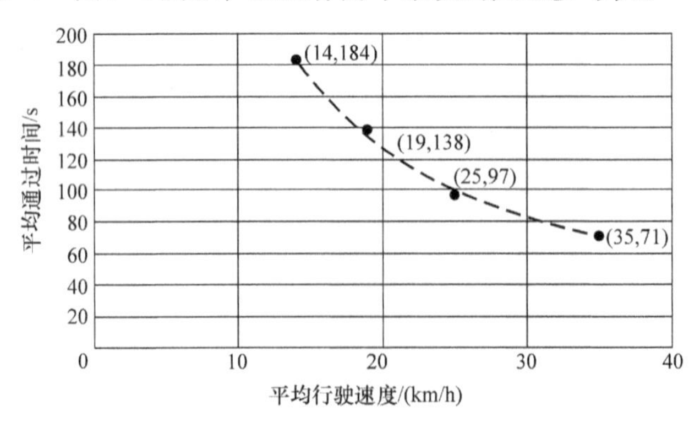

图 3-4　平均行驶速度与平均通过时间的对应关系

为找到最合适的影响系数（α_{nj}，ω_{mj}），需要确定各影响因子独立作用的效果。受限于实际交通场景静态参数（交叉口数、车道数等）无法任意改变，通过在 VISSIM 仿真软件中

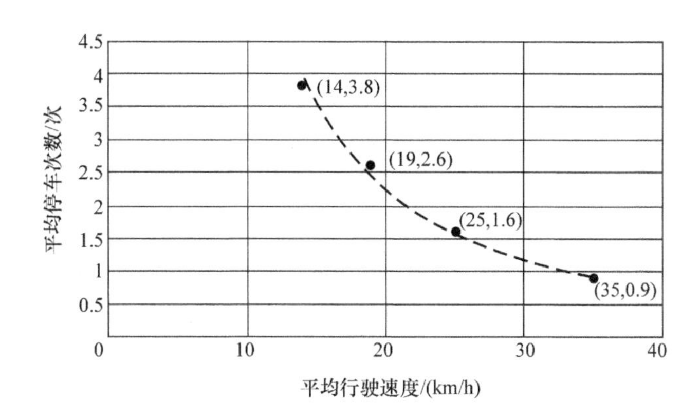

图 3-5　平均行驶速度与平均停车次数的对应关系

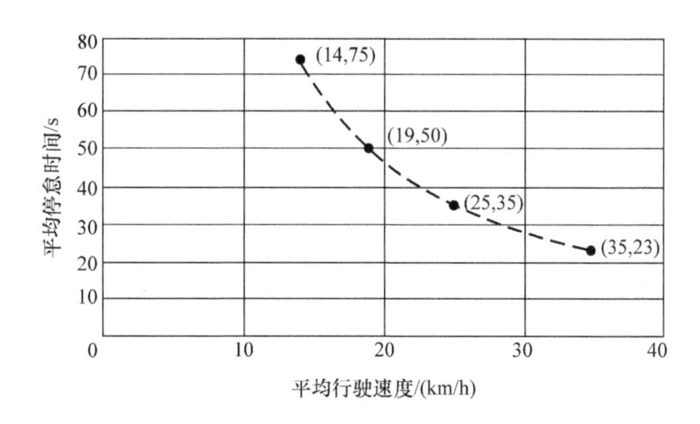

图 3-6　平均行驶速度与平均停息时间的对应关系

修改这些参数来对比计算其对结果的影响程度。考虑到仿真数据与实际道路采集数据存在差异，定义评价指标的变化率为影响系数。

在 VISSIM 软件中以表 3-3 所示数据为标准建立路段模型，交叉口驶入驶出率取值为 10%，根据控制变量法分别修改道路交叉口数（Number of Forks，NF）和车道数（Number of Lanes，NL），按实验顺序依次增大入口流量，统计影响系数变化率如图 3-7 和图 3-8 所示。

从图 3-7 和图 3-8 所示可以看出，道路饱和度越高，影响程度越大，取中等饱和度流量（每小时 700 辆）的影响系数作为标准值，得到次干路等级的路段在两阶段信号控制下的影响系数，变化规律如表 3-4 所示。

表 3-4　车道数与交叉口数影响系数的关系

U	$\omega_{mj}=0$	$\omega_{mj}=1$	$\omega_{mj}=2$	$\alpha_{nj}=1$	$\alpha_{nj}=2$	$\alpha_{nj}=3$
u_1	0.90	0.96	1	1	1.05	1.09
u_2	0.85	0.92	1	1	1.10	1.17
u_3	0.89	0.95	1	1	1.03	1.05

由于灯控信号原因，评价指标的隶属度边界与道路长度之间不构成正比例关系，为此式（3-7）中引入了比例因数 ξ_j。它反映了第 j 项指标数据受信号控制影响所占的比重，此部分数值可看作不随道路长度而改变。为了研究该因数如何取值，在 VISSIM 中做了如下实验：

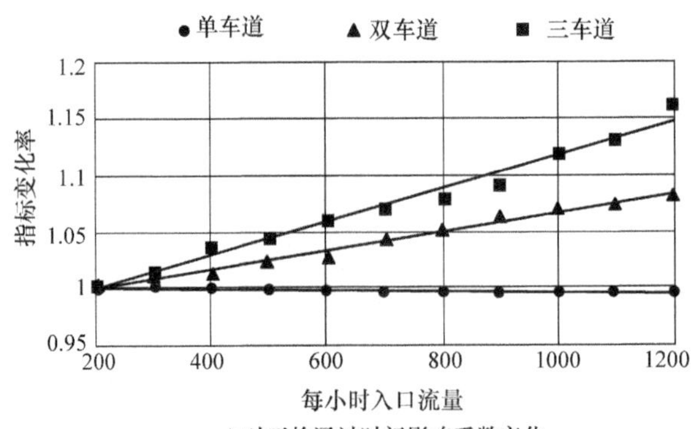

a) 对平均通过时间影响系数变化

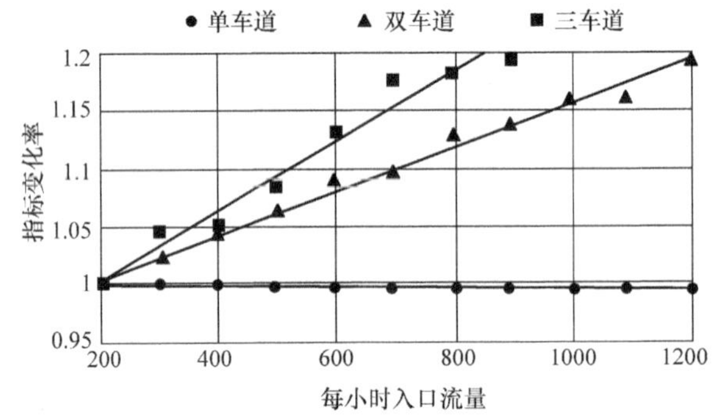

b) 对平均停车次数影响系数变化

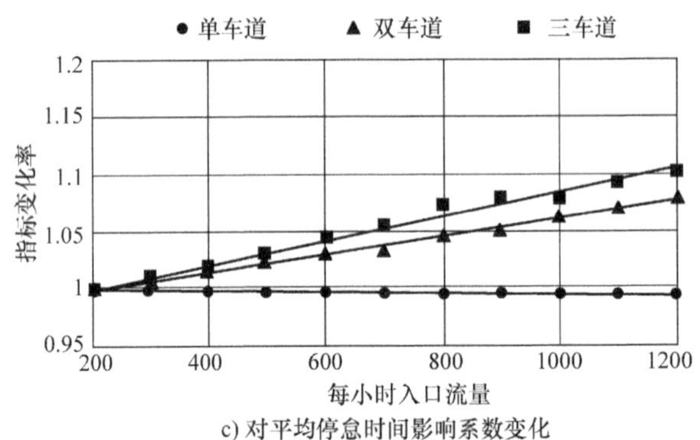

c) 对平均停怠时间影响系数变化

图 3-7　车道数与评价指标影响系数的关系

考虑交通信号因素（绿信比、信号周期等）对评价指标的影响，下面以两阶段交通信号控制方式为例，信号控制参数和路段参数以上述典型道路为原型，更改道路长度为原数值的 0.6、0.8、1.2、1.4 倍，其他变量控制不变，分别测试中等饱和流量下，三项评价指标的动态边界值 Δp_i 的变化率，结果如表 3-5 所示。

表 3-5　道路长度与动态边界值变化率的关系

ΔL	0.6	0.8	1	1.2	1.4
Δp_1	0.705	0.871	1	1.138	1.295
Δp_2	0.644	0.810	1	1.191	1.376
Δp_3	0.940	0.977	1	1.027	1.062

根据式（3-7），有 $\xi_j=(\Delta p-1)/(\Delta L-1)$，计算得到比例因数 $\xi_j\approx(0.3,0.05,0.85)$，$j=1$，2，3。根据表 3-4 和表 3-5 所示，可以得到次干路等级两阶段信号控制道路类型的全

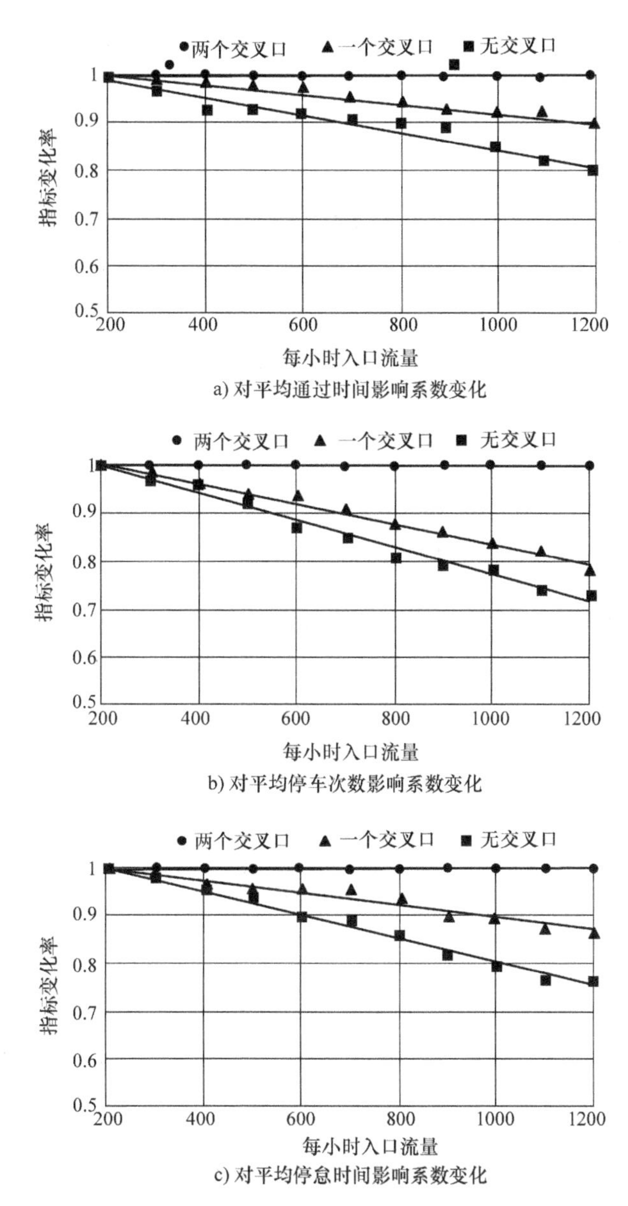

a) 对平均通过时间影响系数变化

b) 对平均停车次数影响系数变化

c) 对平均停息时间影响系数变化

图 3-8 交叉口数量与评价指标影响系数的关系

部影响系数。

3.2.4 基于样本数据的层次分析法

为了对评价指标的权重进行科学配比，这里使用层次分析法进行划分，将与决策有关的因素分解成多个层次，从而进行定性定量分析[16]。为增强评价方法的客观性，从样本数据中挖掘三个评价指标的相互强弱关系：分别计算 210 条实验数据中，单方面考虑某一个评价指标计算出的评价结果与实际交通运行情况的对照情况；取贴合度最高（最接近隶属区间中值）的一项指标作为该条数据的权威指标；统计不同交通运行状态下的各评价指标中权威指标的占比，如图 3-9 所示。

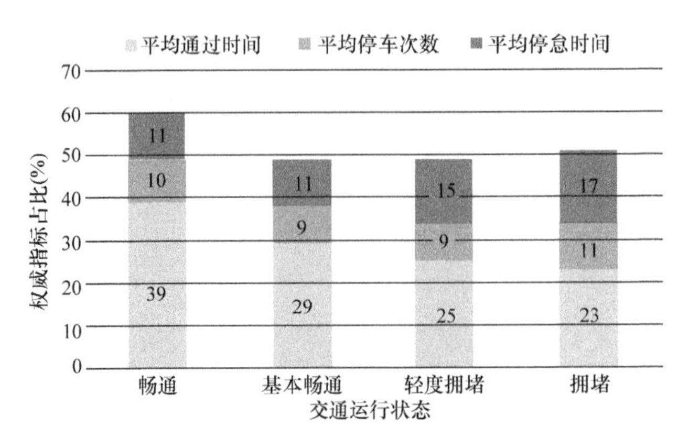

图 3-9　各评价指标中权威指标的占比

从图 3-9 所示可以看出，各评价指标中权威指标的占比在不同交通运行状态下存在差异。一周之中 210 条数据中，共有 116 条以平均通过时间作为权威指标，余下两项指标分别为 55 条和 39 条，比例约为 6∶2∶3，以此评估指标间的强弱关系，将平均通过时间、平均停车次数、平均停怠时间分别为 1、2、3 号指标，则有表 3-6 所示判断参数。表中数值表示行元素与列元素的比例关系，即重要性程度。

表 3-6　判断参数

	a_1	a_2	a_3
a_1	1	3	2
a_2	$\frac{1}{3}$	1	$\frac{2}{3}$
a_3	$\frac{1}{2}$	$\frac{3}{2}$	1

分析法计算步骤如下。

步骤 1　由表 3-6 所示的对应关系得到判断矩阵 $\boldsymbol{A}$：

$$\boldsymbol{A}=\begin{bmatrix}\boldsymbol{a}_1\\ \boldsymbol{a}_2\\ \vdots\\ \boldsymbol{a}_n\end{bmatrix}=\begin{bmatrix}a_{11} & a_{12} & \cdots & a_{1m}\\ a_{21} & a_{22} & \cdots & a_{2m}\\ \vdots & \vdots & \ddots & \vdots\\ a_{n1} & a_{n2} & \cdots & a_{nm}\end{bmatrix}_{n\times m} \tag{3-8}$$

式中，a_{nm} 为第 n 个评价指标与第 m 个评价指标的重要性程度之比。

步骤 2　对判断矩阵 $\boldsymbol{A}$ 的列作归一化处理：

$$\bar{a}_{ij}=\frac{a_{ij}}{\sum_{k=1}^{n}a_{kj}}(i,j=1,2,\cdots,n) \tag{3-9}$$

步骤 3　计算矩阵 $\boldsymbol{A}$ 各行之和 $\bar{w}_i$：

$$\bar{w}_i=\sum_{j=1}^{n}\bar{a}_{ij}(i=1,2,\cdots,n) \tag{3-10}$$

步骤 4　此前两步操作已经将矩阵中行列信息进行了整合，这里对 $\bar{w}_i$ 归一化得到 w_i，根据 $\boldsymbol{AW}=\lambda_{\max}\boldsymbol{W}$ 求出最大特征根以及特征向量。各特征向量构成了最终的权重矩阵。权

重为

$$w_i = \frac{\overline{w_i}}{\sum_{i=1}^{n} \overline{w_i}} (i = 1, 2, \cdots, n) \tag{3-11}$$

用表3-2所示数据计算出第一级模糊向量权重矩阵 $\boldsymbol{W} = (0.52, 0.22, 0.26)^{\mathrm{T}}$，表示三个指标的重要性程度比重。因为已经进行了归一化处理，这里以占总和百分比的形式给出。

步骤5 计算一致性指标C.I：

$$\mathrm{C.I} = \frac{\lambda_{\max} - n}{n - 1} \tag{3-12}$$

步骤6 计算一致性比例C.R，平均随机一致性指标R.I可根据评价指标的个数查表得到。一致性比例C.R：

$$\mathrm{C.R} = \frac{\mathrm{C.I}}{\mathrm{R.I}} \tag{3-13}$$

进行一致性验证的目的，是为了排除部分特殊情况下存在三个评价指标互相比对方重要的情形。所求得的一致性指标C.I越趋近0，证明计算结果一致性越好。当通过计算得到一致性比例C.R<0.1时，根据判定条件接受检验，认定权重结果合理，本系统计算得到的C.R值满足要求。

3.2.5 二级模糊评价空间

式（3-6）中的符号⊗表示模糊算子对。在本方法中，每一个被评价对象根据算子对均可得到一个新的模糊子集：

$$U' = \{D_1, D_2, \cdots, D_p\},\ U' \in [0, 1] \tag{3-14}$$

式中，p 为采用的模糊算子对的个数。

多个算子对有助于从多个方面权衡评价指标对被评价对象的影响。这里共选取了三个算子对：（$\wedge$, $\vee$），（·, $\vee$），（$\wedge$, ⊕）。其中，$\wedge$表示取小，$\vee$表示取大，·表示相乘，⊕表示相加。

这三个算子对分别侧重于考虑单个评价指标和综合多个评价指标的贡献，其中 $\sum_{j=1}^{p} w_j \neq 1$。

由 Q 和 U' 可以得到一个新的模糊关系，即 $\boldsymbol{R}'$：$Q \times U' \rightarrow [0, 1]$，这里有

$$\boldsymbol{R}' = \begin{bmatrix} \boldsymbol{R}'_1 \\ \boldsymbol{R}'_2 \\ \vdots \\ \boldsymbol{R}'_n \end{bmatrix} = \begin{bmatrix} d_{11} & d_{12} & \cdots & d_{1p} \\ d_{21} & d_{22} & \cdots & d_{2p} \\ \vdots & \vdots & \ddots & \vdots \\ d_{n1} & d_{n2} & \cdots & d_{np} \end{bmatrix}_{n \times p} \tag{3-15}$$

式中，d_{np} 为采用第 p 个算子对时用式（3-6）算出来的第 n 个被评价对象的第一级评价值。

为了降低确定元素 $w_j \in \boldsymbol{W}$ 时的主观性，在 S' 中引入第二级评价，从而给定一个模糊向量 $\boldsymbol{W}'$：

$$\boldsymbol{W}' = (w'_1, w'_2, \cdots, w'_p) \tag{3-16}$$

式中，$\boldsymbol{W}'$的元素 w'_j 为第 j 个模糊算子对相对于第二级评价的权重，且 $\sum_{j=1}^{p} w'_j \neq 1$，$w'_j \in [0,1]$。

按照层次分析法计算第二级模糊向量权重，(^, ˇ)、(·, ˇ)、(^, ⊕) 分别为1、2、3号算子对，有第二级模糊向量权重矩阵 $\boldsymbol{W}'=(0.17, 0.28, 0.55)$，且该结果通过了一致性校验。

由算子对得到第二级交通评价空间 $S'=(Q, U', \boldsymbol{R}')$，则有二级交通评价模型，其最终结果为一个评价指数的集合 B：

$$B=\boldsymbol{W}'\boldsymbol{R}'^{\mathrm{T}}=\{b_1, b_2, \cdots, b_p\} \tag{3-17}$$

式中，b_i 为第 i 个被评价对象对于评价结果集 V 的评价指数，且 $b_i=\sum_{j=1}^{p} w'_j d_{np}$。

为使原有评语集 B 中的结果更丰富，同时增加结论的可参考性，按照加权平均原则对原有评价结果 B 进行综合。首先对 B 中的元素进行归一化处理得到 $\widetilde{b}_i$，之后通过下式进行综合得到最后的道路评价得分 C：

$$C=100-\sum_{i=1}^{m}\frac{100}{3}(i-1)\widetilde{b}_i \tag{3-18}$$

可见 $C\in(0, 100]$，并且 C 的值越大，路况评价分值越高。综合后的评价结果可以进行定量分析，便于针对不同路段之间或相同路段不同时刻之间的评价结果进行对比，提高了评价精度。

3.3 交通状态评价方法实验验证

3.3.1 实验设计

开发基于车路协同场景的多源交通数据采集及评价系统，是为了验证评价方法可靠性。其核心组成为车载的OBU和路侧的RSU智能终端，由LTE－V短程自组网模块实现两者间的V2X自组网功能，相关指令和数据由此传输。该测试系统结构如图3-10所示。

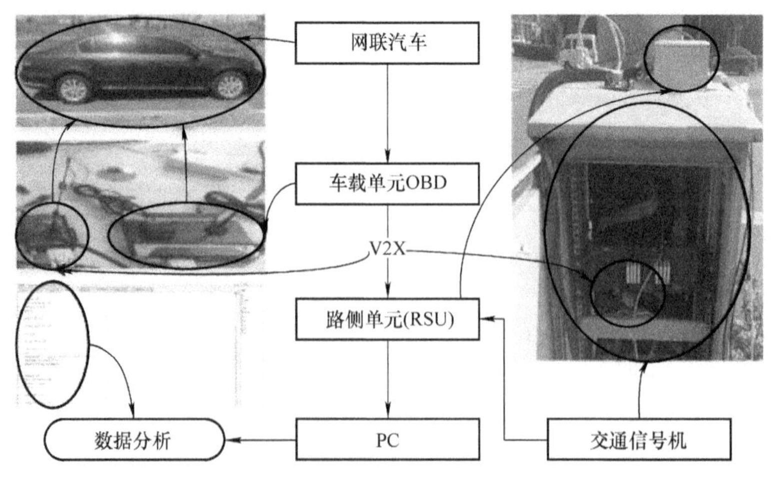

图3-10 车路协同测试系统结构

3.3.2 实验流程

为了验证变隶属度函数的可靠性，选取北京市石景山区苹果园南路部分路段作为测试环境进行实验。该实验道路静态参数如表3-7所示，符合次主干道路等级和两阶段信号控制条件。将典型值和影响系数带入式（3-7），计算得到动态临界值 p_{ij}，再通过 MATLAB 软件中数值拟合的方法求得待定系数 a_j，b_j，c_j，结果如表3-8和图3-11所示。

表3-7 实验道路静态参数

道路参数	数据值
道路等级	次干路
道路类型	双方向四车道
道路长度	698m
交叉口数	1
灯控信号	两阶段

表3-8 隶属度函数参数表

U	$\hat{p}_{ij}$	ξ_j	ω_{mj}	α_{nj}	p_{ij}	a_j	b_j	c_j
u_1	184，138，97，71	0.3	0.96	1.05	219，165，117，86	0.0007	1.66	86
u_2	3.8，2.6，1.6，0.9	0.05	0.92	1.10	5.5，3.8，2.3，1.2	0.164	1.82	1.2
u_3	75，50，35，23	0.85	0.95	1.03	80，54，37，26	0.165	1.29	28

在实验过程中，两辆装有 OBU 设备的实验车在该路段的双方向上行驶，路侧单元通过 V2X 实时采集网联汽车数据。实验数据分为两组：一组为单工作日早5点半至晚8点半的时段平均数据；另一组为连续10个工作日的高峰/平峰时段平均数据。为了保证评价精度，实验中保证在车流量高峰/平峰时间在每条路段上至少每小时有10/16组数据。

正常情况下，一定时间尺度内的交通状态呈连续变化，交通宏观状态受车辆个体影响较小，覆盖率范围内的车辆样本数据可以看做是该时间段内的一个典型值。考虑实际实验成本，验证环节选择的设备覆盖率与常规浮动车轨迹覆盖率相近。

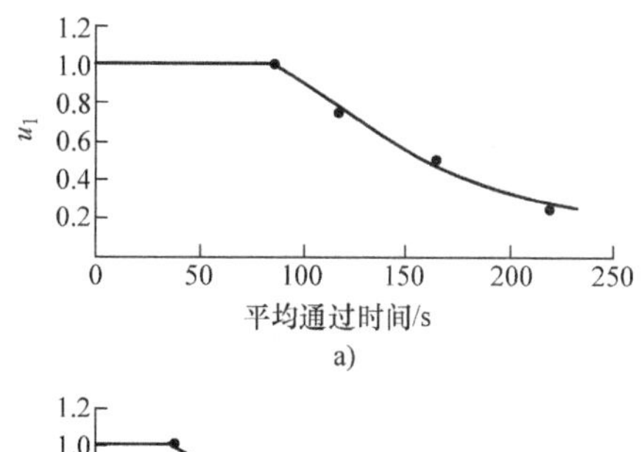

a)

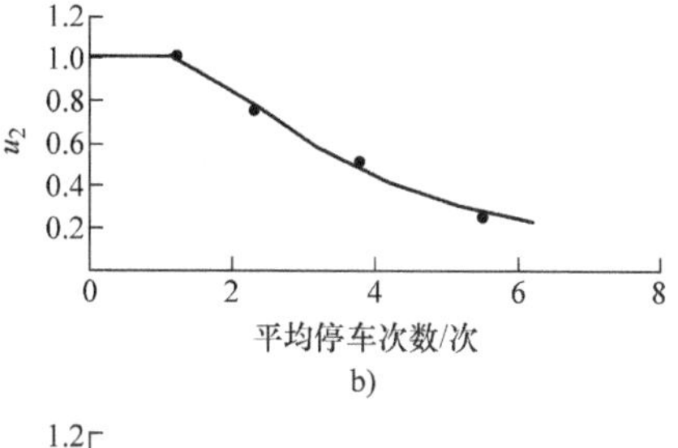

b)

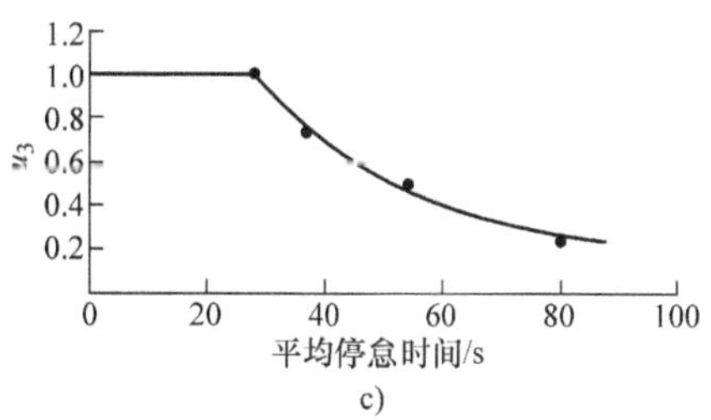

c)

图3-11 隶属度拟合曲线

3.3.3 实验结果与分析

在第一组实验中，共407个数据包被实验设备采集到。其中377条数据有效，有效比例为92.6%。以小时间隔对全部有效数据进行整理，如图 3-12 ~ 图 3-14 所示，横坐标表示数据源的实验时刻，纵坐标表示指标数值。

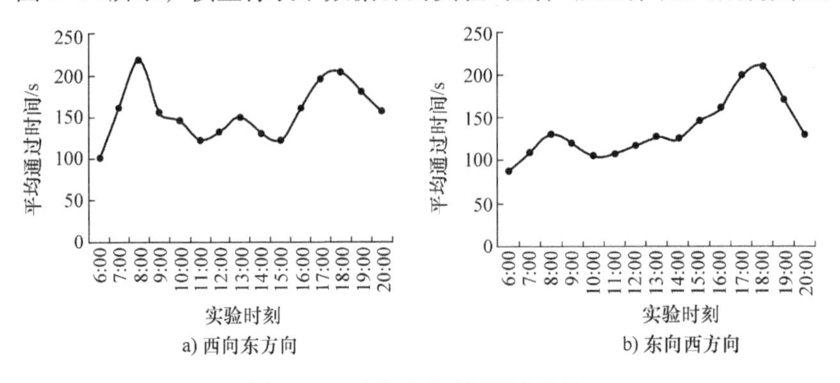

图 3-12　平均通过时间测试结果

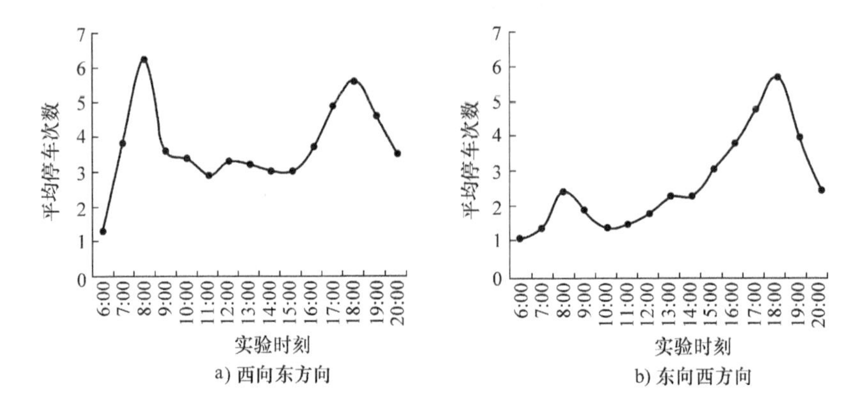

图 3-13　平均停车次数测试结果

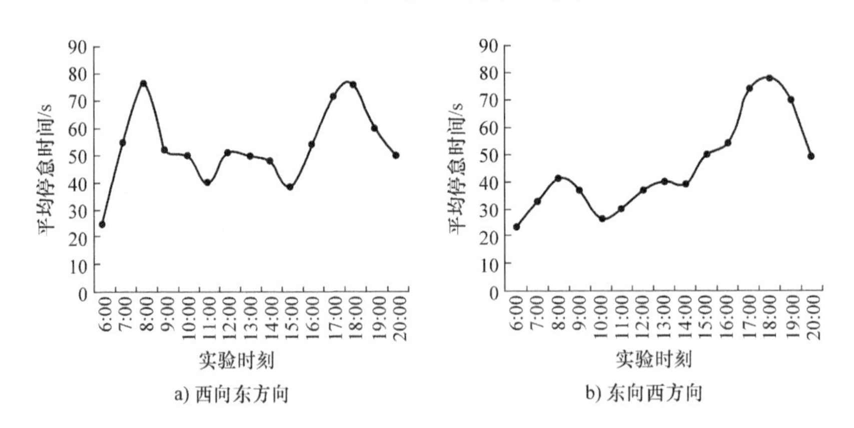

图 3-14　平均停息时间测试结果

将以上三个评价指标的数据进行模型计算，计算得到了最终的综合评估结果 C，如图 3-15所示的柱状图。图 3-15 所示曲线为当天的道路流量数据，实线和虚线分别表示道路的两个方向。图中，当天的峰值流量时刻对应了最低的评估得分，交通高峰和平峰时间上的差异也体现在评价得分的波峰和波谷上了，交通评价得分的动态趋势与实际交通情况基本一致。

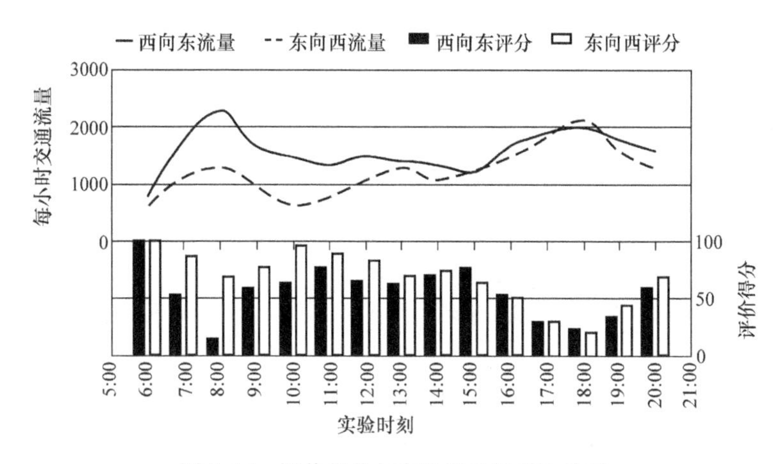

图 3-15　评价得分与交通流量的对比关系

为了更综合表示评价得分与交通流量的关系，将所有评价数据按照流量升序排列，如图 3-16 所示。图 3-16 所示实线代表评价得分的拟合曲线，虚线代表该型道路在不同车流量下的典型延误时间的拟合曲线，可以看到评估分数与原始交通流量数据间的负相关特性，证明了评价结果的可靠性。

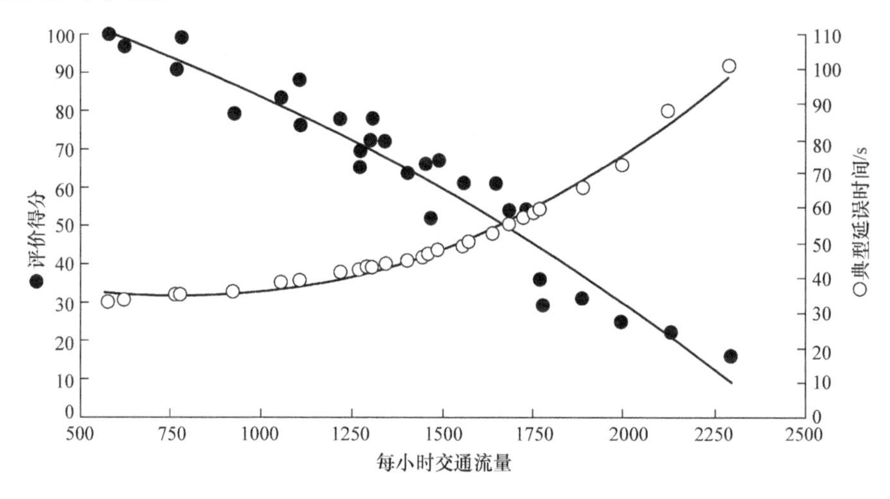

图 3-16　评价得分与典型延误时间的对比关系

在第二组实验中，共 287 个数据包被实验设备采集到。其中 281 条数据有效，有效比例为 97.9%。将所有对照组的有效数据整理后如图 3-17 所示，横坐标表示实验组号，第 1 ~ 5、6 ~ 10 组数据分别为第 1 周的周一到周五、第 2 周的周一到周五的实验结果；纵坐标表示评价得分；实线和虚线分别代表高峰和平峰时段的数据。

图 3-17 所示的测试结果表明，纵向对比来看多个工作日在同一时刻的评价得分在一定范围内浮动，得分具有较为明显的周期特征，周一和周五的交通状态较差。通过图 3-17a、b 横向对比可以看到在平峰时段实验路段东向西方向比西向东方向的运行要好，高峰时段则相似。相关结论与实验过程中观察到的实际交通状态一致，发挥了分值评价方法在交通状态对比与分析过程中的作用。同时，当评价得分与历史同期数据有较大差异时，系统可及时判断是否存在交通异常事件。这为城市车路协同环境下交通状态判断与事件检测提供了依据。

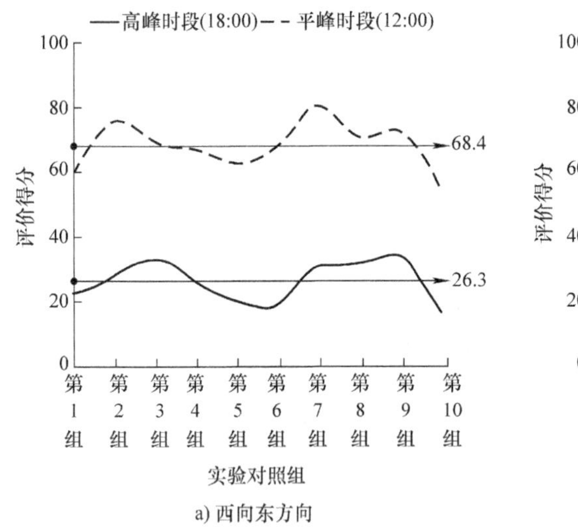

a) 西向东方向

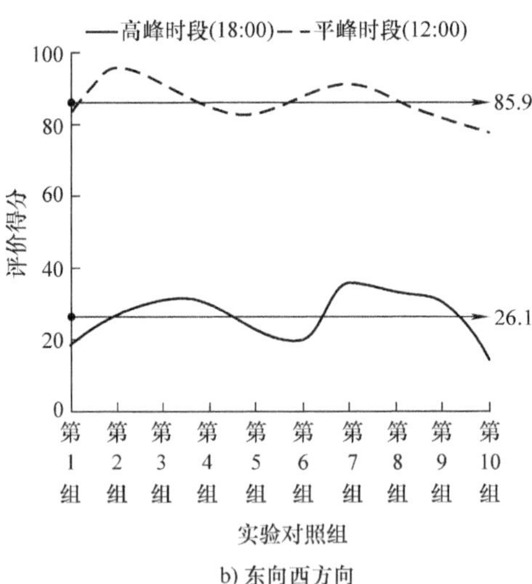

b) 东向西方向

图 3-17　第二组测试评价得分对比

上述模型计算与验证过程以次干路为例实现，模型建立时已考虑了不同道路等级下的差异性。由于模糊综合法的通识性与变隶属度的灵活性，模型结构不需要根据道路等级做调整。对于其他道路等级路段，通过依据相应交通状态等级设置模型参数，即可得到准确的评价结果。

参 考 文 献

[1] 姚红云，王骥，陈瑶，等．普通公路路段交通运行状态评价方法［J］．公路交通科技，2015，32（8）：133－137.

[2] 张绍阳，焦红红，赵文义，等．面向出行者的城市出租汽车服务水平评价体系及指标计算［J］．中国公路学报，2013，26（5）：148－157.

[3] 刘新民，李之鹏，丁黎黎，等．城市道路交通抗拥堵能力模糊评价模型［J］．交通运输系统工程与信息，2013，13（4）：114－119.

[4] 高雅隽，许伦辉．基于云模型的交通状态评价系统及其应用［J］．公路交通科技，2013，30（11）：124－130.

[5] Liao X Y, Chen Q Y, Sun D H, et al. Fuzzy evaluation of traffic flow stability based on the discreteness of traffic parameters [C]. Control and Decision Conference, May 28－30, 2017, Chongqing. Piscataway: IEEE, 2017: 3613－3618.

[6] Xu L H, Gao Y J, Kuang X Y. Design and application of urban traffic state evaluation system [C]. Intelligent Control and Automation, June 29－July 4, 2014, Shenyang. Piscataway: IEEE, 2015: 4642－4646.

[7] 赵娜乐，于雷，耿彦斌，等．基于SVM的数据层多源ITS数据融合方法初探［J］．交通运输系统工程与信息，2007，7（2）：32－38.

[8] 孙晓亮．城市道路交通状态评价和预测方法及应用研究［D］．北京：北京交通大学，2013.

[9] 何兆成，周亚强，余志．基于数据可视化的区域交通状态特征评价方法［J］．交通运输工程学报，2016，16（1）：133－140.

[10] Sun X, Ji J, Zhang J, et al. Research on Traffic State Evaluation Method for Urban Road [C]. International Conference on Intelligent Transportation, Big Data and Smart City, December 19－20, 2015, Halong Bay.

Washington DC: IEEE computer society, 2016: 687 -691.

[11] Su F, Dong H, Jia L, et al. On urban road traffic state evaluation index system and method [J]. Modern Physics Letters B, 2017, 31 (01): 1 -25.

[12] 高吕和，田晶晶，李世武，等．基于事故树分析的车辆安全状态模糊综合评价模型 [J]．吉林大学学报（工学版），2011 (s1): 95 -100.

[13] 李世武，田晶晶，沙学锋，等．基于模糊综合评价和BP神经网络的车辆危险状态辨识 [J]．吉林大学学报（工学版），2011，41 (6): 1609 -1613.

[14] Zhang K, Taylor M A P. Effective arterial road incident detection: A Bayesian network based algorithm [J]. Transportation Research Part C Emerging Technologies, 2006, 14 (6): 403 -417.

[15] Otsuki S, Miwa H. Contents Delivery Method Using Route Prediction in Traffic Offloading by V2X [C]. Intelligent Networking and Collaborative Systems (INCOS 2015), September 2 -4, 2015, Taipei. Piscataway: IEEE, 2015: 451 -456.

[16] Chen S, Hu J, Shi Y, et al. LTE -V: A TD -LTE -Based V2X Solution for Future Vehicular Network [J]. IEEE Internet of Things Journal, 2017, 3 (6): 997 -1005.

第4章

智能网联汽车实时路径决策方法

车路协同技术，是通过智能网联汽车与路侧智能设备之间的通信交互实现多源数据的直接获取的，弥补了传统方法无法获取或只能间接计算得到一些数据源的缺点。车路协同技术的数据实时性高，为需要大量数据支持的动态路径规划引入了新的思路。

为解决车辆行驶数据缺失和滞后造成路径规划系统不稳定的问题，本章建立了基于车路协同系统的新型区域路径实时决策方法：首先通过获取智能网联汽车的实时行驶数据，结合交通信号配时和路径转向信息，并考虑车辆在途经交叉口时可能遇到的异常情况，动态计算当前路段路阻值；其次根据当前时刻各路段的路阻统计数据及路网拓扑结构，实时预测各备选路线的行程时间，最终选择行程时间最少的路线作为车辆最优行驶路径；最后，选取北京市望京地区的典型区域路网数据进行验证，在150组实验过程中，计算得出的最优路线用时平均比优化前路线的用时短65.9s，证明了本方法的有效性。

4.1 路径规划算法分析

随着国内汽车保有量的逐年增加，原有城市规划区域公共道路设计环节暴露出了诸多短板，热点区域有限的道路资源无法承载过饱和的车流量，进而导致交通拥堵状况的发生。对于城市道路交通系统，虽然原有道路规划布局难以更改，但通过合理的交通秩序管理与出行车辆诱导将能够有效降低交通拥堵程度、提升出行体验，这就推动了城市交通诱导系统（Traffic Guidance System，TGS）的发展。TGS是城市交通管理与控制工作中的关键环节，它为驾驶人发布实时交通信息和路线诱导，达到实现路网交通流的合理分配和整体延误降低的目的。其中，路径规划算法起极其重要的作用。

路径规划问题主要是根据出行者的需求，在给定的数字道路地图中根据交通起止点（Origin Destination，OD）信息规划出一条最优路径，从而实现节省驾驶人旅行费用。优化的标准包含行车距离最短、旅行时间最短、通行费用最低等[1]。近几年国内外研究人员在该领域已取得多项显著成果，并推动了新型智能交通技术应用[2]。

国内方面，向冬梅等通过管理空间数据与拓扑网络，研究最优寻路策略，提出了面向动态路径规划优化新方法[3]。李露蓉等基于优化蚁群算法构建了面向动态路径规划的模型，达到了控制网络中车流量合理分配的目的，特别在大规模动态交通网络应用中的效果更为显著[4]。刘微等建立了基于卡尔曼滤波理论的行程时间多步预测模型，综合利用实时数据、行程时间多步预测数据及历史数据优化实时路径导航算法，与传统方法对比实现了更优的规划效果[5]。周明秀等在传统蚁群算法的基础上提出了改进距离启发因数以增加目标节点对下一节点的影响，从而提高全局搜索能力，避免陷于局部最优解的同时提高收敛了速度[6]。周申培等基于路阻函数建立了道路状况的数学模型，利用传统媒体交通广播电台路况信息收

集渠道，获取实时道路交通状况，采用定量分析法将道路信息车流量带入路阻函数计算得到当前状态下道路实际通行时间，提供更优质的路径规划功能[7]。

国际方面，Sen 等针对传统路径规划方法缺乏考虑出行者对行程时间变化的容忍性的因素，建立了一个基于旅行时间均值和方差的多目标规划模型，为出行者提供如旅行时间变化可能最小的路线，以满足更多实际需求[8]。Wu 等基于随机优势理论提出了一种基于冒险行为建模的统一路径选择方法，根据出行者的实际需求和偏好，分别计算适合它们的保守或激进路线，从而最大化地满足各方需求[9]。Xing 等提出了一种基于抽样的方法，以多天的旅行时间观测值动态构建代理目标函数，使用次梯度算法减少最优性间隙来迭代地提高规划路线质量[10]。Chen 等同样研究了路径规划系统中预测行程时间的可靠性，使用多标准最短路径方法确定起点和终点之间可靠的最短路径，确保所提供的路线可靠性较高[11]。Backfrieder等面向网联汽车系统设计了一个运输网络中智能线路动态规划方法，以预测拥塞最小算法为基础向驾驶人提供路线建议，并通过动态微观交通仿真证明了其在真实场景中的有效性[12]。

从上述介绍中可以看出，先进的路径规划系统需依靠海量实时交通数据实现[13]。但目前相关研究成果中所用的数据主要是通过车辆行驶轨迹、手机信令和检测器等来源间接获取的，与真实场景存在一定的差异，从而导致计算精度和实时性上的不足[14]；同时，传统路径规划系统在计算路段路阻权值时，通常不考虑车辆在灯控信号影响下转向所花的时间。在实际城市道路环境中，受交通信号控制影响，路阻存在明显差异性[15]。

随着先进车路协同技术的应用，新型路径规划系统可获取更丰富的车辆行驶数据[16]。因此，本章从传统路径规划问题出发，面向车路协同系统提出了一种考虑交通信号控制影响的网联车辆通过城市交叉口行程时间计算方法，并基于此方法提出了分阶段的区域最优路径决策方法，为车路协同系统中路径规划问题提供了技术支持和理论依据。

本章所研究的实时路径规划方法是基于车路协同系统实现的，远程服务端用于汇总区域内的实时路网信息并提供最优路径规划服务，网联车辆上安装的智能车载信息终端与路侧终端之间建立 V2X 网络通信。车载终端根据车辆总线和传感器信息向路侧终端上报所要求的统计数据，同时向远程服务端发送路径规划请求。路侧终端根据同时段内上报数据来计算各车道的行程时间，并上报远程服务端，并根据行程时间和所采集的信号机控制信息实时向车载终端返回所需信息和指令。在该场景下，每一个交叉口的路侧设备都承担着该路网节点与相邻节点间的数据汇总与分析功能，与传统的后台数据处理方法相比具有更强的灵活性和实时性。

动态路径规划问题是由早期的在路网中寻找静态最短路径演变而来的，以行程时间为路阻权值来寻找行程时间最短的路线方案。由于交通运行状态的时变性，路阻权值的浮动性很大，传统方法多采用一定时间内的平均值当做短时预测量来表示路阻权值。但过大的时间采样间隔将导致规划的实时性降低，而过小的采样间隔又无法保证规划精度。尤其对于城市道路来说，由于存在交通信号灯控制，车辆的行程时间不随交通波的移动而连续变化，很可能因为相位切换而导致行程时间突增，这种周期性的变化规律使得平均值的算法存在一定误差。因此，就需要在保证精度的情况下，将采样时间间隔降低至一个周期内，甚至精准预测每一辆车的行程时间和抵达停止线时将遇到的灯控信号，车路协同技术则为这一想法的实现提供了可能。

本章所述的车路协同环境下路径规划方法是在传统方法预测行程时间的基础上进一步预测可能在交叉口处的灯控事件，如图 4-1 所示。即，车辆根据与路侧智能设备间的数据和指令交互，来计算其行驶至停止线所需的时间，并判断抵达停止线前将遇到的信号灯颜色，由此计算该相位因为交通信号控制所产生的时间路阻值，从而得到整条道路上每一辆车的精确路阻预测值。

综上可以看出，车路协同环境下的路径规划方法与传统方法相比具有如下特点：

1）考虑所处相位可能遇到的信号灯控事件。

2）考虑灯控信号影响下不同转向行程的时间差异。

3）微观视角下的行程时间预测，实时性高。

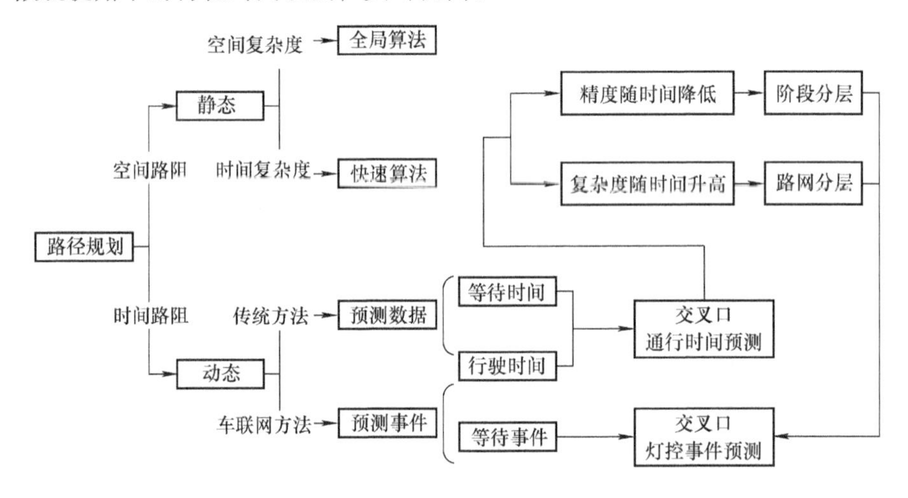

图 4-1　车路协同环境下路径规划特征

4.2　智能网联汽车实时路径规划系统设计

4.2.1　车路协同场景描述及路径规划系统设计目的

系统的设计目的是在车路协同环境下，提出了一种计算车辆在灯控信号影响下的路段和交叉口行程时间计算方法，并以此为传统路径方法提供了一个分阶段的区域最优路径优化方法，为解决车路协同系统中路径问题提供了技术支持和理论依据。

本章所研究的实时路径规划系统是基于车路协同环境实现的，如图 4-2 所示。远程服务端用于汇总区域内的实时路网信息并提供路径规划服务。车辆上安装的智能车载信息终端与路侧终端之间建立 V2X 网络通信。车载终端根据车辆总线和传感器信息向路侧终端上报所要求的统计数据，在需要的时候向远程服务发送路径规划请求。路侧终端则根据同时间段内相同去向的所有上报数据来计算各车道的行程时间，上报远程服务端，并根据行程时间和所采集的信号机控制信息实时向车载终端返回所需信息和指令。在该场景下，每一个交叉口的路侧设备都承担着该路网节点与相邻节点间的数据汇总与分析功能，相较于传统的后台统一数据处理具有更高的灵活性和实时性。

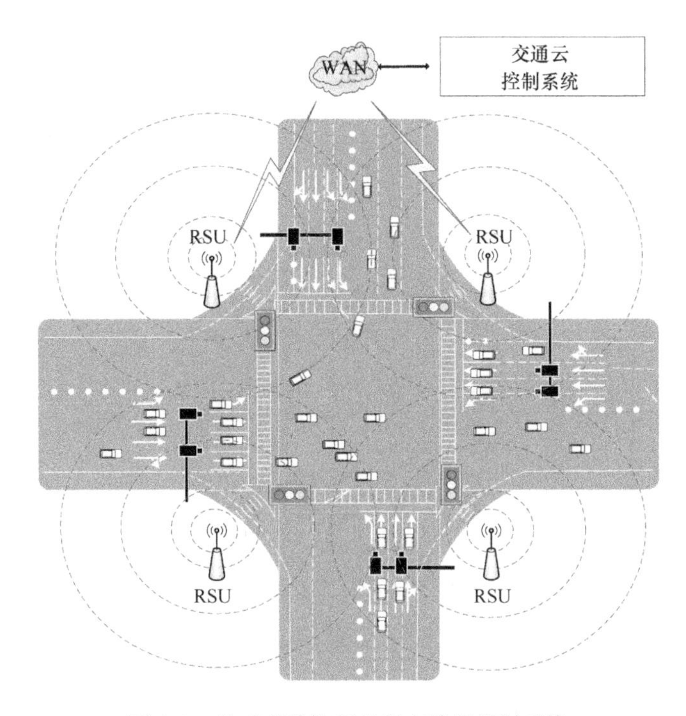

图 4-2 基于车路协同的行车路径规划系统

4.2.2 智能网联汽车路径规划策略

针对每一辆车的行程时间与事件预测可以提高规划精度，但这种微观的预测方法本身鲁棒性较差。当某一个交叉口的事件预测出现差值时，将导致后续事件预测结果均无法成立，因此该方法很难适用于途径交叉口数目过多的长路线。即使是在一个小区域内进行规划，该方法也会因为计算复杂度过高而不适用。由此参考图 4-1 所示传统方法中为降低运算复杂度、提高可靠度而提出的路网分层分级思路，确定了基本分阶段的区域路网最优规划方法，如图 4-3 所示。该规划策略主要步骤如下：

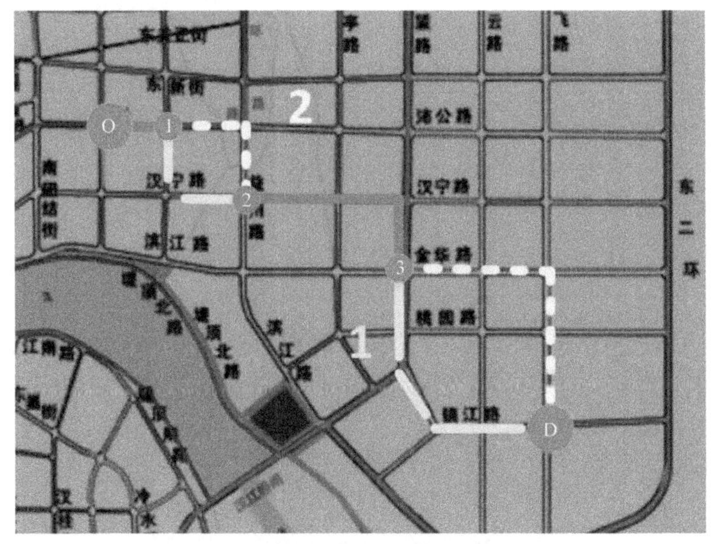

图 4-3 车路协同环境下路径规划策略

(1) 车载终端首先向远程服务端发送路径规划请求和 OD 信息，如图 4-3 所示的点 O、D。

(2) 远程服务端根据 OD 信息和路网状态计算全局最优路径，选取行程时间最小的两条路线作为备选，如图 4-3 所示的浅色短划虚线和深色长划虚线。

(3) 寻找两条路线中重合的路段（或节点），记为公众路段，如图 4-3 所示的深色实线，由此得到节点 1 与节点 2、节点 3 与讫点 D 之间两个待选路段（两个阶段）。

(4) 将规划路线发送给车载终端，由车载终端按照指定路线行驶，直至车载终端根据 GPS 数据和 V2X 交互信息判断车辆在下一个路口将进入待选路段（节点 1 到节点 2）。

(5) 车载终端向远程服务端发送区域最优路线规划指令，远程服务端根据路侧终端实时数据分别计算两条待选路线在考虑转向和灯控信息影响下的行程时间，选择两者中行程时间最小的一条路线提供给车载终端。

(6) 车辆驶离节点 2 后，以节点 2 为起点重新计算到点 D 的最优路径，并重复 (2) → (6) 的过程，直至车辆到达讫点 D。

该策略的核心思想是，利用车路协同技术提供的路侧信号设备控制数据和 V2X 网络通信手段，对全局算法所提供的多条行程时间相近的路线进行考虑灯控信号的精细对比，并逐步得到全程的最优行驶路线。

4.3 基于车路协同的路径规划优化方法研究

4.3.1 车路信息交互过程

为了确定各转向车道各自的路阻值，需要确保用于计算行程时间的动态车辆数据源根据车辆实际驶出方向进行区分，为此划定了路段与交叉口分界线，以停止线前禁止换道实线开始处为分界点，如图 4-4 所示，根据该划分方法，车辆在进入交叉口区域后，其转向方向也同时确定，最终统计的车辆行驶数据将经由 V2X 网络上传至路侧终端，并记录于指定转向的数据集中。

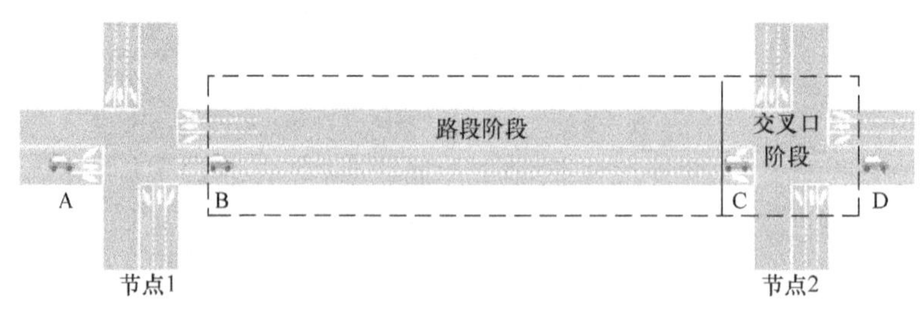

图 4-4 道路两阶段划分流程示意

位于节点附近的路侧终端会与附近行驶中的网联汽车建立 V2X 通信，并广播交叉口区域的定位范围。网联汽车根据自身 GPS 数据判断驶入/驶离交叉口区域，从而根据约定在指定时刻上传所需数据。车辆在每一条道路的行驶过程中，有图 4-4 所示的 A、B、C、D 四个关键位置节点：

(1) 点 A 表示车辆尚未驶入本条道路，此时车辆中记录的行车数据仍归属于上游路段。

（2）点B表示车辆刚刚驶离上游节点的交叉口区域，已完成与上一路侧终端的数据交互流程，开始重新记录行驶数据。

（3）点C表示车辆从路段区域驶入交叉口区域，此时车辆通知路侧终端准备接收车辆数据，路侧终端记录车辆ID并记录在数据库中。

（4）点D表示车辆驶离交叉口区域，将向路侧终端发送点B至点D间的车辆行驶数据，用于路侧终端计算实时路阻值，并开始记录统计下一条道路的车辆数据。

在该车路协同系统中，路侧终端固定于交叉口附近，在路阻计算之前，其主要功能有以下三项：

（1）数据汇总，有线连接信号机读取信号控制数据，并通过V2X网络汇总驶过交叉口的车辆行驶数据。

（2）数据分拣，根据车辆驶入（图4-4所示点C）和驶离（图4-4所示点D）交叉口区域时的位置向量判断车辆转向，从而确定数据归属。

（3）数据清洗，根据静态道路特征和动态车辆数据过滤异常数据，如车辆行驶距离远大于道路长度等。

车载终端根据路侧终端的指令读取行驶数据并按照要求计算后上传。这些数据是用于路阻值计算的，每个转向对应的路段会对应记录一组数据，最终路侧终端汇总的车路数据如表4-1所示。

表4-1　路侧终端汇总的车路数据

数据类型	数据含义
平均行驶速度 v	一定时间内该路段上所有车辆的平均行驶速度
平均排队车辆数 N	一定时间内该路段上每个周期平均排队车辆数
信号控制周期 C	该交叉口对应信号控制周期
相位绿灯起始时间 P_s	在信号周期中该路段所处相位绿灯起亮时间
相位绿灯持续时间 P_d	在信号周期中该路段所处相位绿灯持续时间
当前所处时间 c	目前已处于信号控制的第几秒
道路里程 L	该条路段总长度，常量

其中，道路里程为常量调查数据，信号控制相关信息由路侧终端连接信号机获取，速度与排队数信息由路侧终端根据上报的车辆数据计算得到，根据实际需求和客观条件可调整计算间隔。

4.3.2　路阻计算方法

本系统中的路阻值是一个微观变量，特指对于任意一辆即将进入路段的车辆（见图4-4），预测其驶离（图4-4所示的点D）前方交叉口时所需的行程时间。因此，对于自由驶入的车流中的每一辆车，其路阻值均是独立的。

图4-4所示的车辆路阻是一组6辆网联汽车驶入某一路段的情况。图中，横轴为时间，长度为下游交叉口的一个信号控制周期；纵轴表示该条路段的长度L，浅实线表示匀速行驶过程，浅虚线表示加减速行驶过程，深点划线表示停车过程。可以看出，6辆车的行驶速度相近，由于信号控制和排队的影响，路阻值有较大差异。

记红灯起亮时间为第 0 秒，任意一个相位红灯持续时间为 T_{R}^{X}，绿灯时间持续为 T_{G}^{X}，上角标 $X=\mathrm{L}$、S、R 表示左、直、右三种转向情况。根据式（4-1），当右转不受控时，有 $T_{\mathrm{R}}^{\mathrm{R}}=0$；对于两相位控制交叉口，有 $T_{\mathrm{R}}^{\mathrm{L}}=T_{\mathrm{R}}^{\mathrm{S}}$，$T_{\mathrm{G}}^{\mathrm{L}}=T_{\mathrm{G}}^{\mathrm{S}}$。为了提高方法的容错率，将信号控制中黄灯时间一律计入红灯时间，则有

$$C=T_{\mathrm{R}}^{X}+T_{\mathrm{G}}^{X}\quad X\in(\mathrm{L},\ \mathrm{S},\ \mathrm{R}) \tag{4-1}$$

记车辆在 c_{i}^{X} 时刻进入路段，以路段平均行驶速度 v 到达路口时，信号控制周期所处的时刻为 c_{o}^{X}，有

$$c_{\mathrm{o}}^{X}=c_{\mathrm{i}}^{X}+\frac{L}{v} \tag{4-2}$$

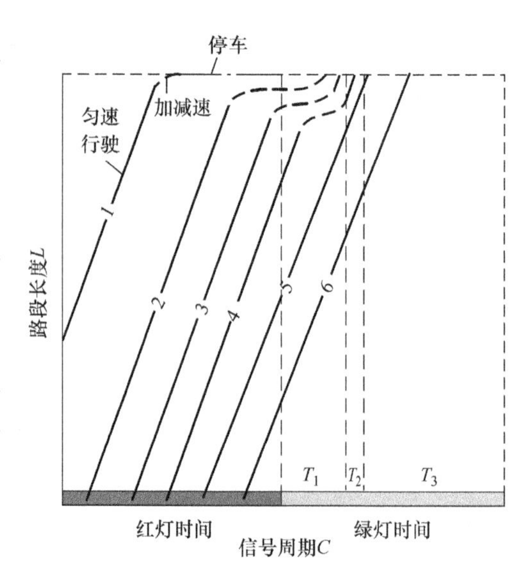

图 4-5　不同车辆路阻计算示意

则当 $c_{\mathrm{o}}^{X}<T_{\mathrm{R}}^{X}$ 时，车辆必然遇上红灯停车；当 $c_{\mathrm{o}}^{X}>T_{\mathrm{R}}^{X}$ 时，因为有排队车辆消散过程，则按图 4-5 所示可分为三种情形——有停车情形（1、2、3 号车）、无停车有减速情形（4 号车）和匀速行驶情形（5、6 号车），分别记为情形 1、2、3。

暂不考虑二次排队的情形，记排队消散时间为 T_1^X，排队消散后仍对后车存在影响的时间为 T_2^X，排队消散后对后车不存在影响的时间为 T_3^X，则有

$$T_1^X+T_2^X+T_3^X=T_{\mathrm{G}}^{X} \tag{4-3}$$

由此，有计算路阻值的三种分类讨论情况：

$$\begin{cases} c_{\mathrm{o}}^{X}\leqslant T_{\mathrm{R}}^{X}+T_1^X & \text{情形 1}\\ T_{\mathrm{R}}^{X}+T_1^X<c_{\mathrm{o}}^{X}\leqslant T_{\mathrm{R}}^{X}+T_1^X+T_2^X & \text{情形 2}\\ T_{\mathrm{R}}^{X}+T_1^X+T_2^X\leqslant c_{\mathrm{o}}^{X} & \text{情形 3}\end{cases} \tag{4-4}$$

为了确定 T_1^X 和 T_2^X 的值，需要判断路口车辆排队数。考虑无突发情形下交通运行状态的连续性，该值在本系统中由路侧终端根据上两个信号控制周期的平均排队车辆数计算得到，记为 N。

在 T_1^X 持续时间内，排队车辆经过排队和驶离交叉口两个过程，记所需要的时间分别为 T_{x}^{X} 和 T_{p}^{X}，有

$$T_1^X=T_{\mathrm{x}}^{X}+T_{\mathrm{p}}^{X} \tag{4-5}$$

取车辆加速度为 a，记车辆排队时车距为 d_{p}，跟驰时车距为 d_{g}，车辆长度为 d_{l}，则最大排队车辆数为 N 的队列，根据运动学公式有排队消散时间 T_{x}^{X} 的值计算如下：

$$T_{\mathrm{x}}^{X}=N\sqrt{\frac{2(d_{\mathrm{g}}-d_{\mathrm{p}})}{a}} \tag{4-6}$$

经过此时间后，最后一辆排队车辆开始加速直至达到路段平均行驶速度 v。根据实际排队长度可能有两种情况：当 $(N-1)(d_{\mathrm{p}}+d_{\mathrm{l}})\leqslant\dfrac{v^2}{2a}$ 时，车辆加速通过交叉口，通过交叉口所需时间 T_{p}^{X} 为

$$T_{\mathrm{p}}^{X}=\sqrt{\frac{2(N-1)(d_{\mathrm{p}}+d_{1})}{a}} \tag{4-7}$$

当$(N-1)(d_{\mathrm{p}}+d_{1})>\frac{v^2}{2a}$时，车辆先加速后匀速通过交叉口，通过交叉口所需时间 T_{p}^{X} 为

$$T_{\mathrm{p}}^{X}=\frac{(N-1)(d_{\mathrm{p}}+d_{1})-v^2/2a}{v}+\sqrt{\frac{2(N-1)(d_{\mathrm{p}}+d_{1})}{a}} \tag{4-8}$$

由此根据实际情况可算出在当前预测排队长度下的 T_1^X 值。

在 T_2^X 阶段，车辆不会在路段中停车，但由于前方车辆仍处于未启动或缓慢加速过程中需要减速。例如，某一车辆为该条车道的第 $N+1$ 辆车，临界情况下将减速趋于0，而后再加速行驶，则 T_2^X 的持续时间可看作为该车辆因减速行为而导致的时间延误。考虑加减速过程为匀变速运动，则有变速过程中平均速度为$\frac{v}{2}$，最大延误时间 T_2^X 为

$$T_2^X=\frac{v^2/2a-(v/2)^2/2a}{v}=\frac{3v}{4a} \tag{4-9}$$

由此可通过式（4-4）根据 T_1^X、T_2^X 的值，来判断对于任意时刻 c_{i}^X 进入路段的车辆将遇到的情形。

当前方路口行驶方向不为右转时，路口可能存在排队情况，记排队长度为 S，则有

$$S=N(d_{\mathrm{p}}+d_{1}) \tag{4-10}$$

记 c_{i1}^X、c_{i2}^X、c_{i3}^X分别为，车辆到达路口时信号灯所处时间 $c_{\mathrm{o}}^X=T_{\mathrm{R}}^X+T_1^X$、$c_{\mathrm{o}}^X=T_{\mathrm{R}}^X+T_1^X+T_2^X$ 和 $c_{\mathrm{o}}^X=T_{\mathrm{R}}^X+T_1^X+T_2^X+T_3^X$ 的驶入时间分界点。考虑车辆在行驶过程中的匀速和减速过程，有

$$L-S-\frac{v^2}{2a}=v(T_{\mathrm{R}}^X+T_1^X-c_{\mathrm{i1}}^X-\frac{v}{a}) \tag{4-11}$$

$$c_{\mathrm{i2}}^X=c_{\mathrm{i1}}^X+\frac{T_2^X}{2} \tag{4-12}$$

$$c_{\mathrm{i3}}^X=C-\frac{L}{v} \tag{4-13}$$

也就是说，对于一个完整的信号控制周期 C 而言，当在上游路口驶入时间 c_{i}^X 在 c_{i1}^X、c_{i2}^X 之间时，车辆在路口将遇到情形2；在 c_{i2}^X、c_{i3}^X之间时，车辆在路口将遇到情形3；其他时间段内将遇到情形1。

下面分别计算对于三种情形下进入路段的车辆的具体驶出时间 c_{o1}^X、c_{o2}^X、c_{o3}^X。对于没有排队和减速过程的情形3而言，式（4-2）代表了该情形下的计算方法。对于另两种情况，需要计算出情形2下的具体减速过程和情形1下的具体排队次序 n（排队时的序号），分别以车辆驶入时间 c_{i}^X 占该情形下的总持续时间的比重来预测减速时间和排队次序 n，则有

$$\begin{cases} n=\dfrac{c_{\mathrm{i}}^X+C-c_{\mathrm{i3}}^X}{C-(c_{\mathrm{i3}}^X-c_{\mathrm{i1}}^X)}N & \text{当}\ 0\leqslant c_{\mathrm{i}}^X\leqslant c_{\mathrm{i1}}^X \\ n=\dfrac{c_{\mathrm{i}}^X-c_{\mathrm{i3}}^X}{C-(c_{\mathrm{i3}}^X-c_{\mathrm{i1}}^X)}N & \text{当}\ c_{\mathrm{i3}}^X\leqslant c_{\mathrm{i}}^X\leqslant C \end{cases} \tag{4-14}$$

$$\begin{cases} c_{o1}^X = T_x^X + T_p^X & \text{当} N = n \\ c_{o2}^X = \dfrac{c_{i2}^X - c_i^X}{c_{i2}^X - c_{i1}^X} T_2^X + T_1^X + T_R^X & \text{当} c_{i1}^X \leqslant c_i^X \leqslant c_{i2}^X \\ c_{o3}^X = c_i^X + \dfrac{L}{v} & \text{当} c_{i2}^X \leqslant c_i^X \leqslant c_{i3}^X \end{cases} \tag{4-15}$$

由此可根据车辆在上游驶入时间 c_i^X 计算车辆驶出时间 c_o^X，对于有多个交叉口的一整条路线，可通过将上一个路段的算结果 c_o^X 作为输入迭代进下一个路段的求解过程中，从而计算得到完整线路的路阻值，实现最终的优化目的。

4.3.3 路径选择策略

在本系统中，路网结构以拓扑图的形式存储于远程服务器中，如图 4-6 所示，每一个节点均记载了区域内各路侧终端所记录汇总的数据。

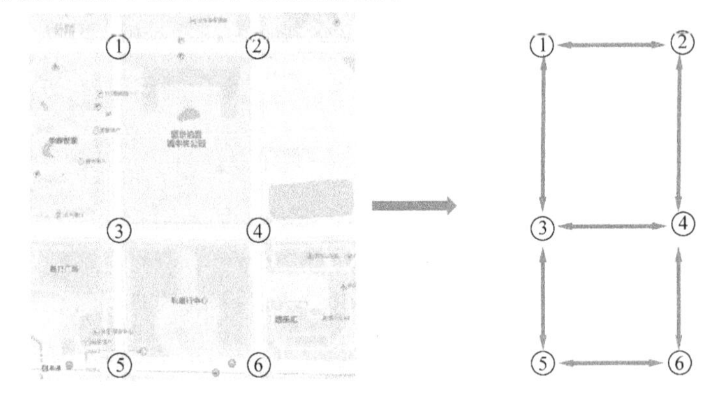

图 4-6　路网拓扑示意

路侧终端记载着相邻节点间的信息。其中，除了有由路网自身特性决定的静态常量信息外，还包括由 V2X 网络数据计算后得到的动态信息。以节点 3 为例，其所记载的信息如表 4-2 所示。

表 4-2　路侧终端动态信息记录

去向节点	数据类型	左转相位	直行相位	右转相位
1	v（km/h）	25	28	30
	N	11	8	0
4	v（km/h）	33	38	40
	N	10	7	0
5	v（km/h）	27	31	35
	N	12	11	0

当路线规划完毕后，得到图 4-7 所示的重合路段细化路线方案。图中，两个路线方案用实线、虚线表示，OD 信息相同，约定对于任意一条路段的表示方式为 $\mathrm{O} \xrightarrow{X} \mathrm{D}$，则有方案描述如下：

方案 1（实线）：$O \xrightarrow{S} 1 \xrightarrow{R} 2 \xrightarrow{S} 4 \xrightarrow{L} 6 \xrightarrow{S} D$

方案 2（虚线）：$O \xrightarrow{R} 1 \xrightarrow{S} 3 \xrightarrow{L} 5 \xrightarrow{S} 6 \xrightarrow{S} D$

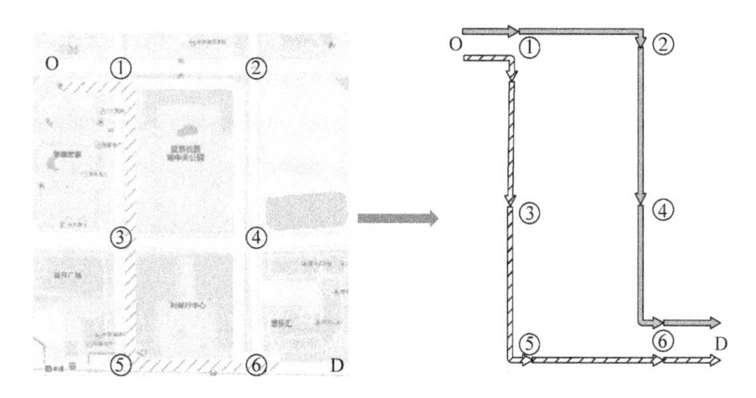

图 4-7 重合路段细化路线方案

图 4-8 所示的行程时间计算是区域路径优化方法的典型流程。对于 OD 信息相同、里程与绿信比近似的两条路径，方案 2 的平均行驶速度较低。若只考虑路阻条件，则传统路径规划方法将推荐方案 1。但是，实际情况下由于方案 2 所选路径在当前时刻下排队时间较短，最终实际时间将优于方案 1。这体现了该微观优化方法的优势。

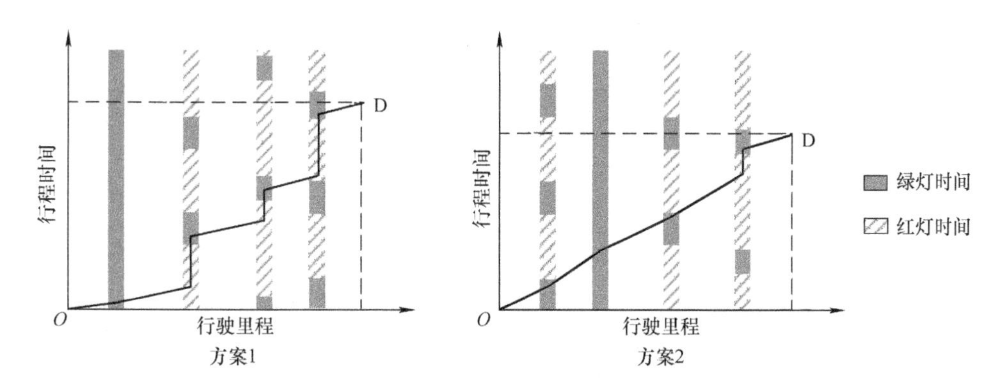

图 4-8 阶段路径行程时间计算示意

4.4 优化方法实验验证

4.4.1 实验设计

为了验证方法的有效性，选取北京市望京地区的一小块路网区域进行验证，选择 OD 信息为望京地铁站 B 口至利泽西街与望京西路交叉口西方向出口；由导航软件生成了 3 条路线，如图 4-9 所示；路线详情如表 4-3 所示。

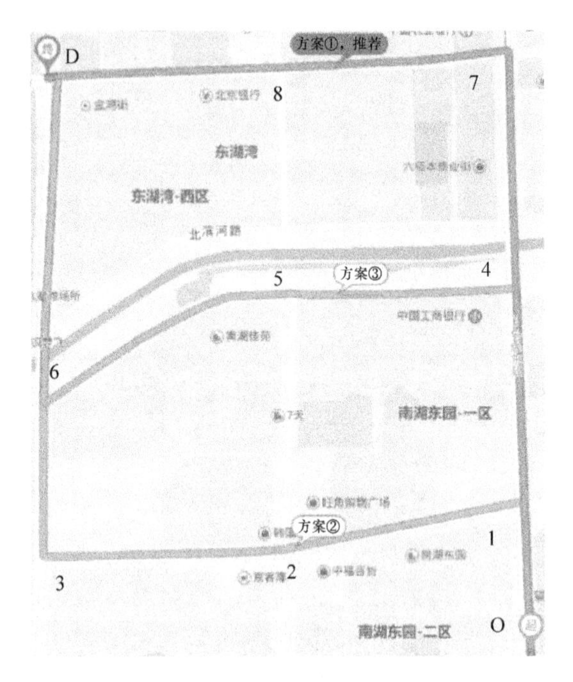

图 4-9　实验路线方案图

表 4-3　实验路线参数

参数	方案 1	方案 2	方案 3
途径灯控路口	5 个	5 个	5 个
里程	2.0km	2.1km	2.2km
预计行程时间	6min	7min	7min
路线	$0 \xrightarrow{S} 1 \xrightarrow{S} 4 \xrightarrow{L} 7 \xrightarrow{S} 8 \xrightarrow{S} D$	$0 \xrightarrow{L} 1 \xrightarrow{S} 2 \xrightarrow{R} 3 \xrightarrow{S} 6 \xrightarrow{L} D$	$0 \xrightarrow{S} 1 \xrightarrow{L} 4 \xrightarrow{S} 5 \xrightarrow{R} 6 \xrightarrow{L} D$

为了验证算法，在同一时刻采用人工方式对路线中涉及的所有交叉口运行状态进行了调查，调查结果如表 4-4 所示。

表 4-4　道路数据调查结果

路段	平均行驶速度 v/(km/h)	路段里程 L/m	平均排队车辆 N	节点周期 C/s	绿灯起止时间 P_s—P_d/s
$0 \xrightarrow{S} 1$	38	431	12	150	0—42
$1 \xrightarrow{S} 4$	43	374	6	150	0—88
$4 \xrightarrow{L} 7$	38	415	5	150	52—76
$7 \xrightarrow{S} 8$	34	368	4	60	28—54
$8 \xrightarrow{S} D$	37	443	7	90	48—84
$0 \xrightarrow{L} 1$	33	431	6	150	49—69
$1 \xrightarrow{S} 2$	24	418	6	70	0—38
$2 \xrightarrow{R} 3$	25	422	0	70	0—70

（续）

路段	平均行驶速度 v/(km/h)	路段里程 L/m	平均排队车辆 N	节点周期 C/s	绿灯起止时间 P_s—P_d/s
$3 \xrightarrow{S} 6$	27	387	5	70	0—36
$6 \xrightarrow{L} D$	22	430	7	90	0—32
$1 \xrightarrow{L} 4$	31	374	7	150	0—88
$4 \xrightarrow{S} 5$	19	381	8	80	0—39
$5 \xrightarrow{R} 6$	21	502	0	70	0—70

将表4-4所示数据作为实验中3条路线的环境参数，根据平均排队车辆数与红灯时间长度的对比关系，设计实验为假定150辆车以8s固定的车头时距从点O驶入。根据4.3节的路阻计算方法分别计算每辆车选择1、2、3号路时时到达点D的预测行程时间，其中的计算参数如表4-5所示。

表4-5　路阻计算参数

参数	典型值
a	3m/s^2
d_l	4.3m
d_p	0.5m
d_g	6m

4.4.2　实验结果与分析

车辆驶入过程累计持续20min，等同为路口1节点8个信号控制周期长度，最终计算结果如图4-10～图4-12所示。其中图a所示均为预测行程时间计算结果，图b所示均为预测排队次数计算结果，图c所示均为3条路线中最优路线与最差路线的行程时间差值计算结果。

可以看到，虽然车辆顺序驶入点O，但由于交叉信号控制的影响，即使是序号相邻的车辆的行程时间也可能有较大差异，这也就导致了最优路线选择上的差异。对比3条路线的预测行程时间可以看到，默认推荐的路线1并不总是预测时间最短的路线。

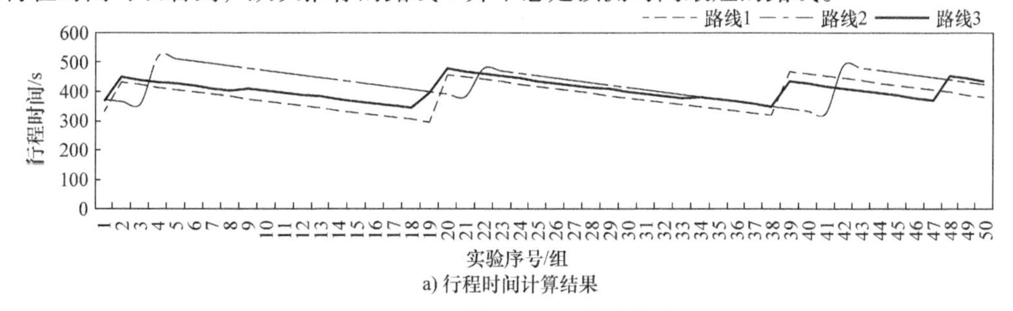

a) 行程时间计算结果

图4-10　第1～50组实验结果

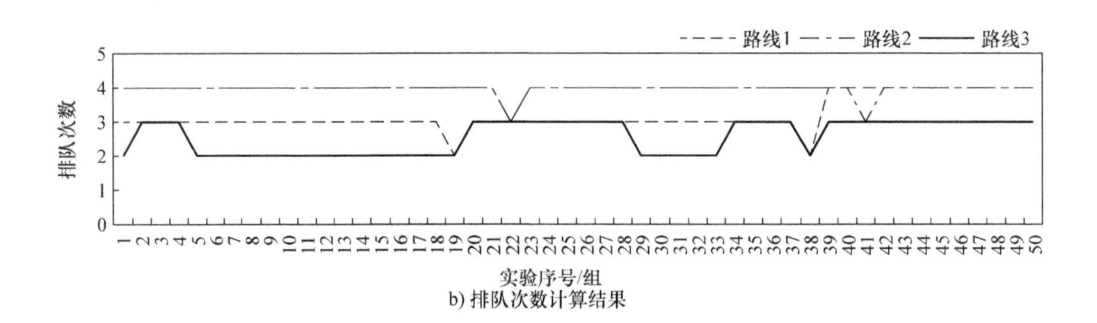

b) 排队次数计算结果

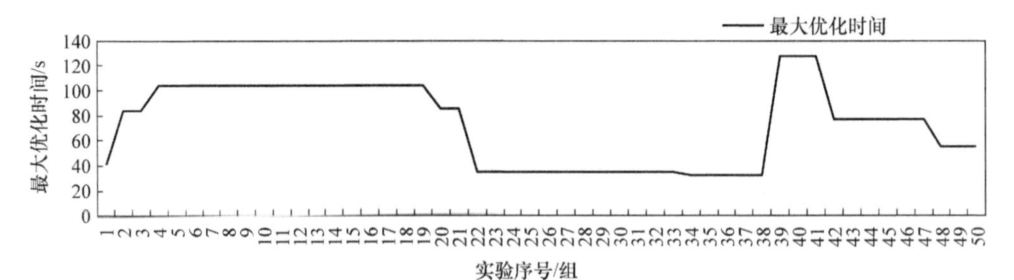

c) 最大优化时间计算结果

图 4-10　第 1～50 组实验结果（续）

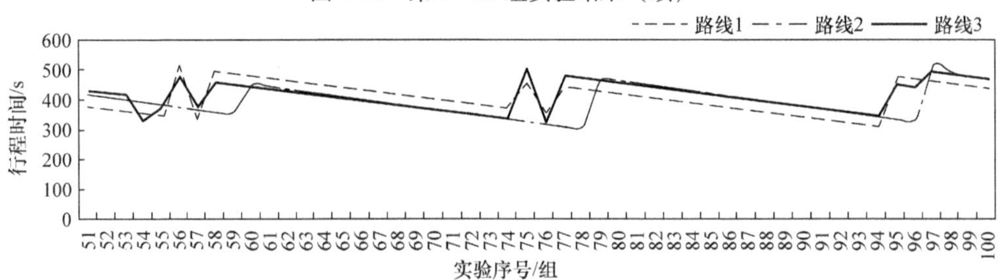

a) 行程时间计算结果

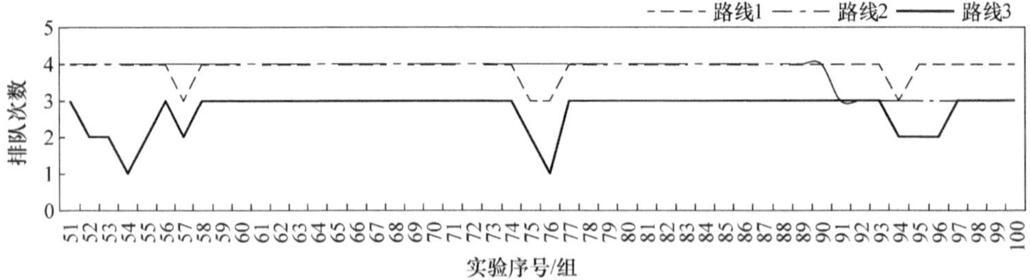

b) 排队次数计算结果

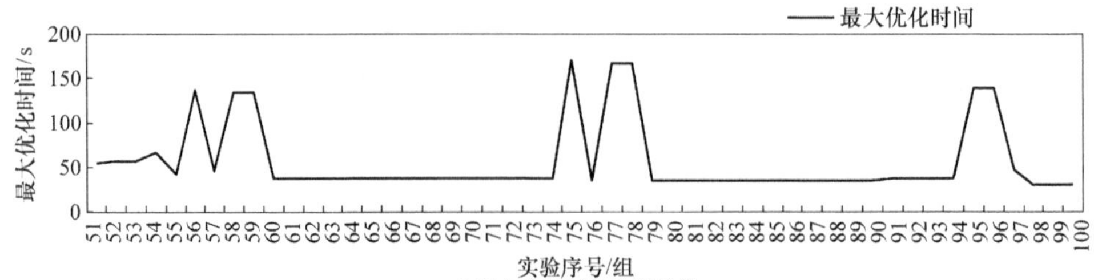

c) 最大优化时间计算结果

图 4-11　第 51～100 组实验结果

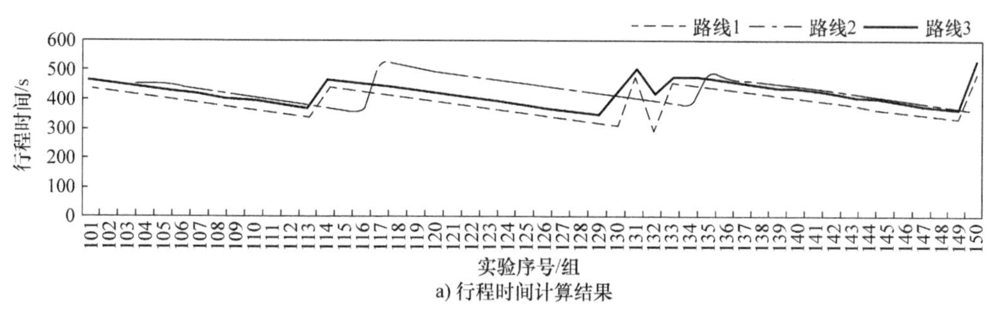

a) 行程时间计算结果

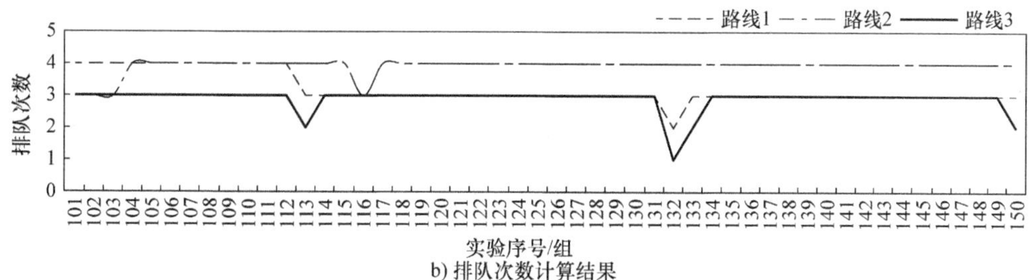

b) 排队次数计算结果

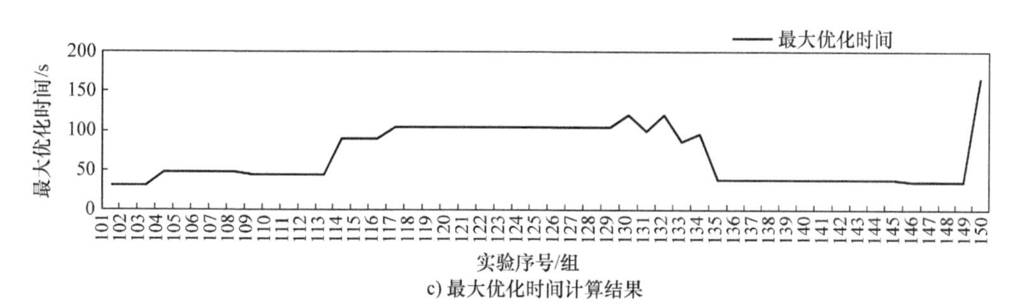

c) 最大优化时间计算结果

图4-12　第101~150组实验结果

将上述计算结果进一步整理，得到的路线结果对比如表4-6所示。可以看到，虽然路线1的平均预测指标较其他两条路线更好，但有总计45次路线1并不是最优选择。即，约30%的情况下如果按照本方法进行路线选择可进一步优化行程时间，通过进一步计算，在150组实验中，3条路线中最优路线的用时比最差路线的用时平均短65.9s。

表4-6　路线结果对比

对比项	路线1	路线2	路线3
平均预测行程时间/s	392.62	416.05	411.66
平均预测排队次数	3.45	3.89	2.74
平均预测排队时间/s	188.69	120.87	98.79
最优路线次数	105	23	22

参考文献

[1] 葛艳，王健，孟友新，等. 车辆导航动态路径规划的研究进展 [J]. 公路交通科技，2010，27（11）：113-117.

[2] 孙海鹏，翟传润，战兴群，等. 基于实时交通信息的动态路径规划技术 [J]. 微计算机信息，2007，23

(24)：177－178.
[3] 向冬梅，陈树辉．基于动态交通的最短时间路径规划方法研究 [J]. 微计算机信息，2012 (9)：317－319.
[4] 李露蓉，王蕾，高应波，等．基于优化蚁群算法的动态路径规划问题研究 [J]. 广西大学学报（自然科学版)，2013，38 (2)：359－367.
[5] 刘微，朱征宇，刘琳，等．基于行程时间多步预测的实时路径导航算法 [J]. 计算机应用研究，2013，30 (2)：346－349.
[6] 周明秀，程科，汪正霞．动态路径规划中的改进蚁群算法 [J]. 计算机科学，2013，40 (1)：314－316.
[7] 周申培，朱泽雨，吴涛．基于 Android 平台的实时路径规划应用开发 [J]. 信息通信，2016 (5)：110－112.
[8] Sen S, Pillai R, Joshi S, et al. A Mean－Variance Model for Route Guidance in Advanced Traveler Information Systems [J]. Transportation Science, 2001, 35 (1): 37－49.
[9] Wu X, Nie Y. Modeling heterogeneous risk－taking behavior in route choice: A stochastic dominance approach [J]. Transportation Research Part A Policy & Practice, 2011, 45 (9): 896－915.
[10] Xing T, Zhou X. Finding the most reliable path with and without link travel time correlation: A Lagrangian substitution based approach [J]. Transportation Research Part B Methodological, 2011, 45 (10): 1660－1679.
[11] Chen B Y, Lam W H K, Sumalee A, et al. Finding Reliable Shortest Paths in Road Networks Under Uncertainty [J]. Networks & Spatial Economics, 2013, 13 (2): 123－148.
[12] Backfrieder C, Ostermayer G, Mecklenbräuker C F. Increased Traffic Flow Through Node－Based Bottleneck Prediction and V2X Communication [J]. IEEE Transactions on Intelligent Transportation Systems, 2017, 18 (2): 349－363.
[13] Liu J, Wan J, Wang Q, et al. A survey on position－based routing for vehicular ad hoc networks [J]. Telecommunication Systems, 2016, 62 (1): 15－30.
[14] Zhu T, Wu D, Wu D, et al. A Novel Freeway Traffic Speed Estimation Model with Massive Cellular Signaling Data [J]. International Journal of Web Services Research, 2016, 13 (1): 69－87.
[15] Qin Q, Feng M, Sun J, et al. Prediction of road resistance based on historical/real－time information and road quality [C]. International Conference on Fuzzy Systems and Knowledge Discovery, August 15－17, 2015, Zhangjiajie. Piscataway: IEEE, 2016: 1073－1077.
[16] Wang Z, Chen Y, Chen N, et al. The Research on Control Strategy of Urban Expressway Under CVIS [J]. International Journal of Simulation－Systems, Science & Techno, 2016, 16 (1): 30－34.

第5章

智能网联汽车速度引导方法

由于传统交通传感器精度有限及车辆状态信息获取的滞后性，城市干线信号控制很难根据实时车流量动态优化配时方案，达到预期效果。随着车路协同，智能网联汽车技术的广泛应用，车速引导技术为以上问题提出了新的解决方案。车速引导技术可以使车辆行驶保持理想车距和车速，优化城市干线车流行驶状态，为缓解城市干线拥堵和提高道路通行能力提供了新的技术手段和解决方案。本章提出了一种面向城市干线的网联汽车车速引导方法，包括干线路段头车车速引导、干线路段跟随车车速引导及自适应配时优化方法。本章在内容上，首先，面向城市干线系统特点，分析了车路协同系统中智能网联汽车的行驶状态；其次，根据车辆行驶状态及交通信号配时信息提出了多车车速引导模型，并通过网联车辆实时行驶信息动态优化交叉口的绿信比，提高了交叉口整体通行能力；最后，根据实际场景进行了仿真实验。仿真结果表明，利用本章给出的方法可使干线交叉口整体延误降低14%，干线车流的停车时间减少56%，停车次数减少48%。该方法显著减少了城市干线车流的停车时间及次数，提高了交叉口整体通行效率，为智能网联汽车技术实际应用提供了理论依据。

5.1　基于车路协同的交通控制系统概述

目前，国内外学者在车速引导领域已取得了一定的成果。Guler提出了在城市干线系统中，利用固定配时和感应配时两种配时方案，提高交叉口通行效率的动态跟车模型[1]；Yang根据智能程度对车辆进行等级划分，并提出了不同渗透率下车速优化及跟驰算法，通过仿真验证城市干线的通行能力得到了改善[2]；Au和Stone提出了智能网联汽车运行动态规划方法，验证了以“匀速-匀变速-匀速”的行驶模式通过信号交叉口，可以大幅提高道路通行能力[3]；张存保等提出了一种基于车路协同的单点信号控制优化算法及模型，能通过车速引导与信号优化动态结合提高交叉口通行能力[4]；盖彦荣和陈阳舟等基于智能网联汽车减速信息，提出了一种可提高车辆行驶稳定性的安全车距自适应调节方法，能通过增加固定规模队列的车辆数间接提高交叉口通行能力[5]。

车路协同环境下城市干线控制方面，也有一些有代表性的研究成果。Abu-Lebdeh提出了在车路协同系统中基于绿信比、车速、相位差的动态车速控制模型[6]；荆彬彬等，在传统双周期干道绿波控制模型的基础上，结合车路协同控制方法，对行驶车辆车速引导进而减少延误及停车次数[7]；吴伟和马万经等，将车辆的运动状态与干线相位差优化相结合，提出了车路协同系统中相位差动态优化算法，从而提高干线交叉口的通行效率[8]。

综上所述，目前的研究主要是以车速引导为基础，来解决单点信号交叉口通行能力问题，而面向城市干线多交叉口环境，如何充分发挥智能网联汽车群体智能优势，提高道路通行能力的方法研究成果较少。本章的研究主要面向城市干线交通系统，利用车路协同及智能网联汽车技术来实现对多车车速引导，实现车流动态优化；同时，根据车辆队列长度及车辆运行状态，来优化干线交叉口的信号配时方案，从而提高干线交叉口的通行能力。

本章讨论的方法是基于车路协同的交通信号控制系统实现的。该系统主要包括智能路侧单元、交通信号控制单元、车路通信单元，以及车路信息融合处理中心。智能网联汽车在行驶过程中通过车路通信网络实时上传速度、加速度、车距、高精度定位信息。智能路侧单元实时采集并上传当前交通信号配时信息、交通流量等信息。车路信息融合处理中心将车辆及路侧实时数据融合处理，计算出当前路段车辆最优行驶车速、车队规模和配时优化信息，并下发至智能路侧单元进行信息共享，如图 5-1 所示。

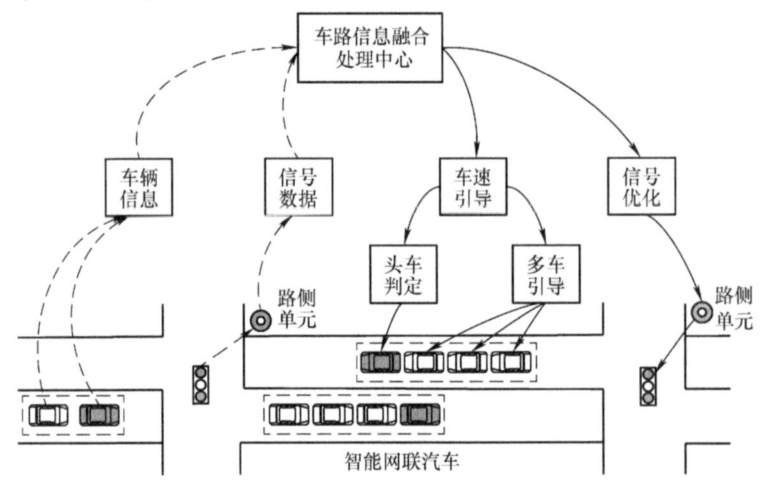

图 5-1　基于车路协同的城市干线交通系统示意图

首先，将城市干线路段划分为缓冲区和引导区。缓冲区内车辆完成车路组网，并根据 OD 信息决定直行或换道。进入引导区后，车辆根据当前交叉口交通信号配时信息及车辆状态计算最优行驶车速。按照车辆进入引导区的顺序，系统分别对其进行车速引导，如图 5-2 所示。

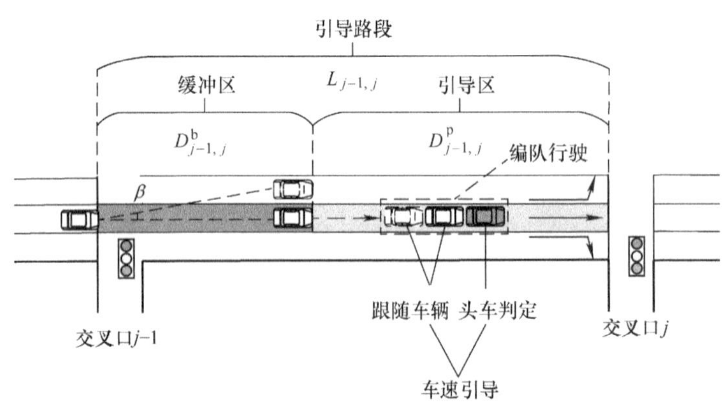

图 5-2　城市干线路段区域划分示意图

图 5-2 中，$j-1$ 和 j 为交叉口编号；$L_{j-1,j}$为路段长度；$D^{b}_{j-1,j}$和 $D^{p}_{j-1,j}$分别为车辆由西向东行驶路段的缓冲区长度和引导区长度。规定车辆通过停止线后，非直行车辆立刻开始换道行为。参考本章参考文献［9］对车辆换道时间的研究成果来确定最大换道时间，并根据车

辆行驶轨迹计算缓冲区和引导区长度。

$$\begin{cases} D^{\mathrm{b}}_{j-1,j} = v^{\max} t^{\mathrm{c}} \cos\beta \\ D^{\mathrm{p}}_{j-1,j} = L_{j-1,j} - D^{b}_{j-1,j} \end{cases} \tag{5-1}$$

式中，$v^{\max}$为路段允许行驶最大车速；t^{c} 为车辆最大换道时间；β 为车辆最小换道偏转角度。以此确保缓冲区长度能满足所有非直行车辆的换道需求。

5.2　车路协同环境下车速引导方法

在确定控制方法前，首先车辆编号为 n（$n=1$，2，…），按照车辆进入引导区的顺序依次确定。当确定当前信号周期最后一辆车进入引导区后，以该区域所有车辆停车时间最小为目标，确定车速引导方法，流程框图如图 5-3 所示。

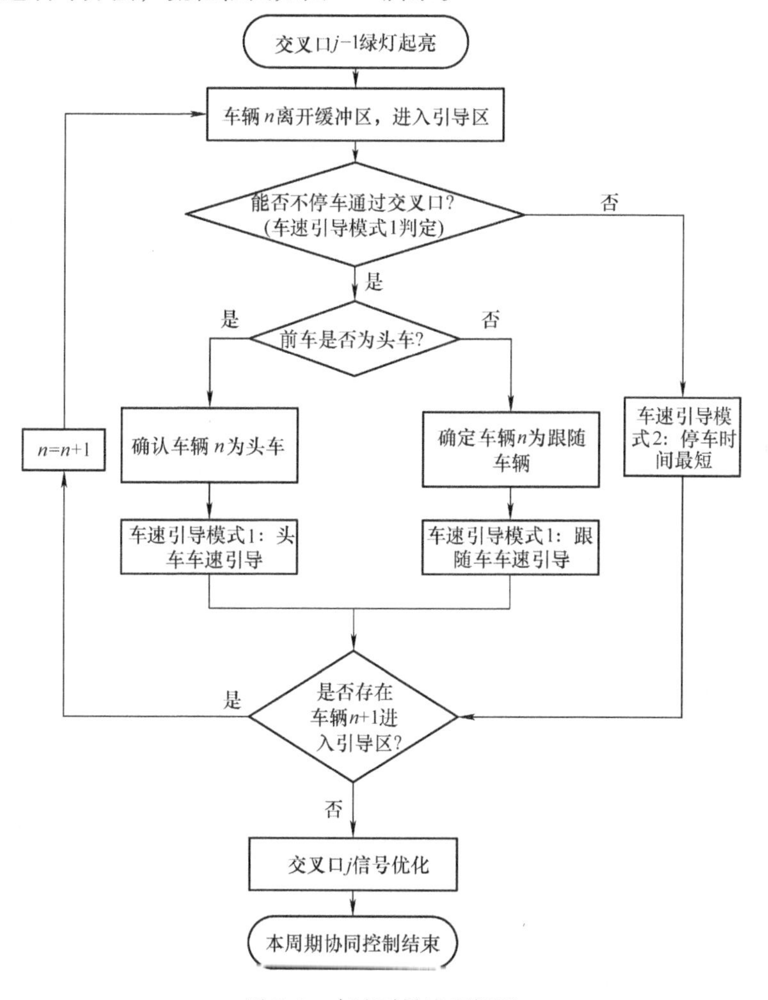

图 5-3　车速引导流程框图

5.2.1　车路协同环境下的单车车速引导模型

由于车辆初始状态不同，需要实现的车速引导方法分为两种模式：不停车通过交叉口

（模式1）；停车时间最短（模式2）。

1. 车速引导模式1

以交叉口 $j-1$ 与交叉口 j 之间的路段为例。车辆驶入缓冲区后，根据本章参考文献［3］提出的智能车辆最优行驶模式，规定所有引导区车辆仅能匀速或匀变速行驶。在引导区行驶过程中，车辆速度与位移随时间变化曲线如图5-4所示。按照其行驶状态将其分为四个阶段。

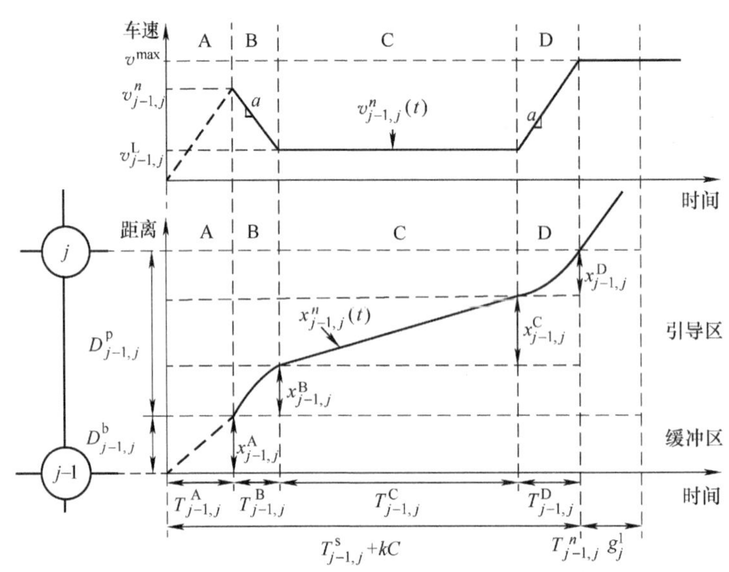

图5-4　车辆速度与位移随时间变化曲线

（1）无引导阶段（图5-4所示区域A）

如图5-4所示，交叉口 $j-1$ 绿灯起亮后，车辆驶入缓冲区。非直行车辆会在该阶段换道，直行车辆则正常行驶，为其在引导区进行车速引导提供数据。当车辆驶出缓冲区进入引导区时，该阶段结束。此时确定车辆进入引导区的序号 n。图5-4中，$v^n_{j-1,j}$ 为进入引导区时的速度；$T^A_{j-1,j}$ 为该阶段所需时间；$x^A_{j-1,j}$ 为该阶段车辆行驶距离。

（2）车速调整阶段1（图5-4所示区域B）

n 号车驶入引导区后，进入车速调整阶段1。在该阶段车辆将把当前车速调整至引导车速 $v^L_{j-1,j}$。

$$T^B_{j-1,j}=\frac{v^L_{j-1,j}-v^n_{j-1,j}}{a} \tag{5-2}$$

$$x^B_{j-1,j}=\frac{(v^L_{j-1,j})^2-(v^n_{j-1,j})^2}{2a} \tag{5-3}$$

式中，$v^n_{j-1,j}$ 为车辆进入引导区时的瞬时车速；a 为车辆加速度；$T^B_{j-1,j}$ 为车速调整时间，同时也是该阶段时长；$x^B_{j-1,j}$ 为车辆在该阶段所行驶的距离。当车辆的速度达到引导车速时，该阶段结束，车辆将进入匀速行驶阶段。

（3）匀速行驶阶段（图5-4所示区域C）

车速调整阶段1结束后，车辆以引导车速 $v^L_{j-1,j}$ 匀速行驶一段时间。在综合考虑车辆运行状态及交叉口信号运行状态后，确定引导车速及行驶时间。

$$x_{j-1,j}^{\mathrm{C}} = T_{j-1,j}^{\mathrm{C}} v_{j-1,j}^{\mathrm{L}} \tag{5-4}$$

式中，$T_{j-1,j}^{\mathrm{C}}$和 $x_{j-1,j}^{\mathrm{C}}$分别为该阶段车辆行驶的时间及距离。

（4）车速调整阶段 2（图 5-4 所示区域 D）

车辆 n 匀速行驶一段时间后，进入第二个车速调整阶段。在该阶段，车辆会将自身车速由引导车速调整至最大车速，并在交叉口 j 绿灯亮起后通过停止线。第二次车速调整的意义在于提高车辆通过停止线的速度，从而提高干线相位车流的通行效率。该阶段车辆进行匀变速运动。

$$T_{j-1,j}^{\mathrm{D}} = \frac{v^{\max} - v_{j-1,j}^{\mathrm{L}}}{a} \tag{5-5}$$

$$x_{j-1,j}^{\mathrm{D}} = \frac{(v^{\max})^2 - (v_{j-1,j}^{\mathrm{L}})^2}{2a} \tag{5-6}$$

式中，$v^{\max}$为路段允许的最大车速；$T_{j-1,j}^{\mathrm{D}}$内车速调整时间；$x_{j-1,j}^{\mathrm{D}}$为车辆该阶段行驶距离。

（5）最优车速模型 1（车速引导模式 1）

在完成对各个阶段的分析后，建立车速引导模式 1 模型。确定车辆速度变化函数$v_{j-1,j}^{n}(t)$和运行轨迹函数 $x_{j-1,j}^{n}(t)$。

目标函数：当车辆在当前路段行驶时间最短时，在实现车辆在交叉口行驶延误最小，因此以车辆 n 行驶时间最短为目标函数建立模型。

$$\min Z = T_{j-1,j}^{n} \tag{5-7}$$

约束条件如下：

1）行驶距离条件　在引导过程中，车辆行驶的总位移应与路段长度相同。根据车辆 n 行驶距离建立等式为

$$x_{j-1,j}^{\mathrm{A}} + x_{j-1,j}^{\mathrm{B}} + x_{j-1,j}^{\mathrm{C}} + x_{j-1,j}^{\mathrm{D}} = D_{j-1,j}^{\mathrm{b}} + D_{j-1,j}^{\mathrm{p}} \tag{5-8}$$

2）行驶时间条件　根据车辆 n 行驶时间建立等式为

$$T_{j-1,j}^{\mathrm{A}} + T_{j-1,j}^{\mathrm{B}} + T_{j-1,j}^{\mathrm{C}} + T_{j-1,j}^{\mathrm{D}} = T_{j-1,j}^{n} \tag{5-9}$$

式中，$T_{j-1,j}^{n}$为车辆 n 通过交叉口 j 停止线的时刻。若该车前方无车辆行驶，则 $n=1$，车辆行驶时间应当满足式（5-10a），其通过交叉口 j 停止线的时间应大于绿灯起亮时间。若在本路段中，该车前方有车辆行驶，则 $n>1$，车辆 n 的行驶时间应满足式（5-10b），其通过停止线的时间应大于前车通过停止线的时间。

$$\begin{cases} T_{j-1,j}^{\mathrm{s}} + kC \leqslant T_{j-1,j}^{x} \leqslant T_{j-1,j}^{\mathrm{s}} + kC + g_j^1 & \mathrm{a} \\ T_{j-1,j}^{n-1} + \dfrac{S_{\mathrm{safe}}}{v^{\max}} \leqslant T_{j-1,j}^{x} \leqslant T_{j-1,j}^{\mathrm{s}} + kC + g_j^1 & \mathrm{b} \end{cases} \tag{5-10}$$

式中，$T_{j-1,j}^{\mathrm{s}}$为交叉口 $j-1$ 相对于交叉口 j 的相位差；C 为公共周期时长；g_j^i 为初始配时方案相位 i 绿灯时长，规定 $i=1$ 表示干线相位；S_{safe}为安全车距；k 为车辆在引导区行驶的信号周期数。

在行驶过程中，可能出现车辆即使以最快速度行驶但在相位差时长内仍无法到达下游交叉口的情况。针对该种情况需调整引导策略，可使其在其他信号周期通过交叉口。

3）行驶速度条件　基于对车辆行驶安全的考虑，车辆 n 的引导车速应符合路段对车速最大限制速度 $v^{\max}$。同时，若车辆 n 以很低的速度通过交叉口会对交通流产生较大影响，因

此其引导车速应当大于最低车速 $v^{\min}$，即

$$v^{\min} \leqslant v_{j-1,j}^{\mathrm{L}} \leqslant v^{\max} \tag{5-11}$$

把式（5-2）和式（5-5）代入式（5-9），式（5-3）、式（5-4）和式（5-6）代入式（5-8），建立模型为

$$\min Z = T_{j-1,j}^{n}$$

约束条件为

$$\begin{cases} T_{j-1,j}^{\mathrm{A}} + \dfrac{v_{j-1,j}^{\mathrm{L}} - v_{j-1,j}^{n}}{a} + T_{j-1,j}^{\mathrm{C}} + \dfrac{v^{\max} - v_{j-1,j}^{\mathrm{L}}}{a} = T_{j-1,j}^{n} \\ x_{j-1,j}^{\mathrm{A}} + \dfrac{(v_{j-1,j}^{\mathrm{L}})^2 - (v_{j-1,j}^{n})^2}{2a} + T_{j-1,j}^{\mathrm{C}} v_{j-1,j}^{\mathrm{L}} + \dfrac{(v^{\max})^2 - (v_{j-1,j}^{\mathrm{L}})^2}{2a} = D_{j-1,j}^{\mathrm{b}} + D_{j-1,j}^{\mathrm{p}} \\ T_{j-1,j}^{\mathrm{s}} + kC \leqslant T_{j-1,j}^{n} \leqslant T_{j-1,j}^{\mathrm{s}} + g_j^1 + kC \quad n = 1, k = 0,1,2\cdots \\ T_{j-1,j}^{n-1} + \dfrac{S_{\mathrm{safe}}}{v^{\max}} \leqslant T_{j-1,j}^{n} \leqslant T_{j-1,j}^{\mathrm{s}} + g_j^1 + kC \quad n > 1, k = 0,1,2\cdots \\ v^{\min} \leqslant v_{j-1,j}^{\mathrm{L}} \leqslant v^{\max} \end{cases} \tag{5-12}$$

在式（5-12）的求解过程中，可先假设 k 的值求出对应的 $T_{j-1,j}^{\mathrm{C}}$ 和 $v_{j-1,j}^{\mathrm{L}}$。由于 $v_{j-1,j}^{\mathrm{L}} \in [v^{\min}, v^{\max}]$，在有限次运算后可求出所有可行的解，求解 $v_{j-1,j}^{\mathrm{L}}$、$T_{j-1,j}^{\mathrm{C}}$、$T_{j-1,j}^{n}$ 和 k。随后可确定车辆 n 的速度变化函数 $v_{j-1,j}^{n}(t)$。对其积分可求得运行轨迹函数 $x_{j-1,j}^{n}(t)$。

$$v_{j-1,j}^{n}(t) = \begin{cases} v_{j-1,j}^{n} + (t - T_{j-1,j}^{\mathrm{A}})a & 当\ t \in [T_{j-1,j}^{\mathrm{A}}, T_{j-1,j}^{\mathrm{A}} + T_{j-1,j}^{\mathrm{B}}] \\ v_{j-1,j}^{\mathrm{L}} & 当\ t \in (T_{j-1,j}^{\mathrm{A}} + T_{j-1,j}^{\mathrm{B}}, T_{j-1,j}^{\mathrm{A}} + T_{j-1,j}^{\mathrm{B}} + T_{j-1,j}^{\mathrm{C}}] \\ v_{j-1,j}^{\mathrm{L}} + (t - T_{j-1,j}^{\mathrm{A}} - T_{j-1,j}^{\mathrm{B}} - T_{j-1,j}^{\mathrm{C}})a & 当\ t \in (T_{j-1,j}^{\mathrm{A}} + T_{j-1,j}^{\mathrm{B}} + T_{j-1,j}^{\mathrm{C}}, T_{j-1,j}^{n}] \end{cases} \tag{5-13}$$

$$x_{j-1,j}^{n}(t) = \int_{T_{j-1,j}^{\mathrm{A}}}^{T_{j-1,j}^{n}} v_{j-1,j}^{n}(t)\,\mathrm{d}t \tag{5-14}$$

若无可行解，说明车辆在当前周期无法不停车通过，则按照流程图执行车速引导模式2。

2. 车速引导模式 2

由于车辆 n 无法不停车通过交叉口，因此执行车速引导模式 2，以停车时间最少为目标进行车速引导。其速度与位移随时间变化曲线如图 5-5 所示。

车辆 n 在 $t_{j-1,j}^{n}$ 进入引导区，行驶一段时间后在 $T_{j-1,j}^{\mathrm{p}}$ 时刻开始减速，并在 $T_{j-1,j}^{\mathrm{r}}$ 时刻停止运动。在 $T_{j-1,j}^{n}$ 时刻交叉口 j 绿灯亮，车辆通过停止线。综上所述，建立以停车时间最短的最优车速模型 2。

目标函数：以停车时间最短作为目标函数建立模型。

$$\min F = T_{j-1,j}^{n} - T_{j-1,j}^{\mathrm{r}} \tag{5-15}$$

约束条件如下：

1）速度约束条件　如图 5-5 所示，车辆仅以匀速或匀变速的状态行驶，如式（5-16）所示。同时，在行驶过程中应当符合路段对车速的约束条件，如式（5-17），（5-18）。

$$v_{j-1,j}^{n}{}'(t) = a\ 或\ 0 \tag{5-16}$$

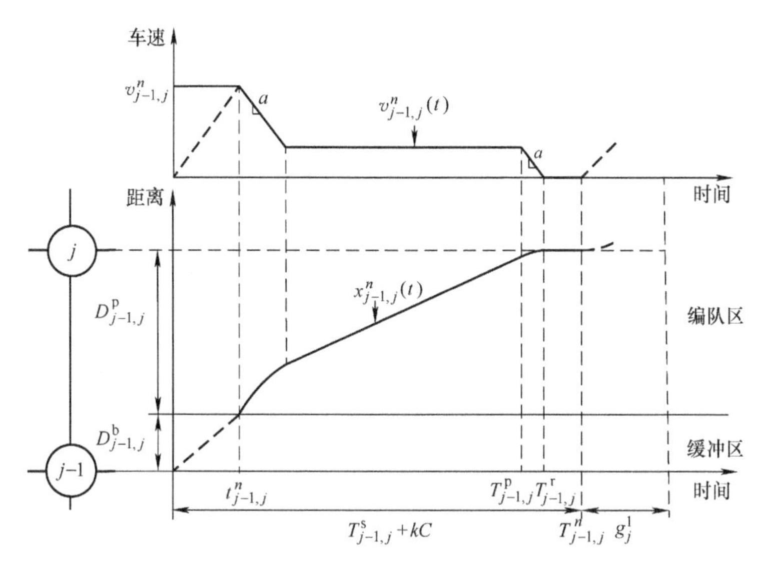

图 5-5　车辆速度与位移随时间变化曲线

$$v^n_{j-1,j}(t) \leqslant v^{\max}, t \in [t^n_{j-1,j}, T^r_{j-1,j}] \tag{5-17}$$

$$v^n_{j-1,j}(t) \geqslant v^{\min}, t \in [t^n_{j-1,j}, T^p_{j-1,j}] \tag{5-18}$$

2）行驶距离条件　考虑车辆位置及速度位移关系建立约束条件，有

$$x^n_{j-1,j}(t^n_{j-1,j}) = D^b_{j-1,j} \tag{5-19}$$

$$x^n_{j-1,j}(T^r_{j-1,j}) = D^p_{j-1,j} + D^b_{j-1,j} \tag{5-20}$$

$$x^x_{j-1,j}(t) = \int_{t^n_{j-1,j}}^{T^r_{j-1,j}} v^n_{j-1,j}(t)\,\mathrm{d}t \tag{5-21}$$

最终，根据目标函数及约束条件建立以停车时间最短的最优车速模型 2 为

$$\min F = T^n_{j-1,j} - T^r_{j-1,j}$$

约束条件为

$$\begin{cases} v^n_{j-1,j}{}'(t) = a \text{ 或 } 0 \\ v^n_{j-1,j}(t) \leqslant v^{\max} & \text{当 } t \in [t^n_{j-1,j}, T^r_{j-1,j}] \\ v^n_{j-1,j}(t) \geqslant v^{\min} & \text{当 } t \in [t^n_{j-1,j}, T^p_{j-1,j}] \\ x^n_{j-1,j}(t^n_{j-1,j}) = D^b_{j-1,j} \\ x^n_{j-1,j}(T^r_{j-1,j}) = D^p_{j-1,j} + D^b_{j-1,j} \\ x^n_{j-1,j}(t) = \int_{t^n_{j-1,j}}^{T^r_{j-1,j}} v^n_{j-1,j}(t)\,\mathrm{d}t \\ T^n_{j-1,j} = T^s_{j-1,j} + kC \end{cases} \tag{5-22}$$

对模型求解，确定车辆 n 速度变化函数 $v^n_{j-1,j}(t)$ 及运行轨迹函数 $x^n_{j-1,j}(t)$。

5.2.2　车路协同环境下多车车速引导模型

若车辆处于车速引导模式 1，且引导区存在前车，则判定其能进行车速引导。在多车车速引导过程中，车辆 n 和 $n+1$ 的速度与位移随时间变化曲线如图 5-6 所示。车辆 n 进入引

导区的时刻为 $t_{j-1,j}^{n}$。

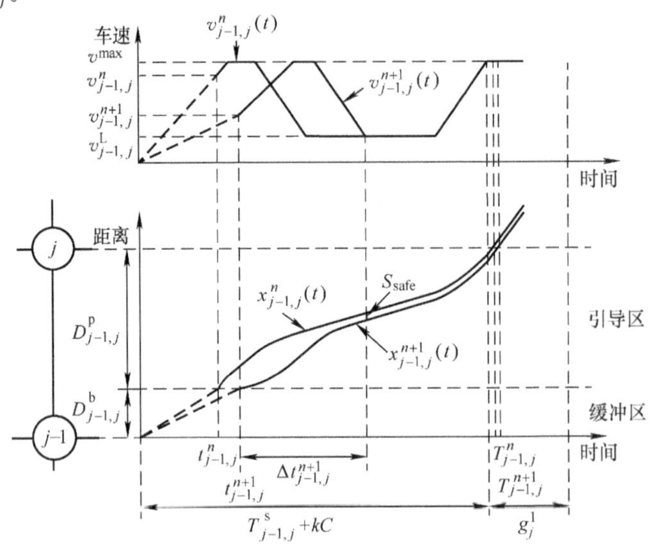

图 5-6 车辆 n 和 $n+1$ 的速度与位移随时间变化曲线

图 5-6 中，车辆 n 在 $t_{j-1,j}^{n}$时刻进入引导区行驶，随后车辆 $n+1$ 在 $t_{j-1,j}^{n+1}$时刻驶入引导区，并经过 $\Delta t_{j-1,j}^{n+1}$时间后与车辆 n 保持统一的车距和车速，分别于 $T_{j-1,j}^{n}$和 $T_{j-1,j}^{n+1}$时刻驶出交叉口。基于以上分析建立多车车速引导模型。

目标函数：多车车速引导的目的在于占用较少的道路交通资源，实现交叉口通行能力最大，所以单个车辆需要在最短的时间内加入队列。因此，以车辆 $n+1$ 与 n 组成车队的时间 $\Delta t_{j-1,j}^{n+1}$最短为目标函数建立模型。

$$\min F=\Delta t_{j-1,j}^{n+1} \tag{5-23}$$

约束条件如下：

1）车距条件　在多车车速引导过程中，车辆 n 与 $n+1$ 的车距应大于安全车距，即

$$x_{j-1,j}^{n}(t)\geqslant x_{j-1,j}^{n+1}(t)+S_{safe}\quad 当\ t\in[t_{j-1,j}^{n+1},t_{j-1,j}^{n+1}+\Delta t_{j-1,j}^{n+1}] \tag{5-24}$$

式中，$x_{j-1,j}^{n}(t)$及 $x_{j-1,j}^{n+1}(t)$分别为车辆 n 和 $n+1$ 的运行轨迹函数。

2）一致性条件　车辆 n 与 $n+1$ 在 $t_{j-1,j}^{n+1}+\Delta t_{j-1,j}^{n+1}$时刻组成车队时两车车距为安全车距 S_{safe}，有

$$x_{j-1,j}^{n}(t_{j-1,j}^{n+1}+\Delta t_{j-1,j}^{n+1})=x_{j-1,j}^{n+1}(t_{j-1,j}^{n+1}+\Delta t_{j-1,j}^{n+1})+S_{safe} \tag{5-25}$$

同时两车速度保持一致，即

$$v_{j-1,j}^{n}(t_{j-1,j}^{n+1}+\Delta t_{j-1,j}^{n+1})=v_{j-1,j}^{n+1}(t_{j-1,j}^{n+1}+\Delta t_{j-1,j}^{n+1}) \tag{5-26}$$

式中，$v_{j-1,j}^{n}(t)$及 $v_{j-1,j}^{n+1}(t)$分别为车辆 n 和 $n+1$ 的速度变化函数。

3）车速约束条件　车辆在引导过程中仅能进行匀变速运动或匀速运动，即

$$v_{j-1,j}^{n+1}{}'(t)=a\ 或\ 0\quad 当\ t\in[t_{j-1,j}^{n+1},t_{j-1,j}^{n+1}+\Delta t_{j-1,j}^{n+1}] \tag{5-27}$$

行驶过程中应当符合路段对车速的限制，有

$$v^{max}\geqslant v_{j-1,j}^{n+1}(t)\geqslant v^{min}\quad 当\ t\in[t_{j-1,j}^{n+1},t_{j-1,j}^{n+1}+\Delta t_{j-1,j}^{n+1}] \tag{5-28}$$

综上所述，建立多车车速引导模型，为

$$\min F=\Delta t_{j-1,j}^{n+1}$$

约束条件为

$$\begin{cases} x_{j-1,j}^{n}(t_{j-1,j}^{n+1}+\Delta t_{j-1,j}^{n+1}) = x_{j-1,j}^{n+1}(t_{j-1,j}^{n+1}+\Delta t_{j-1,j}^{n+1}) + S_{\text{safe}} \\ v_{j-1,j}^{n}(t_{j-1,j}^{n+1}+\Delta t_{j-1,j}^{n+1}) = v_{j-1,j}^{n+1}(t_{j-1,j}^{n+1}+\Delta t_{j-1,j}^{n+1}) \\ v_{j-1,j}^{n+1}{}'(t) = a \text{ 或 } 0 \\ x_{j-1,j}^{n}(t) \geqslant x_{j-1,j}^{n+1}(t) + S_{\text{safe}} \\ v^{\max} \geqslant v_{j-1,j}^{n+1}(t) \geqslant v^{\min} \\ t_{j-1,j}^{n+1} + \Delta t_{j-1,j}^{n+1} \geqslant t \geqslant t_{j-1,j}^{n+1} \end{cases} \tag{5-29}$$

综上所述，确定每一网联车辆速度变化函数 $v_{j-1,j}^{n}(t)$ 和运行轨迹函数 $x_{j-1,j}^{n}(t)$。

5.2.3　面向智能网联汽车的干线信号优化模型

由于干线相位车流的独特性和规律性，结合智能网联汽车的特点，可对信号交叉口以特定的相序进行放行。干线车流共有三部分，如图 5-7 所示。

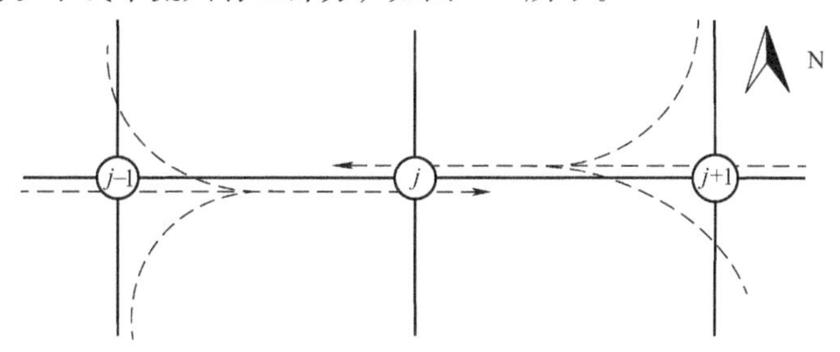

图 5-7　干线车流构成示意图

设交叉口 j 东西向直行相位为干线相位，则干线相位放行车流的主要来源为交叉口 $j-1$ 的西向东直行车流，南右转车流以及北左转车流；交叉口 $j+1$ 的东向西直行车流，南左转车流，北右转车流。为了将更多的智能网联汽车纳入车速引导范围，需同时对交叉口的相序进行调整。

如果智能网联汽车由交叉口 $j-1$ 驶向交叉口 j，则交叉口 $j-1$ 的东西直行相位和南北左转相位应当以相邻的次序放行，如图 5-8 所示，先放行东西直行车流，随后放行南北左转车流，最后其余相位依次放行。按照此相序规律放行，在交叉口 j 东西直行相位放行前，南向左转的车流可以正常速度行驶通过交叉口。若未按相邻的次序放行，可能会导致南左转车流由于车速限制无法通过交叉口 j，而造成排队。导致排队的同时还会影响后续车流的车速引导效果。

在满足干线车流需求的基础上，为了最大限度地提高绿灯利用率，本节根据车流的长度对交叉口配时进行优化。下面以交叉口 j 为例进行讨论。通过车路协同系统，可获取由交叉口 $j-1$ 出发末尾被引导车辆的编号和位置信息。假设最后一辆离开交叉口的时刻为 $T_{j-1,j}^{\text{last}}$，如图 5-9 所示。

由交叉口 $j-1$ 干线相位出发的所有车辆，其通过交叉口 j 所需要的绿灯时长为

$$g_{j-1,j} = T_{j-1,j}^{\text{last}} - (t_{j-1,j}^{\text{offset}} + kC) \tag{5-30}$$

同理，由交叉口 $j+1$ 出发的车辆全部通过交叉口所需时间为

$$g_{j+1,j} = T_{j+1,j}^{\text{last}} - (t_{j+1,j}^{\text{offset}} + kC) \tag{5-31}$$

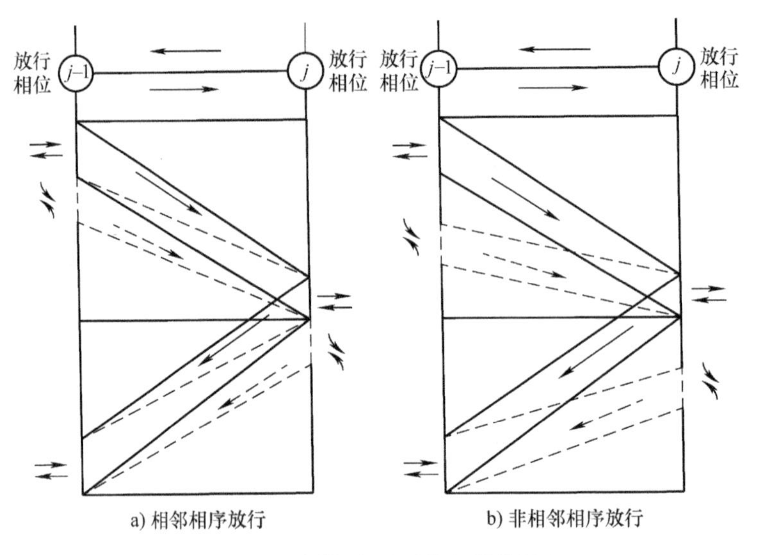

图 5-8　不同相序对干线车流的影响

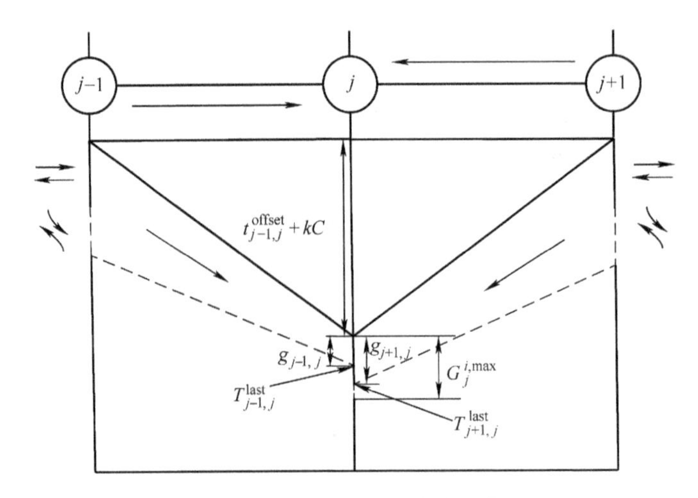

图 5-9　干线相位时长优化示意图

交叉口 j 的干线相位绿灯时间应当同时满足两个方向车流的通行需求，因此在 $g_{j-1,j}$ 和 $g_{j+1,j}$ 中取最大值，为了避免绿灯时间无限制延长，干线相位绿灯时间应当设置上限，由此可得干线相位绿灯时间表达式为

$$G_j^i=\min(\max(g_{j-1,j},g_{j+1,j}),G_j^{i,\max}),i=1 \tag{5-32}$$

式中，G_j^i 为优化后交叉口 j 相位 i 的绿灯时长。在确定干线相位绿灯时间后，根据各个相位交通量分配剩余绿灯时间，进而可得非干线相位的绿灯时长表达式为

$$G_j^i=(C-G_j^1-Y)\frac{Q_j^i}{\sum_{i=1}^{n}Q_j^i}\quad i=2,3,\cdots,n \tag{5-33}$$

式中，Q_j^i 为交叉口 j 相位 i 中最大的单车道交通量；n 为信号相位数；Y 为周期总损失时间。根据式（5-33），可求解出车路协同系统中所有交叉口的信号配时。

5.3　基于 VISSIM/MATALB 的车速引导仿真验证

5.3.1　交通仿真验证场景

实验验证选取位于北京市昌平区以南环路—南环东路为干线的五个相邻交叉口作为场景进行验证，实际位置和放行相位如图 5-10 和图 5-11 所示。

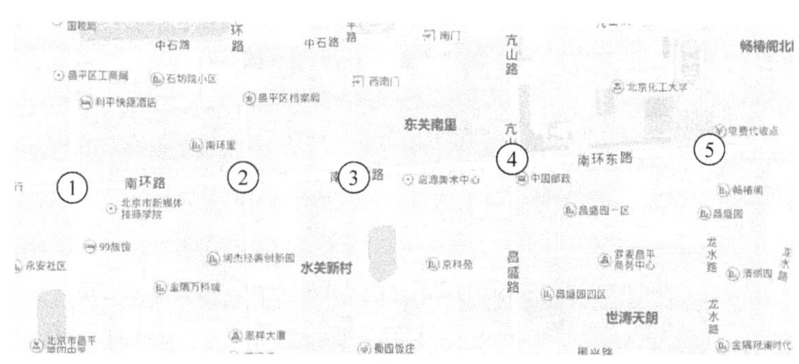

a) 实际交通场景

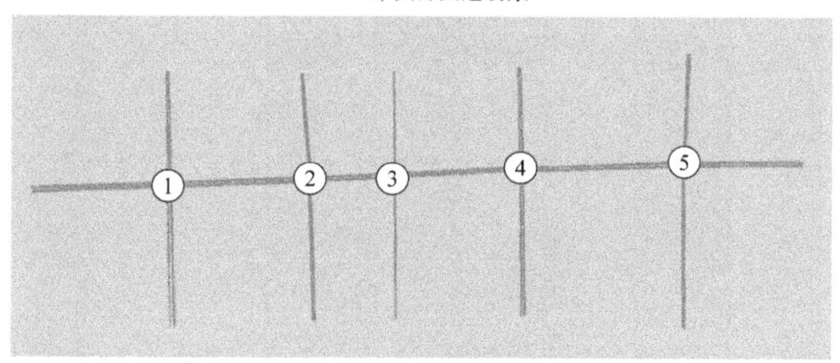

b) 仿真工程中的放行相位

图 5-10　仿真实验区域建模与仿真

相位1(干线相位)	相位2(非干线相位)	相位3(非干线相位)

图 5-11　实验区域交叉口相位

本节通过对 VISSIM 进行二次开发，来模拟车路协同系统，并进行仿真验证实验。仿真实验于第 600s 开始，第 4200s 结束，仿真时长 3600s。表 5-1 所示为选取的交叉口路段参数，车道宽度为 3.75m。表 5-2 所示为干线交叉口各进口道的流量，东西向直行相位为干线相位，仿真环境中行驶车辆均为智能网联汽车。表 5-3 所示为车辆基础参数，交叉口的原始配时方案由经典的 Maxband 绿波优化模型计算后多次调试得到。交叉口初始信号配时方案如表 5-4 所示，其中相位差为绝对相位差。

表 5-1　选取的交叉口路段参数

交通流方向	缓冲区长度/m	引导区长度/m	路段长度/m
交叉口 1→交叉口 2	65	515	580
交叉口 2→交叉口 3	65	291	356
交叉口 3→交叉口 4	65	497	562
交叉口 4→交叉口 5	65	550	615
交叉口 2→交叉口 1	65	515	580
交叉口 3→交叉口 2	65	291	356
交叉口 4→交叉口 3	65	497	562
交叉口 5→交叉口 4	65	550	615

表 5-2　干线交叉口各进口道的流量

交叉口编号	进口道		车道数	每小时交通流量	每小时饱和流量	每小时交通流量合计	说明
交叉口 1	西	左转	1	330	1500	1660	东西向左转、直行、右转各有专用车道，南北向共用一条车道
		直行	1	1000	1500		
		右转	1	330	1500		
	南	左转	1	100	600	500	
		直行		300	600		
		右转		100	600		
	北	左转	1	100	600	500	
		直行		300	600		
		右转		100	600		
交叉口 2	南	左转	1	100	600	500	南北方向左转、直行、右转共用一条车道
		直行		300	600		
		右转		100	600		
	北	左转	1	100	600	500	
		直行		300	600		
		右转		100	600		
交叉口 3	南	左转	1	100	600	500	南北方向左转、直行、右转共用一条车道
		直行		300	600		
		右转		100	600		
	北	左转	1	100	600	500	
		直行		300	600		
		右转		100	600		
交叉口 4	南	左转	1	100	600	500	南北方向左转、直行、右转共用一条车道
		直行		300	600		
		右转		100	600		
	北	左转	1	100	600	500	
		直行		300	600		
		右转		100	600		

（续）

交叉口编号	进口道		车道数	每小时交通流量	每小时饱和流量	每小时交通流量合计	说明
交叉口5	东	左转	1	330	1500	1660	东西向左转、直行、右转各有专用车道，南北向共用一条车道
		直行	1	1000	1500		
		右转	1	330	1500		
	南	左转	1	100	600	500	
		直行		300	600		
		右转		100	600		
	北	左转	1	100	600	500	
		直行		300	600		
		右转		100	600		

表5-3　车辆基础参数

参数名称	值
加速度范围/(m/s^2)	±2
最大制动减速度/(m/s^2)	-5
最大横向加速度(m/s^2)	±1
安全车距/m	5
自由流车速/(km/h)	40
最大速度/(km/h)	60
最小速度/(km/h)	20

表5-4　交叉口初始信号配时方案

名称	数值				
交叉口编号	1	2	3	4	5
相位1/s	48	43	43	44	48
相位2/s	14	11	10	13	14
相位3/s	19	27	25	24	19
黄灯时间/s	2				
全红时间/s	2				
公共周期/s	93				
相位差/s	0	46	0	46	0

车辆自由行驶模式下仿真效果如图5-12所示。车速引导及信号优化后仿真效果如图5-13所示。

a) 红灯时间

b) 绿灯时间

图5-12　车辆自由行驶模式下仿真效果图

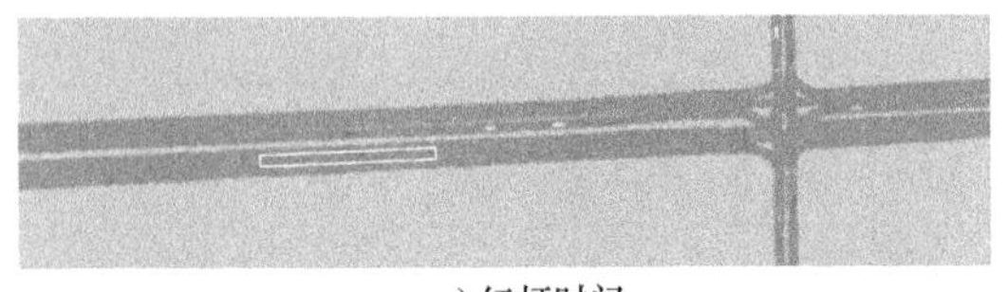

a) 红灯时间

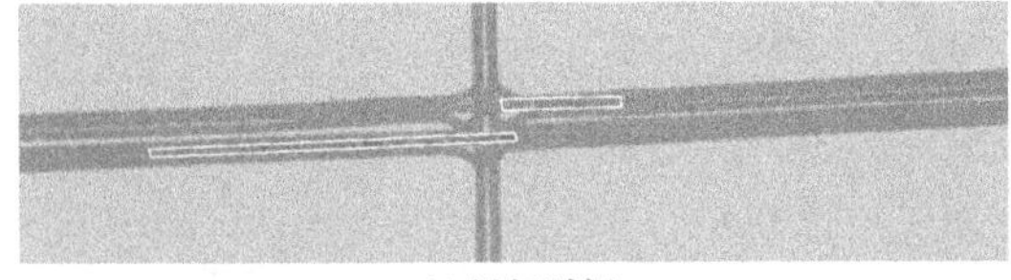

b) 绿灯时间

图 5-13　车速引导及信号优化后仿真效果

如图 5-12 和图 5-13 所示，可以看到在不同信号灯色状态下实验路段优化前后的仿真效果。对比可知，在自由行驶模式下，部分智能网联汽车可能会因为速度不一致发生排队现象（见图 5-12），同时在停止线停车，造成交叉口通行效率降低。车流进行车速引导后，智能网联汽车的车速、车距可保持一致通过停止线（见图 5-13），大幅度提升交叉口通行效率。

5.3.2　仿真数据分析

分别记录实验路段仿真场景优化前后部分智能网联汽车行驶状态，实验路段为交叉口 2 和交叉口 3 之间西向东的直行路段，实验得到的仿真曲线如图 5-14 和图 5-15 所示。

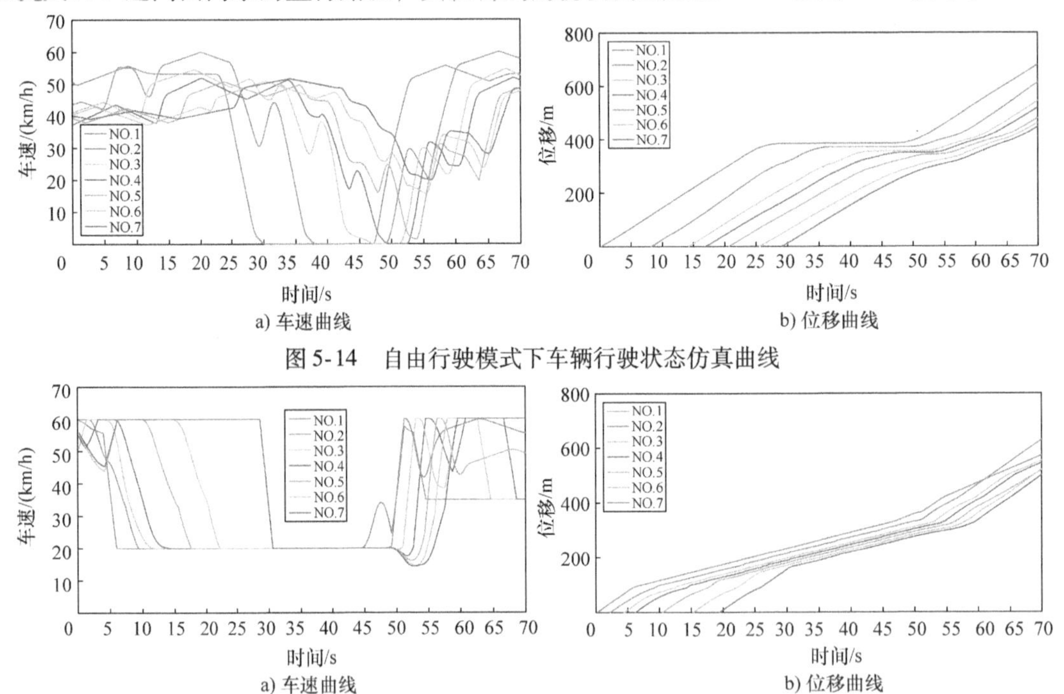

a) 车速曲线　　b) 位移曲线

图 5-14　自由行驶模式下车辆行驶状态仿真曲线

a) 车速曲线　　b) 位移曲线

图 5-15　车速引导及信号优化后车辆行驶状态仿真曲线

图 5-14a、b 所示分别为自由行驶模式下车辆的车速和位移曲线。如图 5-14a 所示，1 号车在第 30s 就已经到达停止线并进行等待，随后其余车辆相继进入排队状态。图 5-15a 中，进入实验路段的车辆接收到车速引导信息，1 号车在第 5s 时已经将车速降至 20km/h，随后以该速度不停车通过交叉口。如图 5-15b 所示，后续车辆与 1 号车在行驶过程中速度保持一致，同样可以不停车通过交叉口。在通过当前交叉口后，在下一路段继续对网联汽车进行车速引导（1 号车在第 55s 将车速调整至 35km/h），所有车辆再次调整至相同车速及车距通过下一个交叉口。

通过以上仿真结果，基于车路协同系统获取实时交通和智能网联汽车行驶数据，选取交

叉口 2 ~4 的数据进行评价分析。

下面对每个信号周期内的仿真评价数据进行对比分析。如图 5-16 所示，智能网联汽车进行车速引导及信号优化后，交叉口 2 ~4 的干线车流的优化效果显著，在单个信号周期内其延误明显减少，干线相位通行效率和绿灯使用率都得到了提高。如图 5-17 和图 5-18 所示，干线车流优化后，其停车时间及停车次数均有明显改善。表 5-5 所示为仿真评价结果，通过数据分析对比可知，交叉口整体延误时间减少了 14. 20%，平均停车时间减少 18. 89%，平均停车次数减少 19. 67%；干线车流平均延误时间减少了 25. 00%，平均停车时间减少了 56. 17%，平均停车次数减少了 48. 28%，道路通行效率大幅度提高。

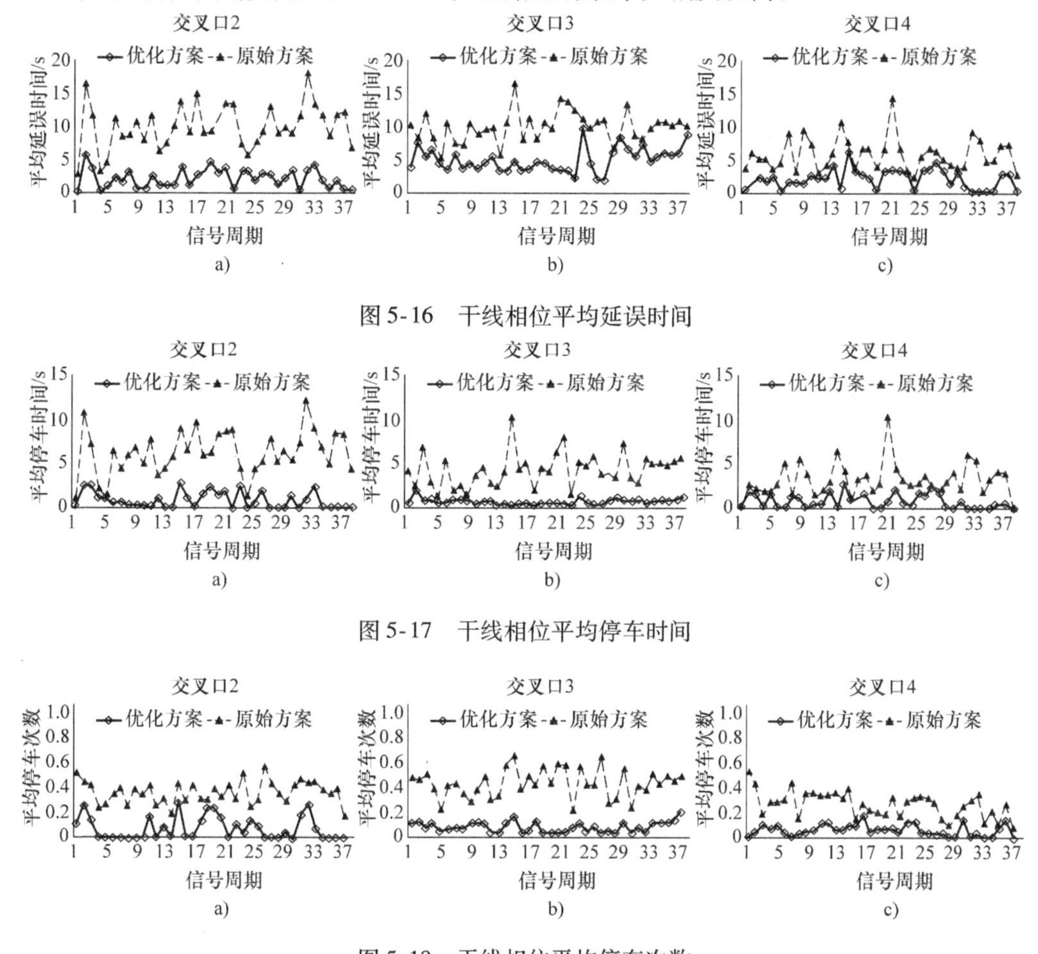

图 5-16 干线相位平均延误时间

图 5-17 干线相位平均停车时间

图 5-18 干线相位平均停车次数

表 5-5 仿真评价结果

评价结果		交叉口 2			交叉口 3			交叉口 4			合计		
		优化后	优化前	幅度	优化后	优化前	幅度	优化后	优化前	幅度	优化后	优化前	幅度
交叉口整体	平均延误时间	21. 83s	23. 33s	6. 43%	22. 89s	32. 20s	28. 91%	20. 40s	20. 75s	1. 69%	21. 82s	25. 43s	14. 20%
	平均停车时间	18. 31s	20. 80s	11. 97%	16. 44s	25. 70s	36. 03%	15. 50s	15. 75s	1. 59%	16. 83s	20. 75s	18. 89%
	停车次数	0. 47 次	0. 59 次	20. 34%	0. 42 次	0. 67 次	37. 31%	0. 52 次	0. 57 次	8. 77%	0. 49 次	0. 61 次	19. 67%

（续）

评价结果		交叉口 2			交叉口 3			交叉口 4			合计		
		优化后	优化前	幅度	优化后	优化前	幅度	优化后	优化前	幅度	优化后	优化前	幅度
干线相位	平均延误时间	2. 30s	6. 60s	65. 15%	8. 50s	9. 60s	11. 46%	2. 08s	5. 40s	61. 48%	5. 40s	7. 20s	25. 00%
	平均停车时间	1. 10s	4. 50s	75. 56%	1. 21s	4. 50s	73. 11%	0. 96s	2. 90s	66. 90%	1. 74s	3. 97s	56. 17%
	停车次数	0. 07 次	0. 17 次	58. 82%	0. 21 次	0. 44 次	52. 27%	0. 17 次	0. 27 次	37. 04%	0. 15 次	0. 29 次	48. 28%
非干线相位	平均延误时间	27. 50s	30. 50s	9. 84%	41. 00s	47. 20s	13. 14%	33. 00s	36. 10s	8. 59%	34. 87s	37. 93s	8. 07%
	平均停车时间	22. 10s	24. 30s	9. 05%	32. 20s	39. 70s	18. 89%	25. 50s	28. 60s	10. 84%	27. 63s	30. 87s	10. 50%
	停车次数	0. 67 次	0. 77 次	12. 99%	0. 76 次	0. 82 次	7. 32%	0. 82 次	0. 88 次	6. 82%	0. 77 次	0. 82 次	6. 10%

综合以上数据分析可知，车路协同系统对智能网联汽车进行车速引导后，车辆启动及启动波所导致的延误会大幅减少，实验路段优化后的延误时间，停车时间及停车次数与优化前相比均得到有效改善，尤其是停车时间和停车次数的优化效果更为明显。实验结果表明，通过车速引导和信号优化两者结合可有效减少干线车流的停车次数，进而减少交叉口延误时间，提高道路通行能力。

参考文献

[1] Guler S I, Menendez M, Meier L. Using connected vehicle technology to improve the efficiency of intersections [J]. Transportation Research Part C: Emerging Technologies, 2014, 46: 121 – 131.

[2] Yang K, Guler S I, Menendez M. Isolated intersection control for various levels of vehicle technology: Conventional, connected, and automated vehicles [J]. Transportation Research Part C: Emerging Technologies, 2016, 72: 109 – 129.

[3] Au T C, Stone P. Motion Planning Algorithms for Autonomous Intersection Management [C]. Bridging the gap between task and motion planning, 2010.

[4] 张存保，陈超，严新平．基于车路协同的单点信号控制优化方法和模型 [J]．武汉理工大学学报，2012，34（10）：74 – 79.

[5] 盖彦荣，陈阳舟，辛丰强．提高安全性和交通流稳定性的车间距策略 [J]．北京理工大学学报（自然科学版），2012（S1）：11 – 15.

[6] Abu – Lebdeh G . Integrated Adaptive – Signal Dynamic – Speed Control of Signalized Arterials [J]. Journal of Transportation Engineering, 2002, 128 (5): 447 – 451.

[7] 荆彬彬，卢凯，鄢小文等．车路协同下基于速度引导的双周期干道绿波协调控制方法 [J]．华南理工大学学报（自然科学版），2016，44（8）：147 – 154.

[8] 吴伟，马万经，杨晓光．车路协同系统中基于动态车速的相位差优化模型 [J]．控制理论与应用，2014，31（4）：519 – 524.

[9] Li X G, Jia B, Jiang R. The Effect of Lane – Changing Time on the Dynamics of Traffic Flow [C]. International Conference on Complex Sciences. Springer, Berlin, Heidelberg, 2009: 589 – 598.

第 6 章

智能网联汽车动力学模型

将车辆在交通环境中行驶状态信息和能量传递信息按照牛顿定律和数学规律描述成数学表达式，通过常用的数学分析方法简洁地反映车辆控制系统的本质特性，称之为车辆动力学模型[1]。但实际中影响车辆行驶的道路和环境因素很多，不同类型的车辆本身的参数也千差万别，所以要建立一个全面完整的车辆动力学模型难度很大[2]。吉林大学郭孔辉，在研究转向驱动与速度控制下车辆的动态响应过程中，建立了比较完善和系统化的多自由度车辆动力学模型[3]。美国学者 Hung Pham、Masayoshi Tomizuka、Karl Hedrick 精确地描述了一种 18 自由度的车辆动力学模型，可以准确描述车辆动力学特性[4]。

车辆动力学模型是车辆行驶状态数学规律形式的表达式。所以在车辆动力学模型实际应用之前，需要通过软件仿真、实车实验等手段对其进行验证。由于实车实验的危险性和复杂性，所以本章利用计算机仿真软件进行验证。软件中可以设置车辆控制系统参数和环境参数，可以搭建各种复杂实验场景并进行多次重复性实验，从而降低实验的成本和减少实验的盲目性，除此之外还缩短了模型的研发周期。

6.1 智能网联汽车受力分析

根据车辆的行驶状态，可以按照纵向、垂向和横向的运动方式（见图 6-1）研究车辆动力学问题。实际运行中的车辆在同时受到三个方向的输入后，各方向表现的运动响应特性会

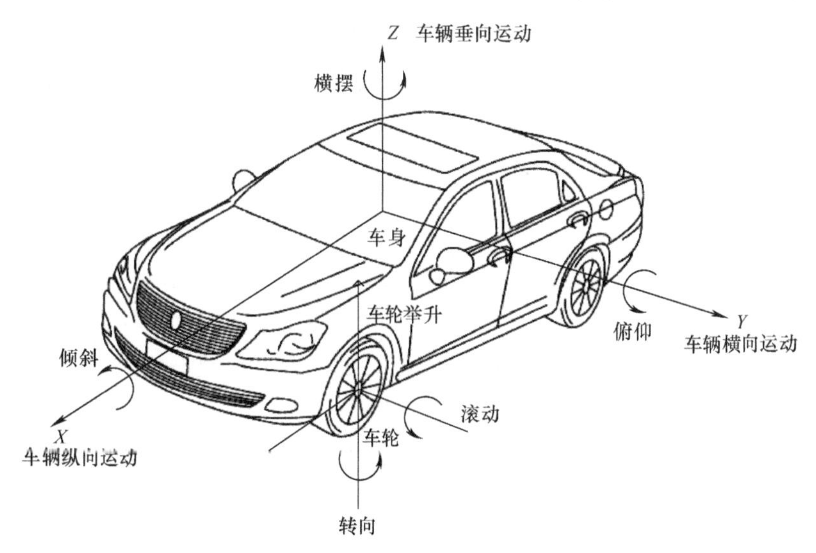

图 6-1 车辆三自由度动力学模型

存在一定的耦合关系。但是在理论研究中，为了简化车辆动力学模型的难度，减少分析工作量，会对车辆的行驶状况及环境条件进行特定场景的参数限制，则三个方向的运动耦合作用可以忽略。按照纵向、垂向和横向运动的不同，将车辆动力学模型划分为纵向动力学、行驶动力学和操纵动力学，三者可以分别独立进行分析。对于本章给出的特定车辆运行环境，当车辆在粗糙路面匀速直线行驶时，问题将集中在纵向动力学特性方面，行驶动力学和操纵动力学则无显著影响，可以忽略。

为了便于研究，人们往往将汽车简化成一个二自由度或三自由度的汽车模型，这样的简化分析方法已被大量实验证明比较实用。目前，常选用考虑横摆运动、质心侧偏运动和侧倾运动的三自由度汽车模型，如图 6-2 所示。

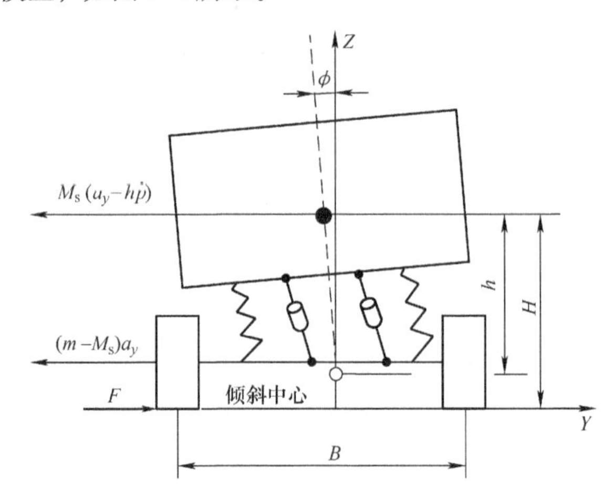

图 6-2　三自由度汽车模型运动状态后视图

该模型简化如下：①假定转向盘转角与前轮转角呈线性关系，不考虑转向系统的影响造成的误差；②不考虑悬架作用，俯仰角被忽略；③使轮胎侧偏特性一直呈线性变化，即假定侧向加速度始终小于 0.4g（g 为重力加速度）；④忽略地面纵向力对轮胎侧偏的作用，通过改变前后轮的侧偏刚度系数以达到改变轮胎侧偏力的目的，不另外考虑转向系和空气对轮胎侧偏力的影响；⑤认为左右轮轴对称；⑥假定车速 u（沿 X 轴）不变。

由几何关系求得车身偏航角为

$$\Psi = \varphi - \beta \tag{6-1}$$

在全局坐标系里求得汽车纵向位移 x 和侧向位移 y 的表达式为

$$\ddot{x} = u\cos\Psi - v\sin\Psi \tag{6-2}$$

$$\ddot{y} = v\cos\Psi + u\sin\Psi \tag{6-3}$$

质心绝对加速度在 Y 轴方向的投影 a_y 表达式为

$$a = ur + \dot{v} = v(\dot{\beta} + r) \tag{6-4}$$

由以上可得，重心 M_s 绝对加速度在 Y 轴上的投影 a_{ys} 表达式为

$$a_{ys} = a_y - h\dot{p} \tag{6-5}$$

绕 Z 轴力矩平衡表达式为

$$(F_f + F_{f1})a\cos\delta + (F_f - F_{f1})\frac{B}{2}\sin\delta - (F_r + F_{r1})b - \dot{p}I_{XZ} - \dot{r}I_Z = M_\varphi \tag{6-6}$$

沿 Y 轴力平衡表达式为

$$M_s h \dot{p} + (F_f + F_{f1})\cos\delta + F_r + F_{r1} = ma_y \tag{6-7}$$

绕 X 轴力矩平衡表达式为

$$I_{XC}\dot{p} - M_s\left[u\left(r + \frac{\dot{v}}{u}\right) - h\dot{p}\right]h + I_{XZ}\dot{r} = -(D_f + D_r)p - (C_f + C_r - M_s gh)\Phi \tag{6-8}$$

而 $I_{XC}\dot{p} + M_s h^2 = I_X$，得

$$I_X\dot{p} - M_s hu\left(r + \frac{\dot{v}}{u}\right) + I_{XZ}\dot{r} = -(D_f + D_r)p - (C_f + C_r - M_s gh)\Phi \tag{6-9}$$

式中，a、b 分别为汽车质心到前后轴的距离；F_f、F_{f1} 分别为左右前轮侧偏力；F_r、F_{r1} 分别为左右后轮侧偏力；h 为侧倾中心到质心距离；I_X 为侧倾转动惯量；I_Z 为横摆转动惯量；I_{XZ}为簧载质量绕 X、Z 轴形成的平面的转动惯量；I_{XC}为悬架上质量绕车身重心的纵轴的转动惯量；C_f、C_r 为前后悬架等效侧倾刚度；D_f、D_r 分别为前后悬架等效侧倾阻尼系数；m 为整车质量；M_s 为簧载质量；M_φ 为控制系统输出的附加横摆力矩；r 为横摆角速度；v 为侧向速度；Φ 为簧载质量侧倾角；p 为侧倾角速度；u 为汽车纵向速度；a_y 为汽车侧向加速度；B 为轮距；φ 为横摆角；β 为车身侧偏角；δ 为前轮转角。

车辆纵向动力学模型

本书重点对车辆纵向编队控制进行研究。按照车辆动力学原理，车辆在纵向行驶情况下的受力分析如图 6-3 所示。

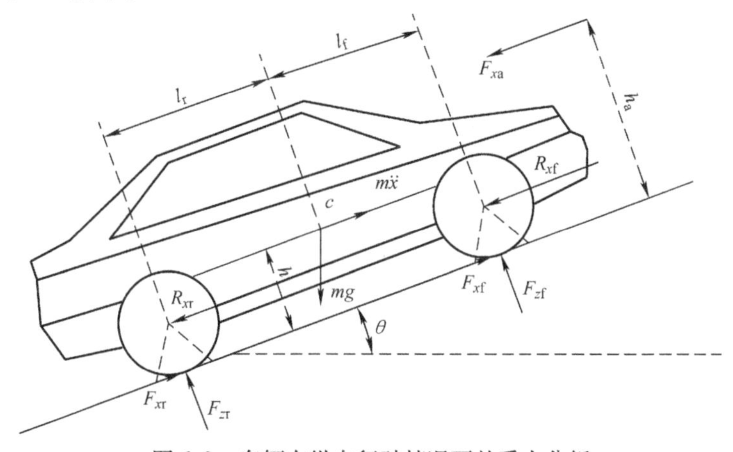

图 6-3 车辆在纵向行驶情况下的受力分析

由图 6-3 所示得到纵向的车辆动力学方程为

$$m\ddot{x} = F_{xf} + F_{xr} - R_{xf} - R_{xr} - F_{xa} - mg\sin\theta \tag{6-10}$$

图 6-3 和式（6-10）中的符号意义如下：

c 车辆质心，对于车辆就是几何中心。

g 重力加速度。

m 车辆的质量。

x 车辆位移。

θ 路面仰角，平直公路上等于零。

F_{xf} 前轮的切向力。

F_{xr}　后轮的切向力。

R_{xf}　前轮的滚动阻力。

R_{xr}　后轮的滚动阻力。

F_{xa}　空气阻力。

h　车辆重心高度。

综上描述，决定车辆行驶加速度的合力，是由两后轮的切向力与前后轮的滚动阻力、空气阻力和重力分量来决定的。

式（6-10）中具体的各受力计算方法如下。

（1）轮胎切向力 F_{xf}、F_{xr}

轮胎和地面摩擦产生了前轮的切向力 F_{xf}和后轮的切向力 F_{xr}。前轮和后轮附着率为 k_f和 k_r，前轮和后轮受到的正压力为 F_{zf}和 F_{zr}。由轮胎动力学可得出前、后轮切向力分别表示为

$$F_{xf}=k_f F_{zf},\ F_{xr}=k_r F_{zr} \tag{6-11}$$

在干燥路面上轮胎附着率与车轮滑移率有近似线性的关系[5]。定义加速和减速时车轮滑移率为

$$\text{加速阶段}\quad \sigma_x=\frac{r_{eff}\omega_W-v_x}{v_s} \tag{6-12}$$

$$\text{减速阶段}\quad \sigma_x=\frac{r_{eff}\omega_W-v_x}{r_{eff}\omega_W} \tag{6-13}$$

式中，v_s为车辆纵向速度；r_{eff}为轮胎转动半径；ω_W为轮胎角速度。

（2）滚动阻力 R_{xf}、R_{xr}

轮胎内部的变形阻力定义为滚动阻力，与轮胎载荷有关。假设 f_R为滚动阻力系数，取值一般为0.01～0.04。滚动阻力 R_{xf}、R_{xr}可表示为

$$R_{xf}=f_R F_{zf},\ R_{xr}=f_R F_{zr} \tag{6-14}$$

式中，F_{zf}为前轮正压力；F_{zr}表示为后轮正压力。前后轮正压力计算公式为[6]

$$F_{zr}=\frac{(mg-c_z V_{xa}^2)l_f}{l_f+l_r},F_{zr}=\frac{(mg-c_z V_{xa}^2)l_r}{l_f+l_r} \tag{6-15}$$

式中，l_f为前轮到质心的距离；l_r为后轮到质心的距离；c_z 为空气在车辆垂向产生的升力与空气和车辆相对速度的比例系数。

（3）空气阻力 F_{xa}

车辆在行驶过程中与空气存在相对运动，会对车辆产生迎风阻力、升力及相应的力矩，从而影响车辆的运行状态。空气相对车辆纵向运动产生的作用力可以用式表示为

$$F_{xa}=0.5C_x\rho A_x V_{xa}^2 \tag{6-16}$$

从计算式（6-16）可以得出，空气阻力与纵向行驶车辆和空气的相对速度的二次方成正比。其中，ρ 为车辆当前行驶环境下的空气密度，空气密度随天气变化会略有不同；纵向空气阻力系数用 C_x来表示；A_x为迎风面积；V_w为风速；空气相对于车辆的纵向速度为 V_{xa}，计算公式为

$$V_{xa}=v_x+V_w \tag{6-17}$$

（4）重力分量

纵向行驶过程中的车辆与道路存在一定的坡度，车辆沿纵向运动方向的重力会对其产生坡度分量。设定公路俯仰角为 θ，图6-3 所示的逆时针方向为 θ 的正方向，可以得出车辆纵

向行驶与俯仰路面产生的重力分量计算公式为

$$F_{xb}=mg\sin\theta \tag{6-18}$$

（5）驱动力和制动力

发动机系统提供驱动力，制动系统向车轮提供制动力。轮胎受力分析如图6-4所示。作用在驱动轮的驱动力矩用 T_w 表示，车轮上受到的制动力矩用 T_b 表示；轮胎转动时的有效半径用 r_{eff} 表示，于是有

驱动轮上的驱动力 $$F_t=\frac{T_w}{r_{eff}} \tag{6-19}$$

车轮上的制动力 $$F_b=\frac{T_b}{A_w\mu_b r_b} \tag{6-20}$$

式中，A_w 为轮胎制动区域；μ_b 为制动摩擦系数，路面环境一定下通常为常数；r_b 为制动半径。

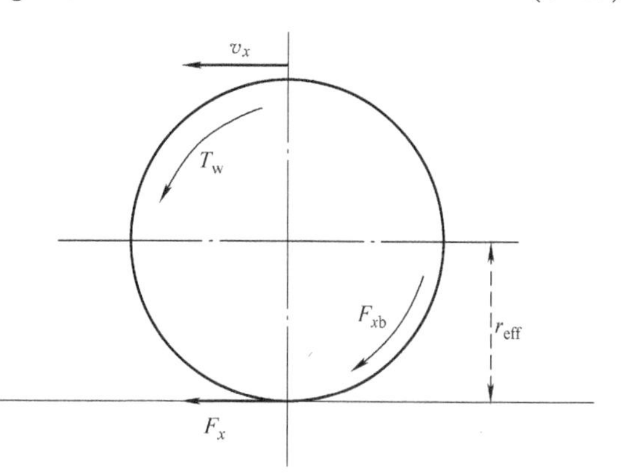

图6-4　轮胎受力分析

6.2　智能网联汽车简化纵向动力学分层模型

6.1节描述了通常情况下车辆纵向行驶时的受力分析。这是车辆动力学的通用理论。但是本书讨论的智能网联汽车编队控制主要根据前后车辆信息来决定速度控制方式，同时因为车辆是具有车车通信功能的特殊车辆，所以可对经典车辆动力学进行一定的调整和简化，便于后期对控制模型的验证。

6.2.1　智能网联汽车动力学模型的简化

在建立车辆纵向动力学模型之前，首先根据车车通信环境的特点和本章给出的特定的车辆行驶环境对复杂的车辆系统进行如下合理必要的简化：

1）车辆在平直公路上纵向行驶，不存在坡道，故路面仰角 θ 为零。

2）只考虑车辆的纵向行驶，即车辆的一维行驶，不涉及车辆行驶过程中的其他运动，如横摆、侧倾等。

3）车辆左右两侧动力学对称，从而可以将车辆左右轮运动的差异忽略掉，将车辆轮胎模型简化为两轮模型。

4）假设车辆坐标系原点、车辆几何中心、车辆质心三者重合，并且公路为干燥表面，可以提供足够的地面附着力使轮胎不滑移，传动轴和传动齿轮在动力传动系统中为刚性。

5）车辆轮胎受力分析如图6-4所示。

6）设定车辆行驶环境天气良好，无雨雪等特殊情况，风力微弱，可以忽略迎风空气阻力。

考虑与其他车辆的相互作用，接收的其他车辆分配加速度等信息可认为是影响本身期望加速度的一部分，那么定义分配加速度为 a_c。简化的车辆受力分析如图6-5所示。

令 $F_x=F_{xf}+F_{xr}$ 为纵向切向力，纵向滚动阻力 $R_x=R_{xf}+R_{xr}$，则式（6-10）变为

$$m(a_{des}+a_{dis})=F_x-R_x-F_{xa} \tag{6-21}$$

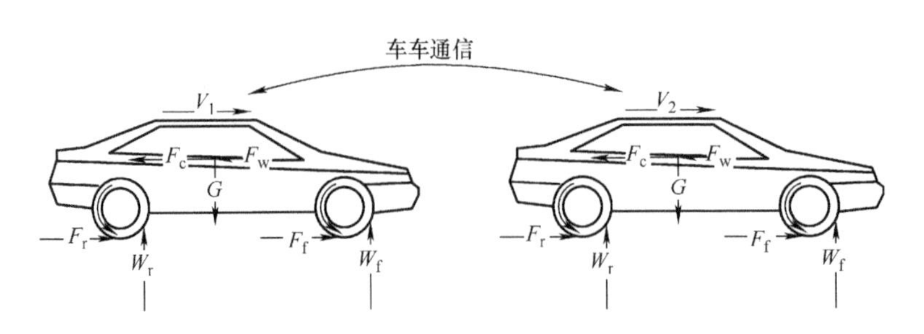

图 6-5 简化的车辆受力分析

由上式可知，在车车通信环境下，由驱动力与滚动阻力与空气阻力差决定车辆纵向行驶的加速度。其中，加速度为车辆本身的期望加速度 a_{des} 和其他车辆的分配加速度 a_{dis} 之和。

纵向切向力 F_x 的计算

假设前后轮胎有效半径均为 r_{eff}，需要计算轮胎的驱动力矩和制动力矩。根据轮胎动力学，前轮受到的驱动力矩为 T_{wf}，制动力矩为 T_{bf}，同时转动角速度为 ω_{wf}，转动惯量为 I_{wf}；后轮受到的驱动力矩为 T_{wr}，制动力矩为 T_{br}，同时后轮转动角速度 ω_{wr}，转动惯量为 I_{wr}。所以，如果车辆是前轮驱动，则 $T_{wr}=0$；若为后轮驱动，则 $T_{wf}=0$。

根据质心转动定理得前轮动力学方程为[7]

$$I_{wf}\dot{\omega}_{wf}=T_{wf}-T_{bf}-r_{eff}F_{xf} \tag{6-22}$$

后轮动力学方程为

$$I_{wr}\dot{\omega}_{wr}=T_{wr}-T_{br}-r_{eff}F_{xr} \tag{6-23}$$

定义轮胎转动时角速度为 ω_w，并且前轮转动角速度 ω_{wf} 与后轮转动角速度 ω_{wr} 相等，即 $\omega_{wf}=\omega_{wr}=\omega_w$，则有

$$(I_{wf}+I_{wr})\dot{\omega}_w=T_{wf}+T_{wr}-(T_{br}+T_{bf})-r_{eff}(F_{sf}+F_{sr}) \tag{6-24}$$

令转动惯量 $I_w=I_{wf}+I_{wr}$，驱动力矩 $T_w=T_{wf}+T_{wr}$，制动力矩 $T_b=T_{bf}+T_{br}$，轮胎动力学简化计算方程为

$$I_w\dot{\omega}_w=T_w-T_b-r_{eff}F_x \tag{6-25}$$

所以当车辆处于加速时，制动力矩 $T_b=0$；处于制动过程时，驱动力矩 $T_w=0$。由此可以得出

作用在驱动轮上的驱动力
$$F_t=\frac{T_w}{r_{eff}} \tag{6-26}$$

作用在车轮上的制动力
$$F_b=\frac{T_b}{A_w\mu_b r_b} \tag{6-27}$$

6.2.2 简化纵向车辆动力学模型的分层

在简化车辆动力学模型基础上，从具体实现角度出发，本节将车辆动力学系统模型分为三部分——下层控制模型（车辆纵向动力学模型）、车辆模型（执行器模型）、上层控制模型（核心控制模型，这里指车辆队列协同控制模型），如图 6-6 所示。上层控制模型，主要通过实际环境计算出车辆当前的期望加速度；下层控制模型，主要通过车辆动力学特性计算如何通过控制发动机转矩来实现车辆期望加速度；车辆模型，通过车辆本身的执行机构去实

现对发动机转矩的控制，最终实现车辆控制。上层控制模型是核心，后面将重点分析。本节主要描述如何实现车辆模型和车辆下层控制模型。

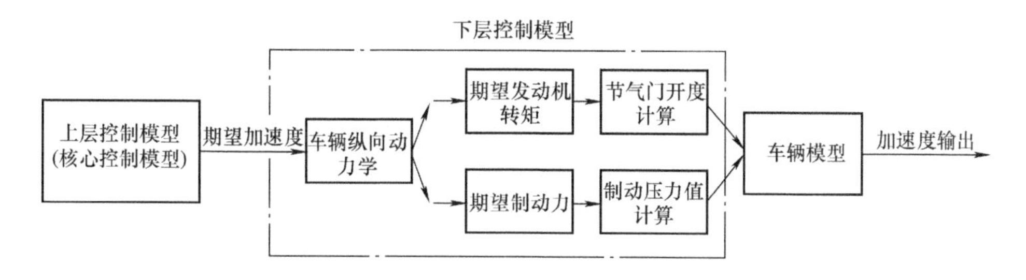

图6-6 车辆纵向动力学分层控制模型

(1) 车辆模型的选型

本章定义的车辆队列中所有车型是一致的，选用车型为大众帕萨特。其在CarSim软件的车辆模型库中对应为B－Class普通轿车车型，如图6-7所示。

图6-7 CarSim软件车辆模型对应的车辆原型

车辆实际运行中有一系列常用参数，在CarSim模型仿真中为了计算和分析方便，对个别参数进行了调整，如表6-1所示。

表6-1 实际车辆与车辆模型参数对照

实际车辆参数	车辆模型参数
重量为1.5t	重量为1.5t
车身长度为4.8m	车身长度为5m
车身宽度为1.8m	车身宽度为2m
最高车速为240km/h	最高车速为60m/s
轮胎半径为0.4412m	轮胎半径为0.45m
车身悬架高度为0.54m	车身悬架高度为0.54m
0—100km/h加速时间为5s	—
最大加速度为5.6m/s^2	最大加速度为6m/s^2

采用CarSim自带的B－Class车型作为车辆模型输入，用来验证上下层控制模型的执行效果。

(2) 下层控制模型

车辆欲达到良好的纵向加速度，需要考虑车辆传动系统动态性能，计算发动机当前转矩。由轮胎动力学可以得出车辆纵向速度为 $\dot{x}=r_{\text{eff}}\omega_{\text{w}}$，当前行驶条件下车辆纵向动力学方程可以化简为

$$mr_{\text{eff}}R\dot{\omega}_{\text{e}}=F_x+F_{\text{c}}-R_x-F_{x\text{a}}-mg\sin\theta \tag{6-28}$$

在不考虑路面俯仰角情况下，通过发动机模型，可以通过制动力矩和发动机净转矩之间的关系计算得出当前加速度值：

$$\ddot{x}=\frac{Rr_{\text{eff}}}{J_{\text{e}}}[T_{\text{net}}-c_xRr_{\text{eff}}\dot{x}^2-R(r_{\text{eff}}R_x+T_{\text{b}})] \tag{6-29}$$

通过上式可以变换得到期望加速度 $\ddot{x}_{\text{d}}$ 对应的发动机输出净转矩为

$$T_{\text{net}}=\frac{J_{\text{e}}}{Rr_{\text{eff}}}\ddot{x}_{\text{d}}+c_xRr_{\text{eff}}\dot{x}^2+Rr_{\text{eff}}(R_x+mg\sin\theta) \tag{6-30}$$

只考虑干燥路面条件和车辆纵向行驶工况，所以液力变矩器保持锁止状态。上式转换为期望发动机转矩计算公式为[8]

$$T_{\text{edes}}=\frac{r}{R_{\text{d}}R_{\text{g}}\eta_0}(M_0\ddot{x}+C_{\text{D}}Av^2+M_0gf_0) \tag{6-31}$$

式中，η_0、M_0、R_{g}分别为车辆传动系统机械效率、车体质量、变速器速比，可以从发动机出厂手册查到；f_0为滚动阻力系数。欲得到与期望加速度对应的期望发动机转矩，通过对照发动机厂商提供转矩特性逆向曲线，即可计算出期望节气门开度为

$$\theta_{\text{des}}=\text{MAP}^{-1}(\omega_{\text{e}},T_{\text{edes}}) \tag{6-32}$$

式中，$\text{MAP}^{-1}(\omega_{\text{e}},T_{\text{edes}})$为发动机转矩特性逆向曲线，由整车厂商或者发动机厂商提供，具体计算可通过查表得出[9]。表中会给出发动机当前转速和当前转矩下的节气门开度值，不同车型之间存在差异。

当车辆处于制动过程，发动机输出转矩为零，车辆只受到制动力作用，当前期望制动力F_{bdes}为

$$F_{\text{bdes}}=M_0\ddot{x}+C_{\text{D}}Av^2+M_0gf_0 \tag{6-33}$$

由上式得到期望制动力值。所需的期望的制动压力正比于制动力，定义比例系数为K_{b}，期望制动压力为

$$P_{\text{des}}=\frac{F_{\text{bdes}}}{K_{\text{b}}} \tag{6-34}$$

本节给出了车辆动力学分层模型下层模型的计算方法。即，当上层模型输出期望加速度后，如何通过车辆下层模型来计算出对应的车辆制动力和节气门开度。这为后续模型的实现奠定了基础。

6.3 基于 CarSim/MATLAB 软件的车辆动力学模型联合仿真验证

完成车辆动力学模型简化后，在模型的具体实现方法方面，由于车辆动力学仿真计算过程需要同时用到数学模型和车辆模型，并且计算复杂、计算量大，所以经常采用专用的车辆动力学联合仿真软件来验证。其中的控制模型常用的是 MATLAB 软件。这是美国 MathWorks 公司研发的一款商业数学专用软件。其中包括 Simulink，主要用于搭建控制系统模型。用户可以通过 MATLAB/Simulink 图形化编程的形式，将设计的控制系统以框图形式实现传递

函数。

除了利用 MATLAB 实现控制系统外，还需要选取模拟真实车辆特性的车辆模型作为被控对象。车辆模型的选择需要车辆动力学仿真软件来实现，常用的主要包括 CarSim、TruckSim、PreScan 等。车辆动力学仿真软件在车辆控制系统研发过程中是重要的分析手段：（1）系统研发前期，研究人员设计的控制系统还处于无法实现的阶段，通过仿真模型手段可以验证基本设计思想的可行性；（2）在设计稳定性要求较高的控制系统时，精细的设计原型模型在仿真中可以反复测试，降低调试成本；（3）在控制系统研发后期需要对系统最终性能进行校核时，对于重复性、危险性的实验，如对车辆的操纵稳定性、平顺性、弯道行驶性能进行测试分析时，可以首先通过仿真模型测试来完成；（4）处理实验结果方面，可以借助仿真模型辅助实验验证，对实验数据进行结果预测；当实验结果和设计思想存在误差时，仿真模型可以对控制系统进行故障分析[10]。

CarSim 软件是针对轿车的车辆动力学仿真软件，作为软件平台仿真适合本章的研究。CarSim 软件对车辆模型的仿真速度是车辆实际行驶速度的 3~6 倍，可以模拟任何特定道路状况；输入相应的车辆行驶工况，可以对车辆动力性、制动性、操纵稳定性、平顺性和燃油经济性进行分析；目前用于各种车辆控制系统的研究与开发，被整车厂商和研究机构广泛采用。CarSim 软件可通过图形操作界面直观方便地进行车辆系统参数和实验环境仿真参数的设置，任何实验过程都可以灵活根据验证需求来定义。CarSim 软件由数学模型求解部分、图形化数据库部分和仿真结果处理部分组成。MATLAB、Simulink、CarSim 联合仿真软件结构如图 6-8 所示。

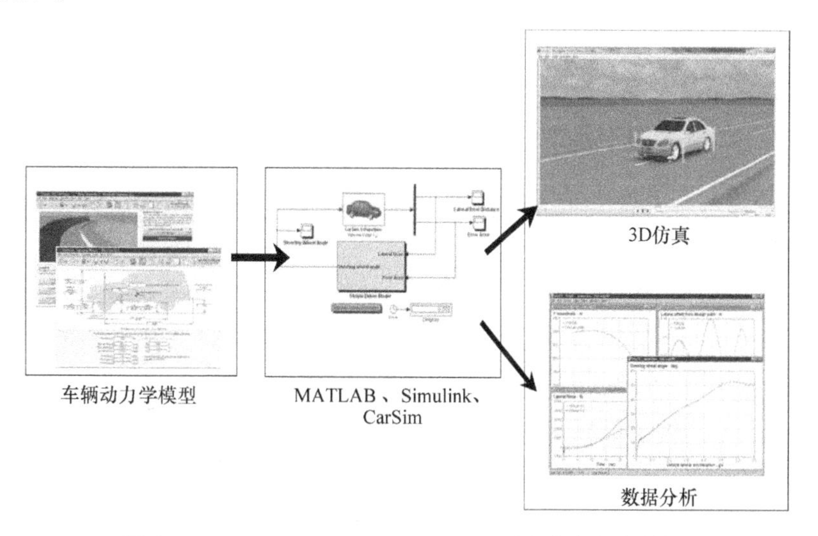

图 6-8　MATLAB、Simulink、CarSim 联合仿真软件结构

本章建立的车辆纵向简化动力学模型是基于 MATLAB、Simulink 实现的，并通过队列控制目标实现整体车辆队列模型。选择具体车型后，按照车型参数来配置 CarSim 软件中仿真车辆的参数，最后搭建完成车辆队列控制模型，通过不同的场景和初始化条件，来观测模型仿真效果。

6.3.1 CarSim 软件仿真环境参数设置

车辆模型和环境场景，是车辆动力学仿真需要考虑的因素。仿真验证前对以下车辆模型和环境参数进行设置。

（1）设置车辆模型参数

本章选用的 B－Class 车型，需要对 CarSim 软件的仿真车辆模型进行设置。图 6-9 所示为 CarSim 软件仿真车辆模型参数设置界面，包括是否安装 ABS、雷达、EPS 等，本章选择默认参数即可。图 6-10 所示为 CarSim 软件仿真车辆模型整车参数设置界面，包括轮胎半径、车身长度、发动机型号、底盘高度等，可参考表 6-1 所示的参数进行设置。

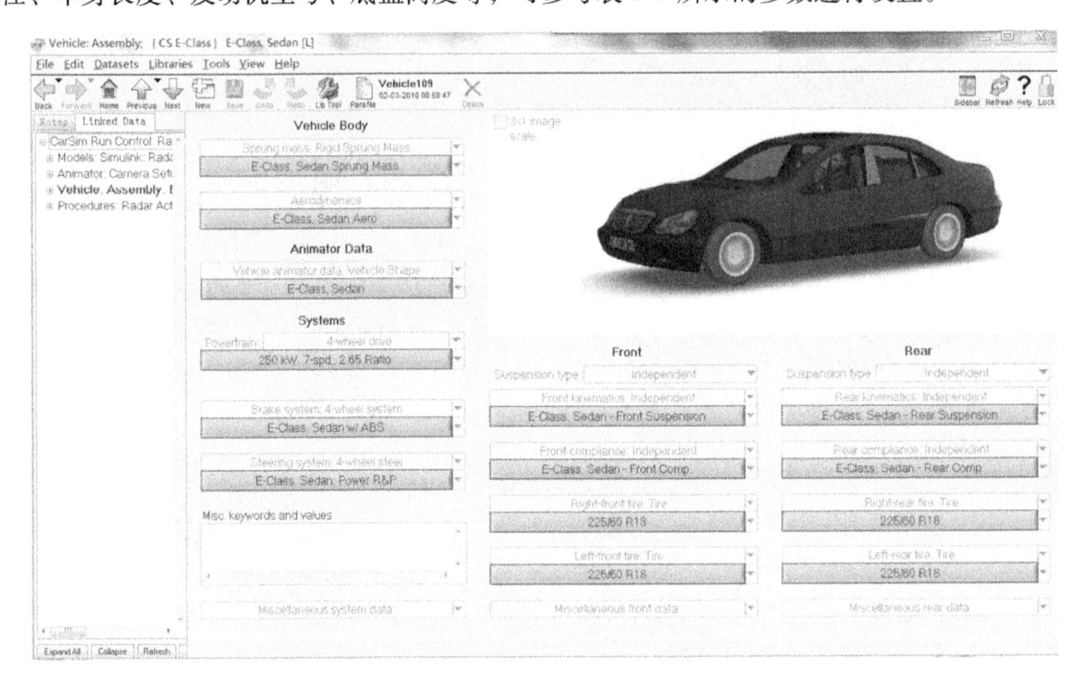

图 6-9　CarSim 软件仿真车辆模型参数设置界面

（2）设置环境参数

环境设置主要用于模拟车辆实际行驶的道路环境，除此以外还能对路面的参数进行设置，如干燥路面、下雨湿滑路面和冰雪路面等。另外，CarSim 软件还可以模拟复杂的道路环境，如设置蛇形急弯路面、大角度横向和纵向坡度、同时可以将任何位置的路面抬高，甚至可以模拟一些实际环境不存在的恶劣环境，以便充分验证车辆的性能。CarSim 软件的环境设置还可以模拟路面摩擦系数工况。

本章主要验证车辆纵向动力学模型，后续验证的控制模型也都是车辆在纵向路面上行驶，所以设置椭圆形的环形路面，两个长直道的长度为 1km，两个短直道的长度为 180m，弯道半径为 25m，路面为摩擦系数为 0.85 的干燥路面，不存在恶劣天气影响，忽略迎风阻力。CarSim 软件实验道路环境参数设置界面如图 6-11 所示。

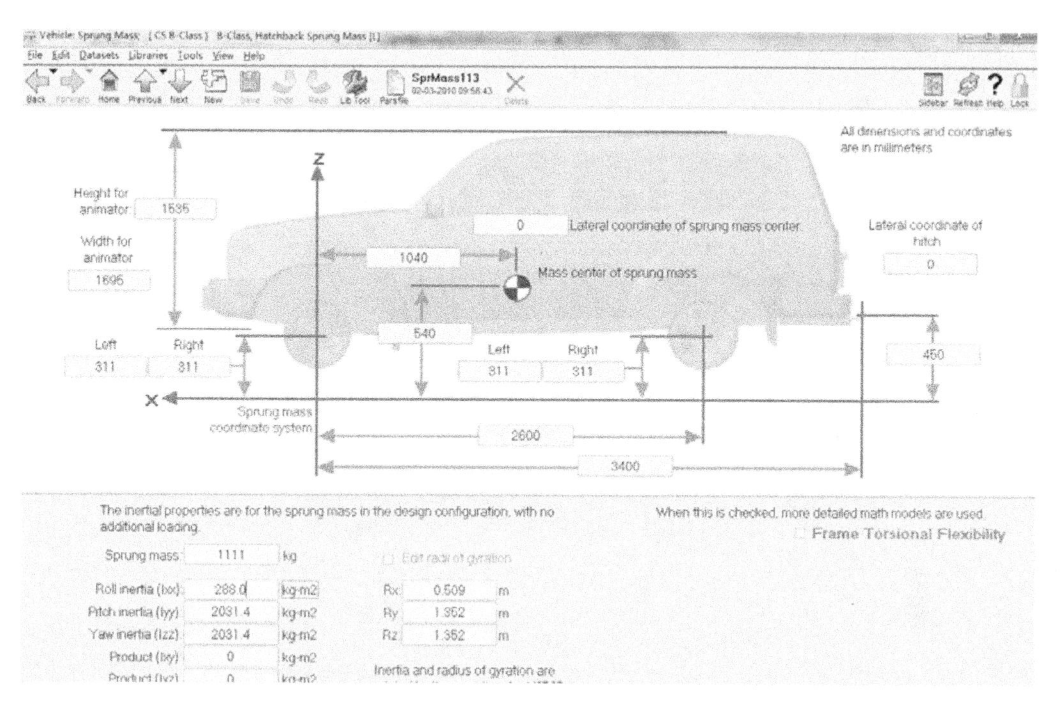

图 6-10　CarSim 软件车辆模型整车参数设置界面

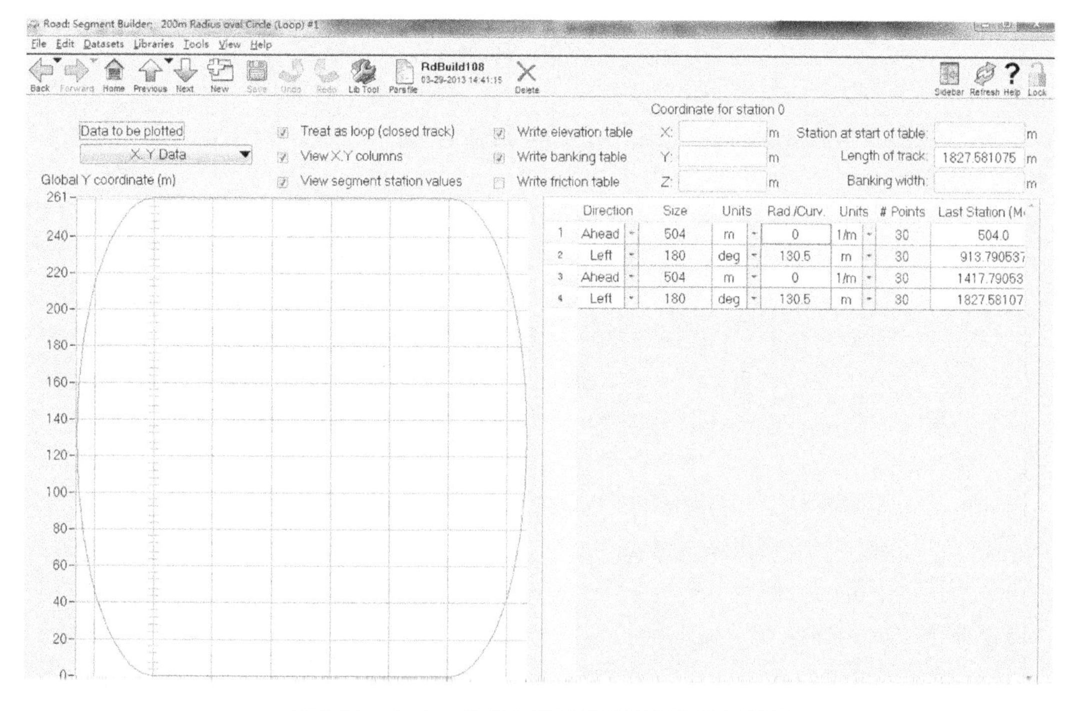

图 6-11　CarSim 软件实验道路环境参数设置界面

通过道路环境 3D 效果仿真（见图 6-12），CarSim 仿真软件对道路形状、坡度、路面不平度都可以方便地进行设置并且有很好的仿真效果。此外，还可以在仿真环境中设置路标、矮山和树木等，增加仿真环境对真实环境的还原度。道路宽度、车道数目和特殊标注的道路标示线等都可以根据仿真要求进行设置。车辆模型在道路上的具体行驶路线需要使用者输入控制模型，从而通过车辆和环境的3D仿真效果来得出实验结论。

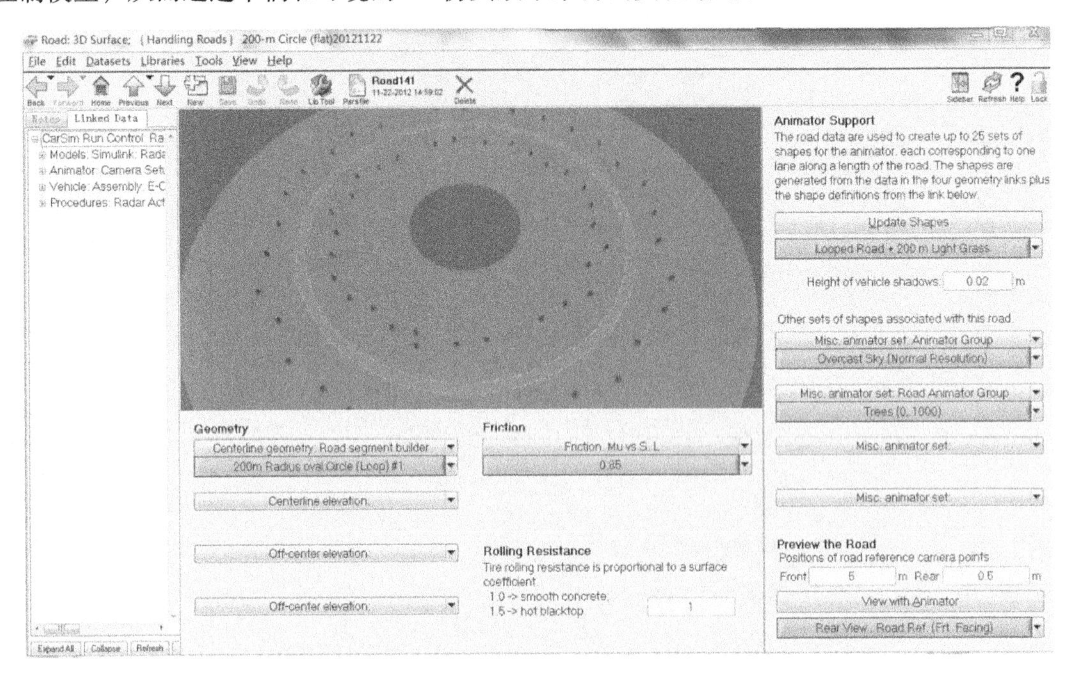

图6-12　CarSim软件仿真实验环境3D效果

6.3.2　CarSim、MATLAB、Simulink联合仿真验证

本节对6.2.2节建立的动力学模型分层结构进行仿真，仿真建立在MATLAB、Simulink软件平台基础上并同时导入仿真车辆软件CarSim，通过设置输入信息和得到的仿真结果来验证动力学模型的可行性。

仿真验证过程大致如下：CarSim软件的所有组成部分都由一个图形用户界面来控制，通过用户界面设定路面和车辆参数，给定期望加速度值，通过MATLAB/Simulink建立的节气门、制动压力控制模型给CarSim模型输入控制量，通过输出实际加速度值来验证动力学模型的下层控制结构的可行性，模型搭建完毕后，可通过单击“RunMath Model”来进行仿真。仿真环境和程序运行环境大致一样，按照固定的控制周期来执行控制算法，仿真结束后通过单击“Animate”可以3D动画形式观察仿真的结果，通过单击“Plot”可以察看仿真结果曲线。软件输出可以得到相应的车速、加速度、位移输出结果，并提供3D效果仿真示意图。通过设置不同的环境和车辆参数，迅速完成一次仿真实验。MATLAB、Simulink、CarSim联合仿真验证环境如图6-13所示。

6.3.3　下层动力学控制模型仿真结果分析

根据上述CarSim软件仿真环境，下面将验证下层车辆动力学模型。其主要功能是为上层模型提供实现的接口。实验验证可通过给定加速度输入控制量，结合车辆运行的实际情况

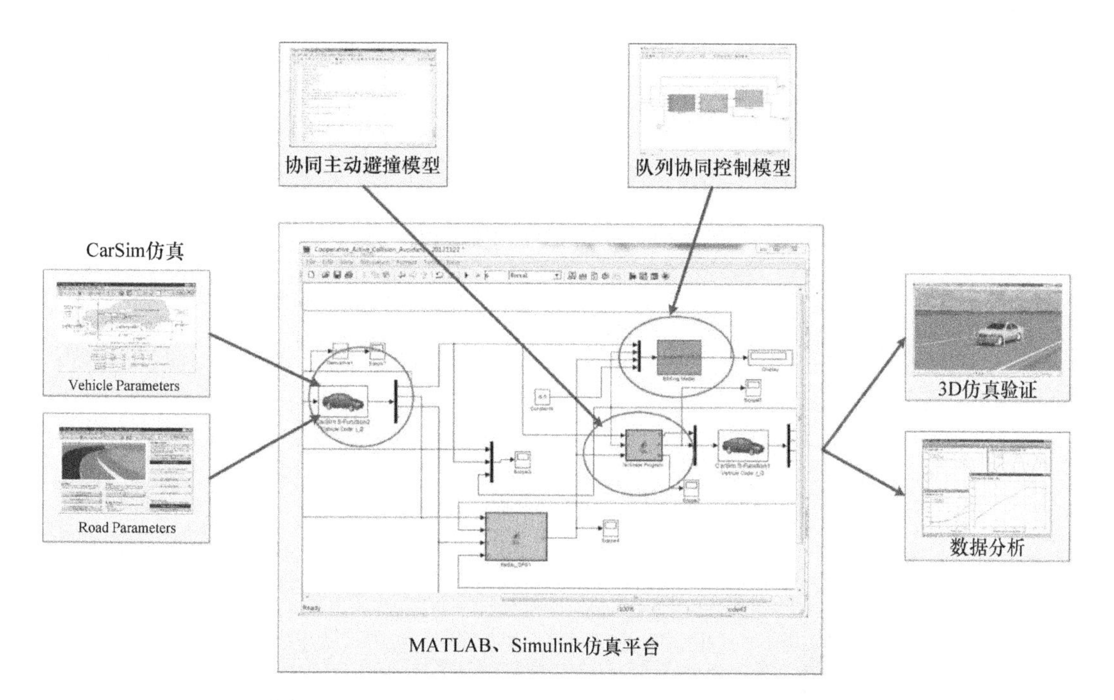

图 6-13 MATLAB、Simulink、CarSim 联合仿真验证环境

[可以是常量（匀速）、阶跃（急加速或减速）、正弦（加减速交替）等] 基于 MATLAB/Simulink 实现。下面选择具有代表性的正弦波输入和阶跃紧急减速来验证下层控制模型的加速度实现情况。

制动能力是车辆控制的首要环节，故首先仿真验证紧急减速的加速度信号输入，输入曲线如图 6-14 左图所示。该曲线代表的实际意义为，车辆在匀速行驶一段时间后某一时刻突然按照 -6m/s^2 来紧急制动，以此来验证车辆动力学模型的紧急制动控制效果。

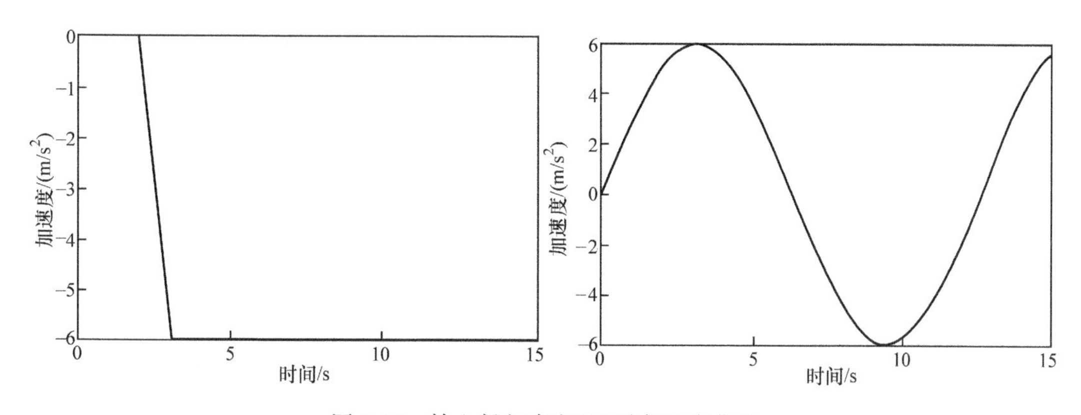

图 6-14 输入紧急减速和正弦加速度曲线

选择正弦加速度信号输入，输入曲线如图 6-14 右图所示。该曲线代表的实际意义为，匀速车辆的加速度在4s 内逐渐从 0 加到 6m/s^2，然后 5s 内加速度逐渐减到 -6m/s^2，最后 5s 内加速度再恢复到 6m/s^2。这是仿真一个急加速和急减速的过程，通过这种临界环境的输入可以验证动力学模型的加减速跟随控制效果。

下层动力学控制模型仿真验证环境界面，如图6-15所示。动力学模型、加速度切换模型和节气门/制动压力分层控制模型在MATLAB/Simulink环境中得以实现。期望加速度的跟随效果由CarSim模型来验证。在MATLAB/Simulink平台中搭建下层动力学模型，通过输入上述正弦波曲线后，下层动力学模型的输出可以控制CarSim模型车的节气门开度和制动压力值，从而实现期望加速度值的执行。

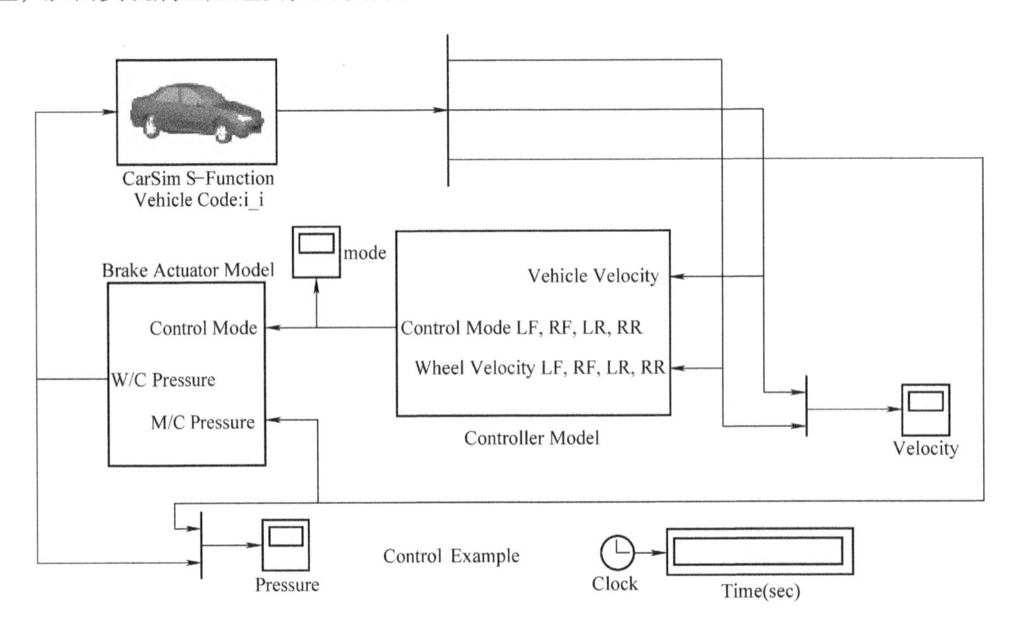

图6-15　下层动力学控制模型仿真验证环境界面

（1）阶跃急减速输入仿真结果（见图6-16和图6-17）

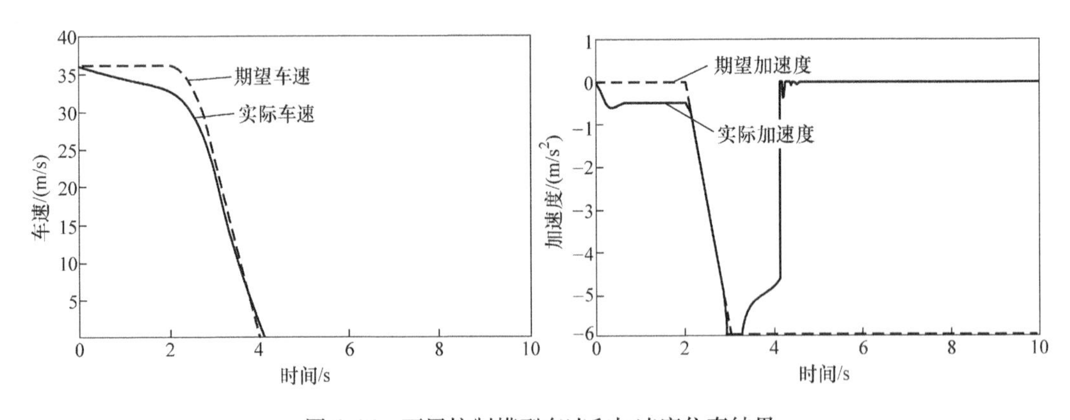

图6-16　下层控制模型车速和加速度仿真结果

紧急减速输入时，如图6-16所示，车速可以很好地跟随车辆模型的实际车速输出，实际车速和期望车速几乎可以在同一时刻减到零。加速度可以跟随输入迅速减到最小值$-6\mathrm{m/s^2}$，然后实际的加速度输出由于车辆紧急制动后停止所以加速度恢复至零，说明模型有车辆运行和静止判断能力，也具备了很好的制动控制能力。如图6-17所示，在2s时随着加速度信号的输入，制动压力值也迅速增大到3MPa，然后保持不变。这说明随着加速度变

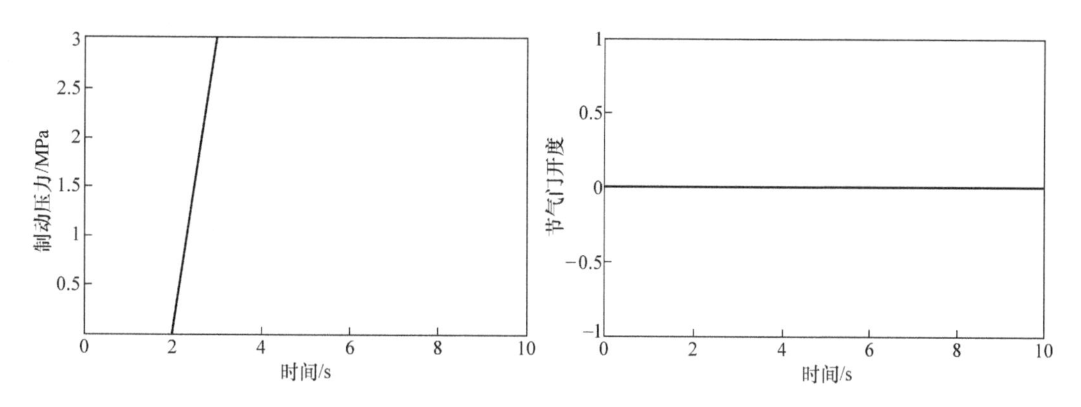

图 6-17　执行机构制动压力值和节气门开度仿真结果

化，节气门因为紧急制动期间不需要开起，故持续保持零不变。结果说明下层控制模型的制动和油门切换逻辑正确，可以精确地控制制动系统的压力值。

（2）正弦加速度曲线输入仿真结果（见图 6-18 和图 6-19）

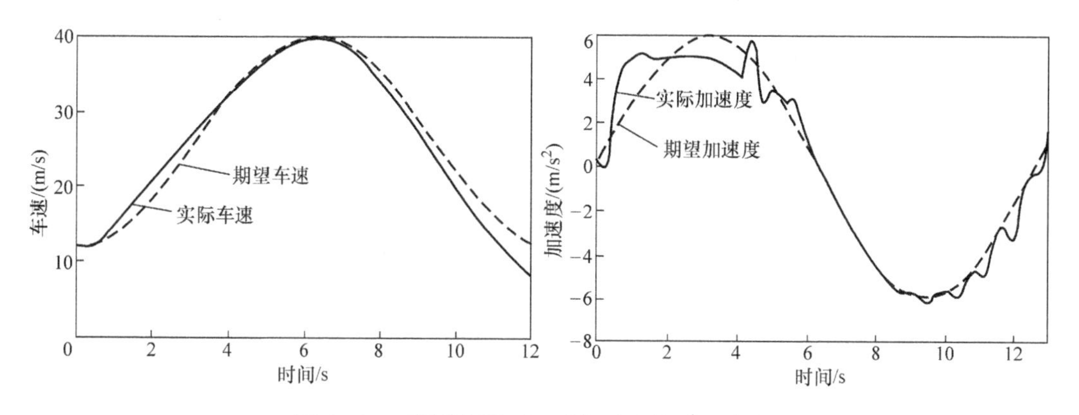

图 6-18　下层控制模型正弦加速度输入跟随曲线

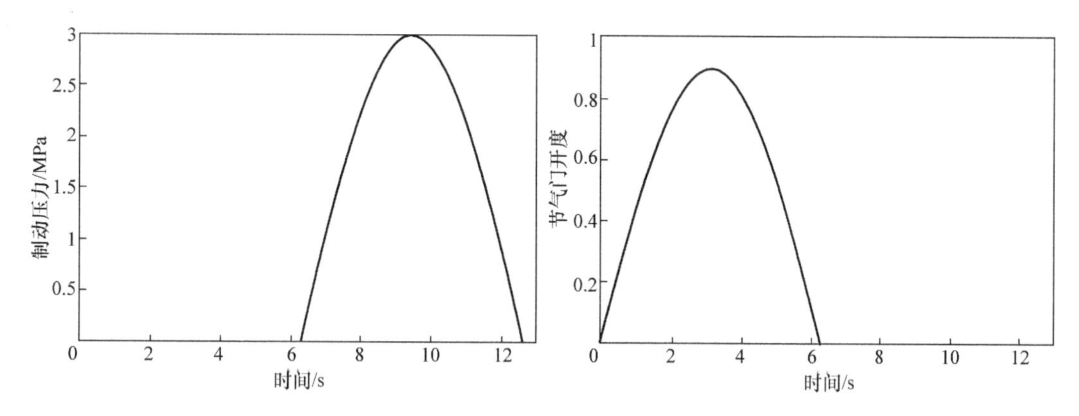

图 6-19　执行机构节气门开度值和制动压力值输出曲线

正弦加速度信号输入时，如图 6-18 所示，车速可以实现跟随车辆模型的实际车速输出，变化范围为 10 ~ 40m/s，加速度趋势略有偏差，但整体一直从 -6m/s^2 到 6m/s^2 连续变化，说明了下层动力学模型可以稳定控制速度，并实现期望加速度稳定跟随。如图 6-19 所示，随着加速度信号正弦输入为正，节气门开度首先从 0 变化到 0.9，车辆处于加速状态；在 6s 左右的时刻，正弦加速度输入从正逐渐变为负，节气门控制关闭，制动压力值从零开始增大到 3MPa；在 12s 时，正弦加速度输入恢复至零，制动压力值也变为零。实验结果表明，模型的制动压力和节气门开度能跟随加速度变化，节气门和制动压力切换逻辑正确，并且变化趋势和启停时刻控制精确，可以准确地控制制动系统的执行机构。

参考文献

[1] 米奇克，瓦伦托维茨，陈荫三，等．汽车动力学［M］. 北京：清华大学出版社，2009.

[2] 王芊．基于车辆动力学的弯坡组合路段行车仿真与安全评价［D］. 南昌：南昌大学，2013.

[3] 郭孔辉．汽车操纵动力学原理［M］. 苏州：江苏科学技术出版社，2011.

[4] Pham H, Tomizuka M, Hedrick J K. Integrated maneuvering control for automated highway systems based on a magnetic reference/sensing system［R］. Berkeley, USA: PATH Researeh, University of California, 1997.

[5] Rajamani R. Vehicle dynamics and control［M］. New York: Springer, 2011.

[6] 任殿波．自动化公路系统车辆纵横向控制［D］. 成都：西南交通大学，2008.

[7] 魏春雨．模拟器中车辆动力学与六自由度平台联合仿真技术研究［D］. 浙江：浙江大学，2013.

[8] 高锋．汽车纵向运动多模型分层切换控制［D］. 北京：清华大学，2006.

[9] 孙振平．自主驾驶汽车智能控制系统［D］. 长沙：国防科学技术大学，2004.

[10] Crolla Dave，凡喻．车辆动力学及其控制［M］. 北京：人民交通出版社，2004.

第7章

智能网联汽车编队控制模型

车辆编队控制的目的在于把道路上行驶的无序车辆进行编队组合作为整体来控制。控制系统的核心是将车队中行驶路线相同的所有车辆的运行状态（即速度、加速度、车距等）归于一致，从而简化交通控制对象和增强车辆行驶安全性。车辆队列行驶首先需要满足安全性要求，即队列中的相邻车辆相对速度为零、相邻车辆前后车间的距离一致、所有车辆单体加速度一致；同时还需要保证队列行驶的稳定性，即任意单个车辆的车速和车距变化造成的差值不会影响整体队列的行驶状态[1]。

与单个车辆的控制方式类似，车辆队列协同控制方式也包括车队纵向控制和横向控制两个组成部分。横向控制目的是保证队列中的车辆保持在同一车道行驶且不偏离行驶车道，以及需要变道行驶时车辆队列在不同车道之间统一换道和超车。纵向控制主要对队列中车辆的状态（即速度、加速度、车距等）统一控制从而保证车辆队列行驶安全性和队列稳定性。车辆队列纵向控制模型是车辆队列协同控制最基本的控制模型，本章重点研究车辆队列的纵向控制模型。

7.1 智能网联汽车编队控制系统概述

7.1.1 车辆编队控制系统数学模型

车辆队列行驶，是指沿道路同一方向两辆及以上的汽车，保持固定的车距和相同的速度，以列队行进的方式行驶。受限于驾驶人的经验和车辆控制技术的差异，如果依靠驾驶人操作来保证车距和相对车速，往往会造成车辆队列行驶速度较低，车距较大。本章研究的是加装了自动驾驶装置的智能车辆队列，但同时保证驾驶人对车辆的最终控制权力。车辆通过加装多种传感器，如摄像头、雷达等环境识别装置，并采用车车通信方式，使车辆能够获取多车的行驶信息，后车自动保持一定的安全距离按照前车行驶的路线及操作方式行驶，整个车辆队列作为一个整体来控制[2]。车辆队列模型如图7-1所示。由于期望加速度与车距控制在整个车辆队列中是同步进行的，所以每辆车均同步获得其他车辆的控制命令，因此这种车队行驶的方式可以实现很高的平均车速，并大大缩短车间距离，提高道路通行能力和通行效率。

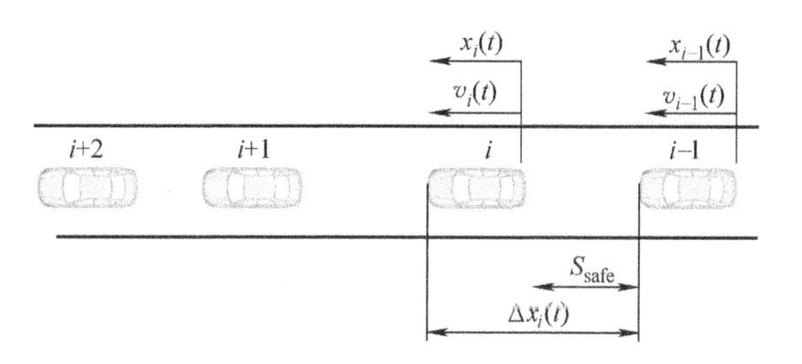

图7-1　车辆队列模型

如图 7-1 所示，车辆队列中第 i 辆车的位置信息用 x_i表示，速度和加速度分别通过求一阶和二阶导数来得出。车辆队列同向纵向行驶时，队列中的车辆均保持固定车距跟随头车行驶。设第 i 辆车和第 $i-1$ 辆车之间的距离为 Δx_i，理想跟随距离为保证车车之间不相撞的最小距离，假设为常数 D。

这样，车队中第 i 辆车的加速度、速度及位移可由下列方程组求出：

$$\begin{cases}\ddot{x}_i(t)=\ddot{x}_i(t-\Delta)+\dddot{x}_i(t)\Delta\\ \dot{x}_i(t)=\dot{x}_i(t-\Delta)+\ddot{x}_i(t)\Delta\\ x_i(t)=x_i(t-\Delta)+\dot{x}_i(t)\Delta+\dfrac{1}{2}\ddot{x}_i(t)\Delta^2\end{cases}\tag{7-1}$$

式中，t 为控制系统当前运行时刻；Δ 为控制系统命令周期。

车辆队列系统的模型控制目标为

1）队列中任意车辆的加速度趋近于0，$\lim\limits_{t\to\infty}\ddot{x}_i(t)=0$。

2）设定理想车距为 D，理想车距差值（又称车间距偏差）趋近于 0，$\lim\limits_{t\to\infty}|x_i(t)-x_{i-1}(t)-D|=0$。

3）队列中任意相邻第 i 辆车和第 $i-1$ 辆车之间的相对速度趋近于 0，$\lim\limits_{t\to\infty}|\dot{x}_i(t)-\dot{x}_{i-1}(t)|=0$。

4）当首车车速达到稳定速度时，被控车的加速度变化率为 0，$\lim\limits_{t\to\infty}\dddot{x}_i(t)=0$。

7.1.2 车辆队列系统控制方法

车辆队列行驶需要选择相同的控制方式对车辆进行统一管理。车辆队列控制方式有集中式和分散式两种。

车辆队列中所有行驶状态信息首先发送到中央控制器的方式称为集中式，队列中各个车辆的行驶行为由中央控制器统一规划。集中式控制在理论上可以达到队列行驶的最优效果，但是必须满足中央控制器获得所有车辆信息的前提，并且要求无线通信带宽可以满足所有车辆数据同时交互，除此以外，集中式控制需要解决队列系统高维度的优化问题，而且中央处理器信息处理量过大容易导致控制系统滞后，从而对系统实时性能和运行效率造成严重影响[3,4]。

分散式的控制方式不存在中央控制器，队列中的车辆仅能获得附近车辆的行驶状态信息。分散式控制不能达到最优控制效果，但对车车通信带宽需求低，控制速度快，适合实时性要求高的车辆队列控制。

从系统组成角度来说，实现车辆队列的集中控制需要增加路侧集中控制基站之类的中央控制器。这种控制方式会限制车辆队列的行驶范围，增加交通系统的构建成本，因此对于本章所应用的纵向高速公路行驶的车辆队列不适合。通过加装车车通信系统和其他传感器来获取周边车辆和道路交通情况信息的高速行驶车辆队列，是安全性和稳定性要求很高的实时控制系统，因此最适用的控制方式是分布式控制[5,6]。

目前主要车辆队列分布式控制方式有下面两种。

（1）车辆自适应巡航控制（ACC）

ACC 的主要功能是根据当前交通情况来控制车速和车距，保持车辆控制系统与前方车辆一致的行驶状态。通过在车身安装测距传感器对道路前方行驶车辆进行检测，ACC 根据传感器信息自动调节加速和制动来实现与前车车速的一致，并保持一定的安全车距进行同向行驶。前方没有车辆时，ACC 会控制车辆按设定速度巡航行驶。该系统通过多车统一状态行驶提高了道路通行能力，并保证了车辆在无人干预情况下的行驶安全性，是常用的一种车辆队列分散式控制。

（2）车辆协同自适应巡航控制（CACC）

CACC 是在 ACC 系统上安装了车车通信单元后升级的系统。除了具备所有 ACC 功能之外，CACC 还可以接收周围车辆行驶状态信息和道路交通传感器信息，从而获取更多信息来完成巡航控制功能，可以更好地缩短行驶车距并提高道路交通通行能力。

通过总结分析以上系统结构，本章介绍车车之间存在信息交互，控制命令执行由各自车辆控制单元完成，不存在中央控制器，所以本章采用分布式控制结构中的 CACC。

7.1.3　车辆队列控制系统结构

从组成部件的角度来看，车辆队列控制系统一般由核心控制器、执行机构控制模块、车车通信模块、本车定位模块、人机界面及相关的传感器模块组成，并且各组成模块安装在汽车的不同部位。其系统主要结构如图 7-2 所示。

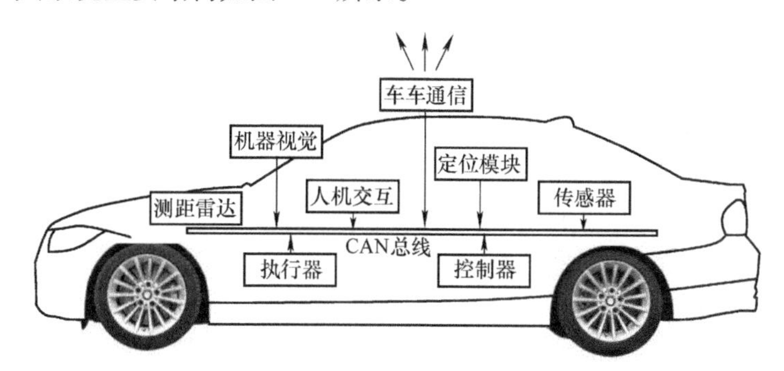

图 7-2　车辆队列控制系统主要结构

结构中各部分功能描述如下：

1）距离传感器　可以采用毫米波雷达传感器、激光间距传感器、中远距离雷达传感器及热辐射传感器等。

2）执行器　主要由直接参与车辆动力系统控制的模块所组成，包括节气门控制单元、制动控制单元及变速器控制单元。

3）车车通信模块　采用无线通信手段实现，如 Wi－Fi、ZigBee、RFID 或车载专用 DSRC 等。目前常用的无线通信方式如表 7-1 所示。

4）定位模块　采用 GPS、北斗模块等，主要用来获取车辆当前位置信息。

5）人机界面　通常包括车载终端、控制开关、显示屏、报警器及车载嵌入式操作系统。人机界面的主要功能是使驾驶人可以通以过显示器直观地看到控制系统是否工作稳定可靠，同时辅助驾驶人感知周围车辆和道路的相关环境信息。

表 7-1 目前常用的无线通信方式

名称	Wi-Fi	DSRC	ZigBee	RFID
传输速度	11～54Mb/s	1Mb/s	100Kb/s	1Kb/s
通信距离	20～200m	10～100m	200～2000m	1m
频段（直径）	2.4GHz	2.4GHz	2.4GHz	10.6Hz
安全性	低	高	中	高
国家标准	IEEE 802.11b/g	IEEE 802.15.1x	IEEE 802.15.4	ISO/IEC 18092
功耗	10～50mA	20mA	5mA	10mA
成本	高	中低	中	低
主要应用	无线网络，手持设备	汽车，工业	汽车，工业	读取数据和条形码

6）车身总线　组成车辆队列控制系统中的传感器和电子控制单元之间需要互相传递信息，主要采用整车 CAN 总线传输动力系统信息，以及 LIN 总线来传输车身系统信息。

7）机器视觉　主要用来识别道路标线、标志等交通环境信息。

虽然车辆安装了队列控制系统，但是驾驶人对车辆拥有最终的完全控制权，在车辆不参与队列行驶时可以按照驾驶人的意图行驶，保证车辆具有传统车辆的功能。

7.2 智能网联汽车编队行驶条件

在道路上行驶时，车辆队列需要满足基本的行驶安全条件。这些条件包括单台车辆的行驶安全性，如车距范围、车速范围、加速度范围等；整个车辆队列的安全性，如当车队中某一车辆的状态发生变化时，不会影响其他正常行驶的车辆，避免整个车队的状态发生骤变。

本章将对车辆队列行驶的安全性条件进行分析。

7.2.1 车辆行驶安全性条件

因协同控制的效果，车辆在队列行驶过程中可以保持较小的车距，但车距必须满足一定的安全车距范围要求。当车辆间的距离小于安全车距时，车辆队列存在安全隐患，这时控制系统会自动启动避撞控制功能，自动增加车距，避免碰撞事故发生。

图 7-3 所示为车辆队列中两车同向行驶时的安全车距示意图。图中，n 号车为后车，$n+1$ 号车为前车，两车同向行驶。通常情况下的车辆平均制动减速度应该为 3～4m/s^2，紧急情况下的最大制动减速度为 7.5～8.5m/s^2。因此，综合考虑驾驶人舒适性和车辆制动能力[7]，除特殊情况外，制动减速度不应该超过 8.5m/s^2。

n 号车在 t 时刻初速度为 $v_n(t)$，定义 $S_{\min}$ 为按照最大制动减速度停车后的制动距离，计算公式如下：

$$S_{\min}=\frac{{v_n}^2(t)}{2\left|a_{-\max}\right|} \tag{7-2}$$

在行驶过程中当车辆队列速度不存在骤变时，为简化模型，可以假设制动距离 $S_{\min}$ 为常数。

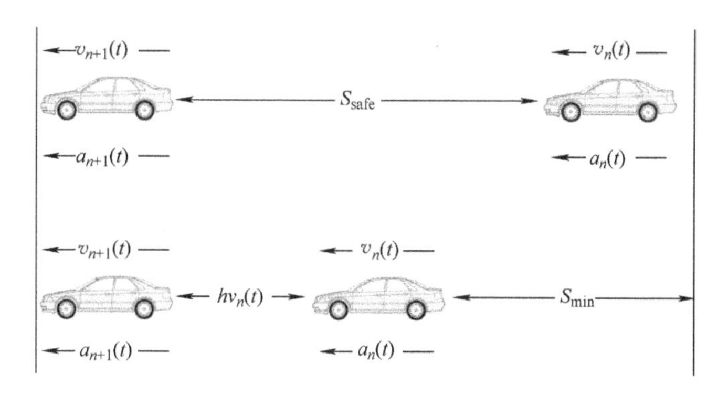

图 7-3 车辆队列中两车同向行驶时的安全车距示意图

n 号车至少需要与前车保持车距 $hv_n(t)$[8]，以保证当 $n+1$ 号车突然停车时，n 号车按最大制动减速度来制动可保证不发生追尾。h 表示固定车间时距，在 t 时刻，n 号车的安全车距定义为 $S_{\text{safe}}(t)$，计算公式如下：

$$S_{\text{safe}}(t)=hv_n(t)+S_{\min} \tag{7-3}$$

如图 7-3 所示，n 和 $n+1$ 号车实际车距 S_n 可以按如下公式计算：

$$S_n(t)=x_{n+1}(t)-x_n(t)-l \tag{7-4}$$

式中，l 为车辆长度；$x_n(t)$ 和 $x_{n+1}(t)$ 分别为 n 和 $n+1$ 号车的位置。

第 i 辆车的理想车距差值 $\delta_n(t)$ 定义为

$$\begin{aligned}\delta_n(t)&=S_n(t)-S_{\text{safe}}(t)\\&=S_n(t)-hv_n(t)-S_{\min}\end{aligned} \tag{7-5}$$

所以，要保证车辆队列按最小车距行驶的同时又要保证避免发生碰撞事故，车辆队列协同避撞控制模型的控制目标是 $\delta_n(t)\to 0$。即，理想车距差值等于零。这是最理想车距的控制效果。

7.2.2 车辆队列稳定性条件

车辆队列除了需要满足安全车距条件外，作为一个整体，车辆队列同时也需要保持整体的稳定性。满足车辆队列的稳定性是队列行驶的基本条件[9]。

1974 年，Kai－ching Chu 最早将车辆队列稳定性这个术语引入到车队控制研究中[10]；1994 年，DVAHG Swaroop 对车辆队列稳定性做了准确定义，即车辆队列行驶下车辆单体的速度变化或控制系统扰动不会造成向后邻近车辆的速度和理想车距差值沿队列行驶方向的繁衍和放大，并且随着车辆队列长度增加，扰动会逐渐减弱最终趋近于零，从而不会引起交通安全隐患[11]。队列稳定性是体现车辆队列控制性能的一个显著参数。在不同的研究领域，研究车辆队列控制稳定性的方法是有区别的。按照队列中车辆数目不同，分为个体稳定性和整体稳定性[12]。

在对车辆队列稳定性进行分析之前，首先假设车辆队列控制系统的所有车辆初始状态是一致的。基于相邻前后两车的理想车距差值建立传递函数，求出车辆队列稳定性条件。具体定义为当相邻两车的理想车距差值传递函数 G_∞ 的范数小于或者等于 1 时，则当前系统稳定[13]。

如图 7-4 所示，从队尾 0 号车开始顺序编号，定义车辆队列中 n 号车与其前车 $n+1$ 号车的理想车距差值的传递函数为

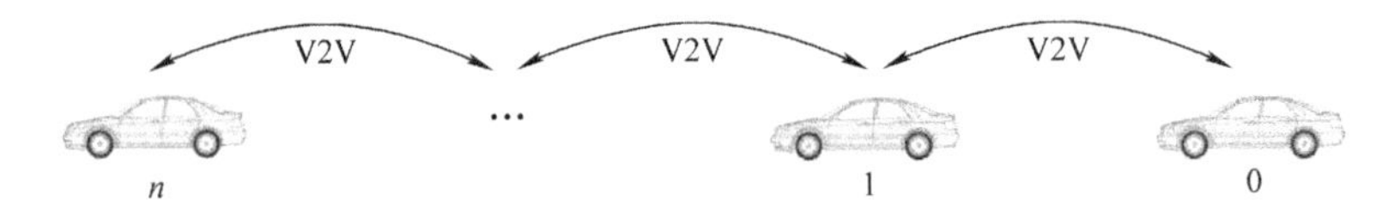

图 7-4　车辆队列编号示意图

$$G_n(s)=\frac{\delta_n(s)}{\delta_{n+1}(s)}\quad (n=1,2,3,\cdots) \tag{7-6}$$

要满足车队稳定性条件，需要满足该传递函数 $G_n(s)$ 的范数小于或者等于 1，即

$$\| G_n(s) \|_\infty \leqslant 1 \tag{7-7}$$

即理想车距差值满足条件：

$$\| \delta_n(s) \|_\infty \leqslant \| \delta_{n+1}(s) \|_\infty \quad (n=1,2,3,\cdots) \tag{7-8}$$

或者

$$\| g_n(t) \| \leqslant 1 \quad (n=1,2,3,\cdots) \tag{7-9}$$

式中，$g_n(t)$ 为传递函数 $G_n(s)$ 的时间函数或冲击响应。由车辆队列稳定性条件可知，如果满足 $\| G_n(s) \| \leqslant 1$，那么初始条件为

$$\| G_n(0) \| \leqslant 1 \tag{7-10}$$

这就表示 $\left| \int_0^\infty g_n(\tau)\mathrm{d}\tau \right| \leqslant 1$。由于 $g_n(t)$ 不会改变符号，则有

$$\int_0^\infty |g_n(\tau)|\mathrm{d}\tau \leqslant 1 \text{ 或 } \| g_n(t) \| \leqslant 1 \tag{7-11}$$

这说明，如果车辆队列中某辆车的速度发生微小变化，后续车辆的速度和理想车距差值不会沿着队列行驶方向增大而逐渐减小。这种衰减效果会随着时间变化而增强，最终使得变化趋近于零，即单个车辆的状态变化不会造成车辆队列的不稳定。

7.3　智能网联汽车编队控制技术

本章的研究对象是 n 辆在高速公路同向行驶的车辆组成的队列，从队尾车辆开始编号为 0，如图 7-5 所示。

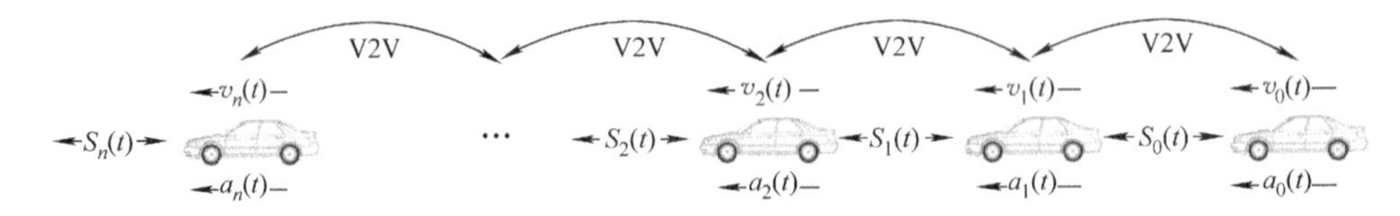

图 7-5　n 辆车的车辆队列示意图

车辆队列同向行驶，通过车车通信来完成控制系统的信息获取。本章主要涉及的状态参数有车速、加速度、车距，并假设无线通信正常，通信不存在延迟。

7.3.1 智能网联汽车编队控制数学模型

在车辆队列纵向行驶过程中，最理想的控制效果是所有车辆保持最小化、稳定不变的车距同向行驶。而在实际行驶过程中，随着车辆运行状态的不断变化，车距需要做相应的变化调整，才能满足车辆队列行驶安全性要求，车距调整主要根据车辆行驶速度的变化来决定。由经验可知，随着车辆行驶速度提高，保证车辆行驶安全所需的车距也应该增大；当车辆行驶速度降低时，车距保持在较小的范围也可以保证车辆行驶安全，此时队列中的车辆可以较为紧凑地行驶。所以在建立车辆队列协同控制模型时，需要综合考虑当前车速和车距的要求，并要判断当前的期望加速度是否在合理的范围内并且没有与其他车辆碰撞的隐患。本节建立的控制模型核心就是要计算当前状态下的临界期望加速度值。

滑模控制是一种非线性鲁棒控制方法，全称为具有滑动模态的变结构控制[14]。这是以经典数学控制理论为基础的一种控制方法。该控制方法具有很强的适应性，能增强对系统不确定性和外部扰动的抗干扰能力。滑模控制结构在不同的控制区域内，根据系统当前状态变化率和差值，通过开关方式切换控制量的符号和大小，在很小领域内控制系统的结构沿切换线变化。进入切换线后系统的结构不受任何扰动影响，因此滑模控制结构具有很强的鲁棒性，非常适用于类似车辆动力系统的复杂的运动控制系统[15]。针对本章给出的车辆队列协同控制结构，下面介绍建立滑模控制模型的主要步骤。

（1）选取滑模切换函数

基于滑模控制理论建立控制模型，首先要选取滑模切换函数。定义非线性系统函数为

$$\dot{z}=f(z,u,t) \tag{7-12}$$

式中，z 和 u 分别为控制系统的状态向量，分别定义 $z\in R^n$，$u\in R^m$。根据状态空间表达式定义切换函数为

$$Y(z,t)=Y(z_1,z_2,z_3,\cdots,z_n,t)=0 \tag{7-13}$$

控制量 $u=u(z,t)$ 按照下列逻辑在切换面 $Y(z,t)=0$ 上进行切换：

$$u_i(z,t)=\begin{cases}u_i^+(z,t) & 当\ Y_i(z,t)>0\\ u_i^-(z,t) & 当\ Y_i(z,t)<0\end{cases}\qquad i=1,\cdots,m \tag{7-14}$$

式中，i 和 m 为正整数；$u_i(z,t)$ 和 $Y_i(z,t)$ 分别为 $u(z,t)$ 和 $Y(z,t)$ 的第 i 个分量。$u_i^+(z,t)$、$u_i^-(z,t)$、$Y_i(z,t)$ 均为连续函数，通常其维数与控制向量相等，称 $Y(z,t)$ 为滑模切换函数[16]。

通常定义控制系统需首先确定滑模切换函数，即

$$Y(z,t)\qquad Y\in R^m \tag{7-15}$$

求解控制函数

$$u_i(z,t)=\begin{cases}u_i^+(z,t) & 当\ Y_i(z,t)>0\\ u_i^-(z,t) & 当\ Y_i(z,t)<0\end{cases} \tag{7-16}$$

式中，$u^+(z)\neq u^-(z)$。

参考滑模控制设计规则[17]，为保证车辆队列始终大于安全车距行驶，定义期望加速度值的滑模切换函数如下：

$$Y=\delta_n(t)+\dot{S}_n(t) \tag{7-17}$$

当 $Y \to 0$，因为 $\delta_n(t) \geqslant 0$ 就有 $\delta_n(t) \to 0$ 和 $\dot{S}_n(t) \to 0$，即 n 号车的理想车距差值 $\delta_n(t)$ 和相对速度 $\dot{S}_n(t)$ 趋近于零。

将理想车距差值计算公式式（7-5）代入式（7-17），可以得出

$$Y = \delta_n(t) + \dot{S}_n(t) = \dot{S}_n(t) + S_n(t) - hv_n(t) - S_{\min} \tag{7-18}$$

此时，滑模切换函数 Y 逐渐趋近于 0。

（2）选择趋近律

选取滑模控制切换函数后，需要对趋近律进行选择[18]。趋近律用来保证滑模切换运动的品质，能够反映滑模切换函数是否可以快速高效地满足切换面的到达条件，具体主要有以下 4 种趋近方式：

1）等速趋近律，即

$$\dot{Y} = -\varepsilon \operatorname{sgn} Y \quad \varepsilon > 0 \tag{7-19}$$

式中，ε 为趋近速度。ε 值较小时，控制调节过程慢；ε 值较大时，以较快地控制调节速度达到切换面，此时系统响应快但容易引起较大抖动。对于实时性要求高的控制系统，最适宜用这类最简单的等速趋近规律来实现。

2）指数趋近律，即

$$\dot{Y} = -\varepsilon \operatorname{sgn} Y - kY \quad \varepsilon > 0,\ k > 0 \tag{7-20}$$

由此函数求解得

$$Y(t) = -\frac{\varepsilon}{k} + \left(Y_0 + \frac{\varepsilon}{k}\right)\mathrm{e}^{-kt} \tag{7-21}$$

指数趋近律作用下控制调节速度较快，但容易受到外界干扰的影响。并且，可以通过减小 $Y(z)=0$ 时的速度 $\dot{Y} = -\varepsilon$ 来达到减小抖动的目的。

3）幂次趋近律，即

$$\dot{Y} = -k\,|Y|^a \operatorname{sgn} Y \quad k > 0,\ 1 > a > 0 \tag{7-22}$$

s 由 s_0 逐渐减小到零，到达时间为

$$t = s_0^{1-a}/(1-a)k \tag{7-23}$$

4）一般趋近律，即

$$\dot{Y} = -\varepsilon \operatorname{sgn} Y - f(Y) \quad \varepsilon > 0 \begin{cases} f(0) = 0 \\ f(Y) > 0 \end{cases} \text{当 } Y \neq 0 \tag{7-24}$$

当 s 和函数 $f(s)$ 取不同的值时，可以得到以上各种趋近律。对于以上的趋近律，$Y = [Y_1, \cdots, Y_m]^{\mathrm{T}}$，对角阵 $\varepsilon = \operatorname{diag}[\varepsilon_1, \cdots, \varepsilon_m]^{\mathrm{T}}$，$\operatorname{sgn} Y = [\operatorname{sgn} Y_1, \cdots, \operatorname{sgn} Y_m]^{\mathrm{T}}$，对角阵 $k = \operatorname{diag}[k_1, \cdots, k_m]^{\mathrm{T}}$ 且 $k_i > 0$。$f(Y)$ 为向量函数，如下式所示：

$$f(Y) = [f_1(Y_1), \cdots, f_m(Y_m)]^{\mathrm{T}} \tag{7-25}$$

$$|Y|^a \operatorname{sgn} Y = [\,|Y_1|^a \operatorname{sgn} Y_1, \cdots, |Y_m|^a \operatorname{sgn} Y_m] \tag{7-26}$$

综上所述，滑模控制的优势在于可以定义变量空间内的趋近过程。通过改变 ε_i 和 k_i 的值，来设计在空间内的任意趋近过程，从而改变状态空间内的控制模型运动轨迹。趋近过程中内部运动轨迹不会改变系统对外部的影响[19]。

根据本章给出特性选择的等速趋近方法为

$$\dot{Y} = -K \cdot \operatorname{sgn}(Y) \qquad K > 0 \tag{7-27}$$

可以得到滑模控制方程为

$$\dot{Y} = -\lambda Y \tag{7-28}$$

当满足上式时，$Y \to 0$，就有滑模面$\delta_n(t)+\dot{S}_n(t) \to 0$。式（7-28）中的$\lambda>0$，表示控制器参数。

将式（7-18）代入 $\dot{Y}=-\lambda Y$，计算结果如下：

$$\dot{\delta}_n(t)+\ddot{S}_n(t)+\lambda(\delta_n(t)+\dot{S}_n(t))=0 \tag{7-29}$$

将理想车距差值式（7-5）及相对速度$\dot{S}_n(t)=v_n-v_{n+1}$代入上式，可以化简为

$$\dot{S}_n(t)-h\dot{v}_n(t)-\dot{v}_n(t)+\dot{v}_{n+1}(t)+\lambda(\delta_n(t)+\dot{S}_n(t))=0 \tag{7-30}$$

保证安全车距行驶下，理想的加速度计算模型为

$$a_{n,\mathrm{des}}(t)=\frac{1}{h+1}\{\dot{S}_n(t)(1+\lambda)+\dot{v}_{n+1}(t)+\lambda\delta_n(t)\} \tag{7-31}$$

（3）滑模控制系统李雅普诺夫（Lyapunov）稳定性[20]分析

计算出基于滑模控制的理想加速度模型后，需要确定其滑模切换函数的到达条件和存在条件[21]。由于滑模变结构控制策略的多样性，定义滑模切换函数存在时表达式为

$$\lim_{z\to 0^+}\dot{Y}\leqslant 0 \quad \lim_{z\to 0^-}\dot{Y}\geqslant 0 \tag{7-32}$$

上式表示运动轨迹在切换面邻域内，可以在一定时间内到达切换面，也称这种到达条件为局部到达条件，其等价形式表示为

$$Y\cdot\dot{Y}<0 \tag{7-33}$$

式中的切换函数$Y(z)$应同时满足函数可微和经过原点$Y(0)=0$两个条件。

因为以上函数变量z可以在切换面邻域内任意取值，所以到达条件式（7-33）为全局到达条件。但是考虑控制系统实时响应时间，避免趋近速度过慢，限制式（7-33）的范围为

$$Y\cdot\dot{Y}<-\xi \tag{7-34}$$

式中，$\xi>0$，可以根据需求设定ξ的极小值。

通常用李雅普诺夫函数表示以上到达条件：

$$\dot{V}(z)<0 \quad V(z)=\frac{1}{2}Y^2 \tag{7-35}$$

定义$V(z)$为滑模控制系统的李雅普诺夫函数。

根据本章参考文献［14］的定义，选取李雅普诺夫函数，判断控制器稳定性[22]：

$$V=\frac{1}{2}Y^2 \tag{7-36}$$

将式（7-28）代入，证明控制系统是否在稳定范围内：

$$\begin{aligned}\dot{V}&=Y\dot{Y}\\&=-\lambda(\delta_n(t)+\dot{S}_n(t))(\dot{\delta}_n(t)+\ddot{S}_n(t))\\&=-\lambda(\delta_n(t)+\dot{S}_n(t))^2<0\end{aligned} \tag{7-37}$$

由此可证明当滑模控制器参数$\lambda>0$时，本节建立的滑模控制模型满足李雅普诺夫控制系统稳定性要求。

7.3.2 智能网联汽车队列稳定性分析

上节给出的车辆队列协同控制模型是在前后车的状态基础上建立的，当多车辆作为队列行驶时，前后两车保持安全车距不一定能保证整个车队的安全性，因为除去前后车其他车辆

的行驶状态改变仍可能引发安全事故，因此需要将队列稳定性作为考虑因素来进行分析。

由 7.1 节的安全性条件可知，车队稳定性是指车队中某一车辆的速度发生变化引起的理想车距差值在向后方车辆传播的过程中是否会被放大，是否会引起车辆队列不按设定的车距行驶。

由 7.1 节可知，若车辆队列行驶中满足稳定性条件，需要车队控制系统中第 n 辆车和第 $n-1$辆车的理想车距差值的传递函数 $G_n(s)$满足范数小于等于1 的条件，即 $\|G_n(s)\|_\infty \leqslant 1$。

由以上定义可知，若某相邻两车之间的理想车距差值在向后方车辆传播的过程中逐渐减小并趋于零，则车辆队列控制系统是稳定的，否则是不稳定的。理想车距差值向后传播的增减情况可由车辆队列协同控制系统中理想车距差值的传递函数来判断，具体计算过程如下。

如图 7-5 所示，第 $n-1$ 辆车与第 n 辆车之间的理想车距差值为

$$\delta_{n-1}(t) = S_{n-1}(t) - S_{\text{safe}}(t) \tag{7-38}$$

同理，第 n 辆车与第 $n+1$ 辆车之间的理想车距差值为

$$\delta_n(t) = S_n(t) - S_{\text{safe}}(t) \tag{7-39}$$

车辆队列中第 n 辆车到第 $n+1$ 辆车理想车距差值的传播关系为

$$G_n(s) = \frac{\delta_n}{\delta_{n+1}} \tag{7-40}$$

由车辆队列稳定性的定义可知，需要满足以下条件：

$$\|G_n(s)\|_\infty \leqslant 1 \tag{7-41}$$

为计算 $G_n(s)$，首先联合前后两车的期望加速度方程：

$$\begin{cases} a_{n,\text{des}}(t) = \dfrac{1}{h+1}\{\dot{S}_n(t)(1+\lambda) + \dot{v}_{n+1}(t) + \lambda\delta_n(t)\} \\ a_{n+1,\text{des}}(t) = \dfrac{1}{h+1}\{\dot{S}_{n+1}(t)(1+\lambda) + \dot{v}_{n+2}(t) + \lambda\delta_{n+1}(t)\} \end{cases} \tag{7-42}$$

以上两式相减，变换后可得

$$(1+h)\ddot{\delta}_n(t) + (1+(1+h)\lambda)\dot{\delta}_n(t) + \lambda\delta_n(t) = \ddot{\delta}_{n+1}(t) + (1+\lambda)\dot{\delta}_{n+1}(t) + \lambda\delta_{n+1}(t) \tag{7-43}$$

对上式进行拉普拉斯（Laplace）变换可得

$$G_n(s) = \frac{\delta_n}{\delta_{n+1}} = \frac{s^2 + (1+\lambda)s + \lambda}{(h+1)s^2 + (1+(1+h)\lambda)s + \lambda} \tag{7-44}$$

由车辆队列稳定性原理可知，$\|G_i(s)\|_\infty$ 的值可以判别车队的稳定性。车辆队列稳定性是指车队中各理想车距差值和速度随着车队的向后延伸而不增加。也就是说，连续两车的理想车距差值动态模型的模要小于 1，即 $|G(\text{j}w)|$要小于 1($s=\text{j}w$)。

当 $|G(\text{j}w)|<1$ 时，需要确定满足不等式成立的控制器参数 λ 范围，

$$G_n(s) = \left|\frac{-w^2 + \text{j}(1+\lambda)w + \lambda}{-(h+1)w^2 + \text{j}(1+(1+h)\lambda)w + \lambda}\right| \leqslant 1 \tag{7-45}$$

简化后可得

$$h^2w^4 - 2h\lambda w^4 + 2hw^4 + w^2(h^2\lambda^2 + 2h\lambda + 2h\lambda^2) > 0 \tag{7-46}$$

即需要满足下式成立：

$$(h^2+2h)(w^2+\lambda^2)>0 \tag{7-47}$$

由上式可知，h 为驾驶人反应时间，故 $h>0$。所以当控制器参数满足 $\lambda>0$ 时，队列稳定性判断准则 $|G(jw)|<1$ 对任何 $w>0$ 都成立，即车辆队列稳定性可以保持。

7.4 智能网联汽车编队控制模型仿真

本节将对 3 辆车组成的车辆队列进行高速极限工况仿真验证。分别输入两组头车信号，输入信号与本书第 6 章中加速度输入相同，分别为阶跃紧急减速输入和正弦变化输入。将车车通信模式下的协同避撞模型和普通环境中的传统避撞模型进行实验对比，仿真环境的参数设置如表 7-2 所示。CarSim 软件多车仿真界面如图 7-6 所示。

表 7-2 仿真环境的参数配置

仿真参数名	数值
初始车间时距 h	0.2s
头车初速度 v	0m/s
初始车距 $S_{\min}$	10m
滑模控制器参数 λ	0.1

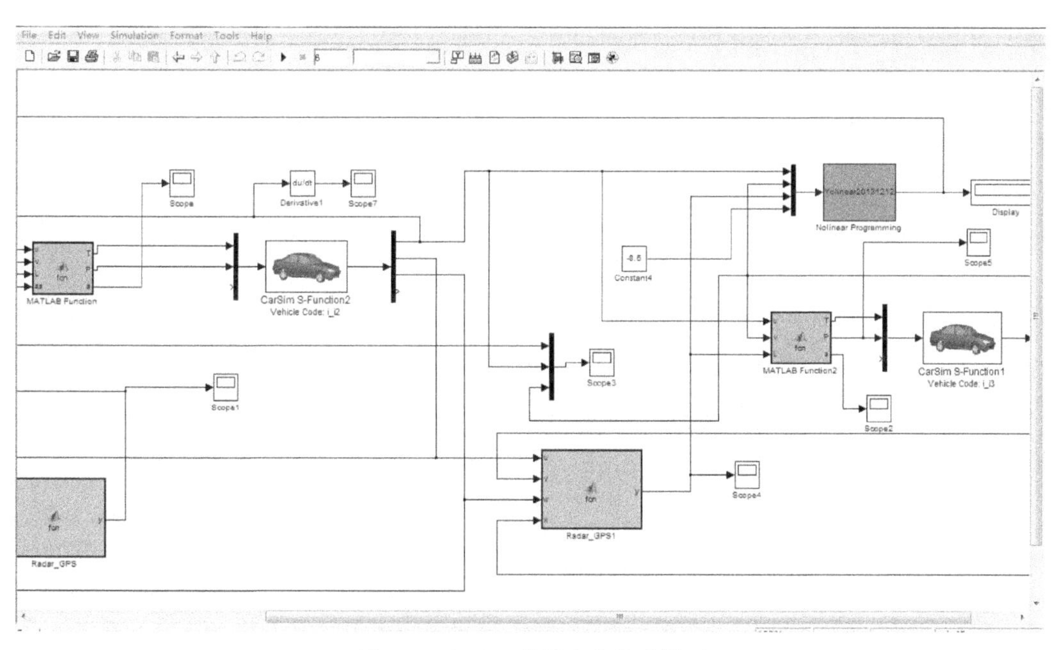

图 7-6 CarSim 软件多车仿真界面

7.4.1 阶跃紧急减速输入仿真效果

在 CarSim 仿真软件中设定 3 辆车组成队列，头车首先从初速度零开始做匀加速运动，然后以最大的 $-6\mathrm{m/s^2}$ 做紧急减速制动，采集 3 辆车的速度、加速度（制动减速度）和理想车距差值随时间变化值作为仿真结果，得出普通环境中的传统避撞模型和车车通信模式下的协同避撞模型的仿真结果曲线，如图 7-7 ~ 图 7-9 所示。

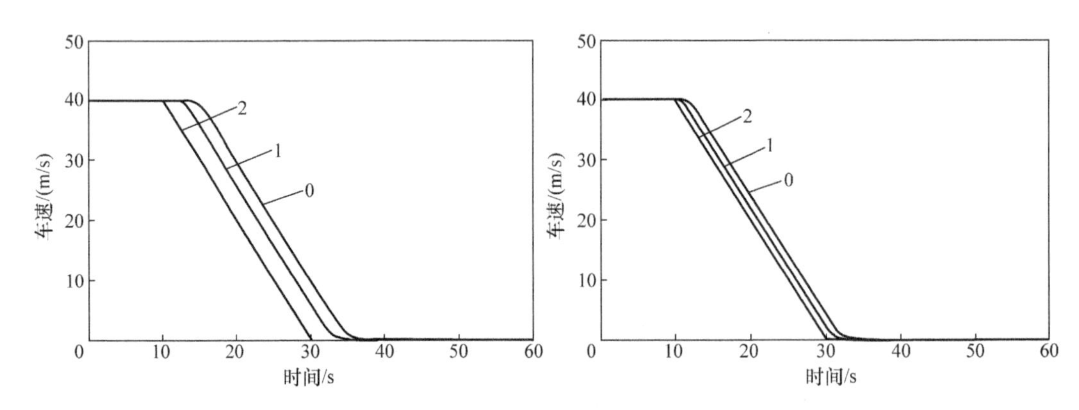

图 7-7 阶跃紧急减速输入时传统控制和协同控制的车速曲线

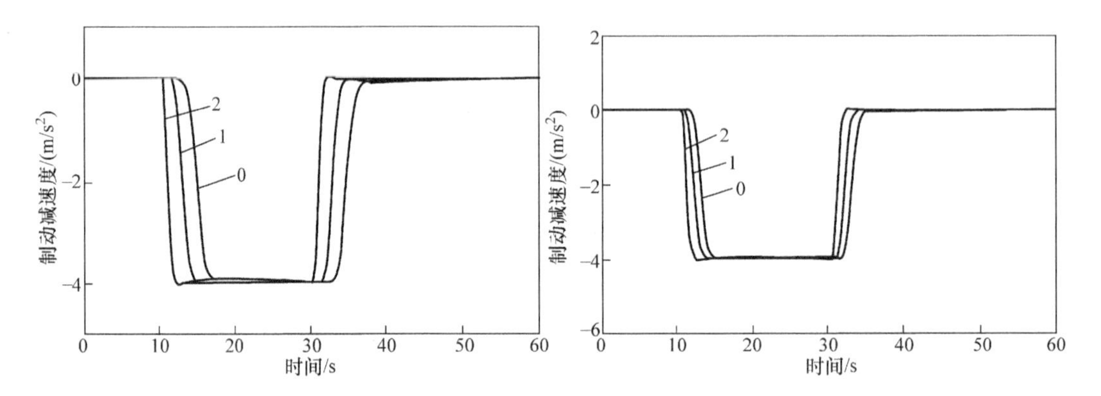

图 7-8 阶跃紧急减速输入时传统控制和协同控制的制动减速度曲线

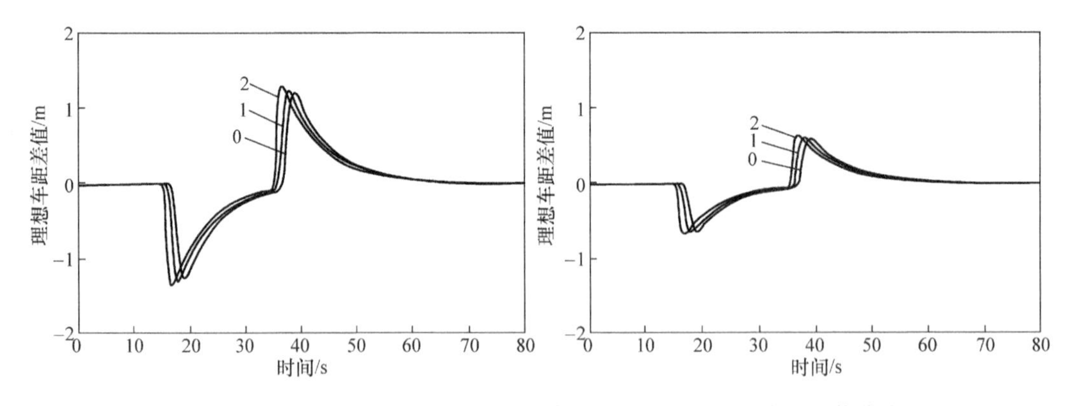

图 7-9 阶跃紧急减速输入时传统控制和协同控制的理想车距差值曲线

如图 7-7 ~ 图 7-9 所示，普通环境中的传统避撞模型和车车通信模式下的协同避撞模型的控制效果存在相同点：当头车紧急制动时，3 辆车的车速均从 40m/s 减到零；3 辆车的前后顺序不变，均没有发生追尾事故；加速度均从 0 迅速减到 $-4\mathrm{m/s^2}$。这些相同点说明协同避撞控制模型可以达到与传统避撞控制模型同样的效果。两种模型的不同点：两车的理想车距差值不同，传统避撞控制模型虽然也实现了多车避撞控制，但是理想车距差值变化较大，

存在潜在的安全隐患；传统避撞控制模型的车速和加速度跟随曲线与协同避撞控制模型相比均存在较大的滞后。

车车通信模式下的协同避撞控制模型能够控制理想车距差值为 -1 ~1m，并且前后车速度和加速度的跟随时间均为1s左右，能够比传统避撞控制模型起到实时性更强的避撞控制效果，更有益于保证车辆队列行驶安全性。

7.4.2 正弦加速度输入仿真效果

在CarSim仿真软件中给3辆车组成的队列的头车输入正弦加速度信号，车辆加速度在0 ~4m/s²范围呈正弦变化，即输入一个急加速和急减速的过程，验证车辆在传统控制和协同控制模型下的运行效果，采集车辆队列的车速、加速度和理想车距差值随时间的变化值得出仿真结果曲线，如图7-10 ~图7-12所示。

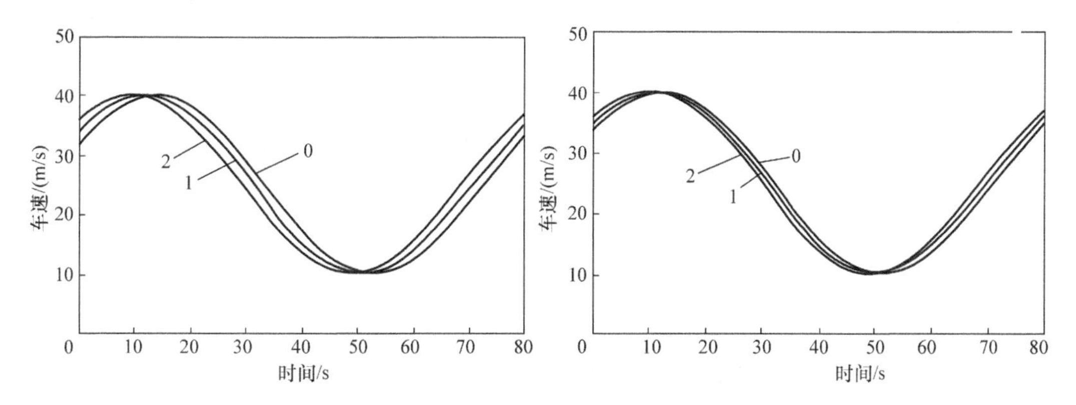

图7-10 正弦加速度输入时传统控制和协同控制的速度曲线

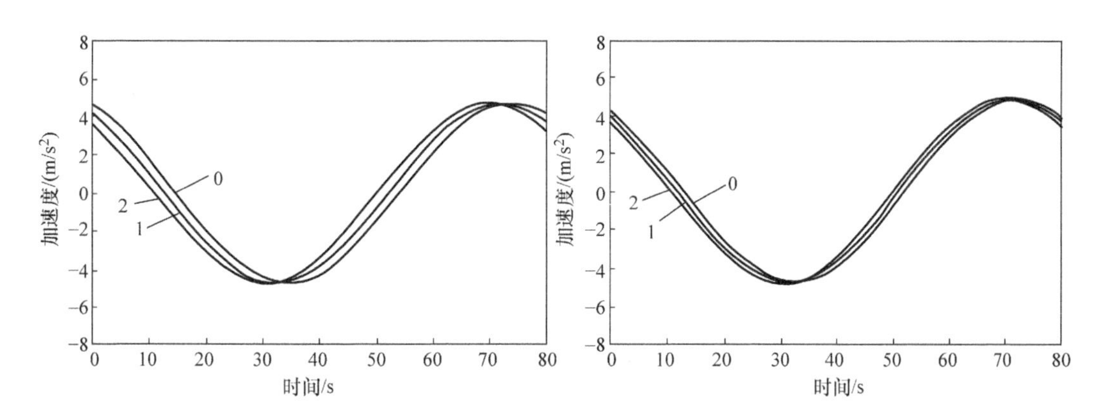

图7-11 正弦加速度输入时传统控制和协同控制的加速度曲线

从仿真结果中可以看出，当对头车输入正弦加速度时，3辆车在10 ~40m/s范围高速行驶，加速度也在 -4 ~4m/s²正弦变化。传统控制和协同控制模型均达到了车速控制的效果，并且没有安全事故发生。但是，与阶跃紧急减速输入时类似，两车的理想车距差值不同，传统控制模型虽然也实现了稳定车速跟随，但是理想车距差值变化最大值为3m，说明存在潜在的安全隐患。同时，传统控制模型的车速和加速度跟随曲线相对于车车通信下的协同控制模型均存在较大的滞后。

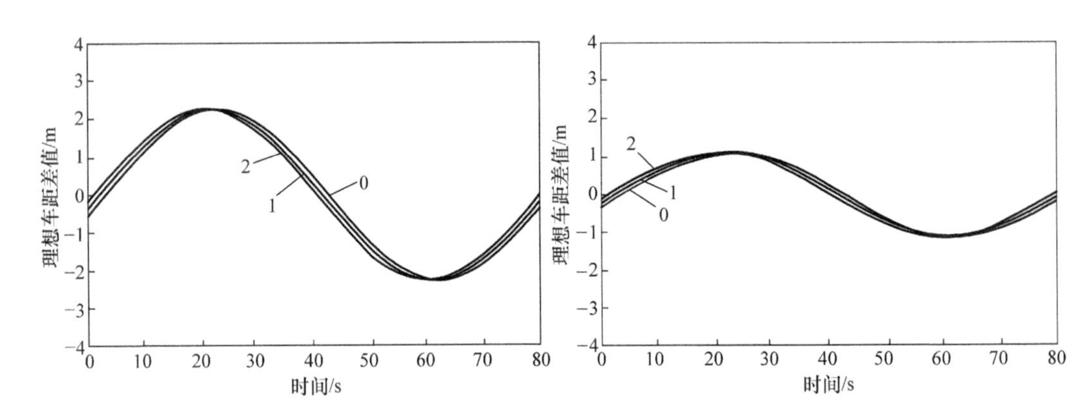

图 7-12　正弦加速度输入时传统控制和协同控制的理想车距差值曲线

车车通信模式下的协同控制模型能够控制理想车距差值为 -1 ~ 1m，并且前后车速度和加速度的跟随滞后时间均为 1s 左右，能够比传统控制模型起到实时性更强的跟随控制效果，更有益于保证车辆队列行驶安全性。

运行 CarSim 软件的 3D 实际场景模拟，可以看到 3 辆车组成的队列在公路上行驶时的 3D 仿真效果，如图 7-13 所示。

图 7-13　3 辆车组成的队列在公路上行驶时的 3D 仿真效果图

参 考 文 献

[1] 马育林. 车队协同驾驶分散变结构建模、仿真与控制研究 [D]. 武汉：武汉理工大学，2012.

[2] 徐友春，刘亚豪，刘洪泉，等. 车辆队列行驶系统总体设计 [C]. 中国农业机械学会 2008 年学术年会论文集. 北京：中国农业机械学会，2008：350 - 352.

[3] Olfati - Saber R，Fax J A，Murray R M. Consensus and cooperation in networked multi - agent systems [J]. Proceedings of the IEEE，2007，95 (1)：215 - 233.

[4] Bertsekas D P，Tsitsiklis J N. Parallel and distributed computation：numerical methods [M]. Upper Saddle River，Prentice - Hall，1989.

[5] Swaroop D. String stability of interconnected systems：An application to platooning in automated highway systems

[J]. California Partners for Advanced Transit and Highways (PATH), 1997.

[6] Swaroop D, Hedrick J K, Chien C C, et al. A Comparision of Spacing and Headway Control Laws for Automatically Controlled Vehicles1 [J]. Vehicle System Dynamics. 1994, 23 (1): 597 - 625.

[7] Frese C, Beyerer J. A comparison of motion planning algorithms for cooperative collision avoidance of multiple cognitive automobiles [C]. IEEE, 2011.

[8] Kim D, Park K, Bien Z. Hierarchical longitudinal controller for rear - end collision avoidance [J]. Industrial Electronics, IEEE Transactions on, 2007, 54 (2): 805 - 817.

[9] 施继忠. 随机车辆纵向跟随系统的稳定性分析与控制 [D]. 成都: 西南交通大学, 2012.

[10] Chu K. Decentralized control of high - speed vehicular strings [J]. Transportation Science, 1974, 8 (4): 361 - 384.

[11] Swaroop D. String stability of interconnected systems: An application to platooning in automated highway systems [D]. California: University of California, Berkeley, 1994.

[12] Teo R, Stipanovic D M, Tomlin C J. Decentralized spacing control of a string of multiple vehicles over lossy datalinks [J]. Control Systems Technology, IEEE Transactions on, 2010, 18 (2): 469 - 473.

[13] Ioannou P A, Chien C. Autonomous intelligent cruise control [J]. Vehicular Technology, IEEE Transactions on, 1993, 42 (4): 657 - 672.

[14] 刘金琨. 滑模变结构控制 MATLAB 仿真 [M]. 北京: 清华大学出版社, 2005.

[15] 李升波, 李克强, 王建强, 等. 非奇异快速的终端滑模控制方法及其跟车控制应用 [J], 控制理论与应用, 2010, 27 (5): 543 - 550.

[16] 孔祥梅. 滑模预测控制研究 [D]. 北京: 北京化工大学, 2007.

[17] 王庞伟, 余贵珍, 王云鹏, 等. 基于滑模控制的车车协同主动避撞算法 [J]. 北京航空航天大学学报, 2014, 2: 23.

[18] 徐明法. 基于最优滑模控制理论的车辆稳定性控制策略研究 [D]. 吉林: 吉林大学, 2011.

[19] 庞迪. 基于变结构滑模控制理论的汽车操纵稳定性控制策略研究 [D]. 重庆: 重庆大学, 2005.

[20] 徐晓惠. 基于矢量 Lyapunov 函数法的复杂系统的稳定性分析 [D]. 成都: 西南交通大学, 2012.

[21] 任殿波, 张京明, 崔胜民, 等. 基于向量 Lyapunov 函数方法的顾前顾后型车辆跟随控制 [J]. 中南大学学报 (自然科学版), 2010, 41 (6): 2196.

[22] 张为, 丁能根, 王健, 等. 汽车 DYC 滑模控制器设计及系统稳定性分析 [J]. 北京航空航天大学学报, 2010 (11): 1353 - 1357.

第8章

智能网联汽车编队切换控制技术

建立基于车车通信的车辆协同控制模型的前提是，通信正常、车辆之间行驶状态信息交互及时，但没有考虑通信系统的信号延迟或失效的情况。但是，在实际通信环境中，所有信号传输都会存在一定的数据延迟或失效，导致控制模型的计算结果和实际控制系统的执行效果存在差值。因此，出于对实际情况的考虑，本章分析了车车通信延迟或失效对车辆队列稳定性的影响，并建立了通信系统存在信号延迟甚至是失效时控制模型的调整方法。

8.1 通信异常对智能网联车队控制影响及模型策略调整

8.1.1 通信延迟的影响及模型策略调整

在车车通信系统中，由于无线网络存在延迟、异常、中断的情况，导致车辆状态信息的获取存在延迟，控制系统不能实时做出有效的控制响应，而是在一定时间之后才能够响应，此时间为延迟时间；在车辆控制系统中，由于机械传动部件所限发动机的实际输出转矩不能立即达到理想转矩，而是在一定时间之后才能够达到[1]，此时间为滞后时间。各种不同的延迟值和滞后值对控制效果具有累积影响[2]。通信系统中滞后与延迟的关系如图8-1所示。

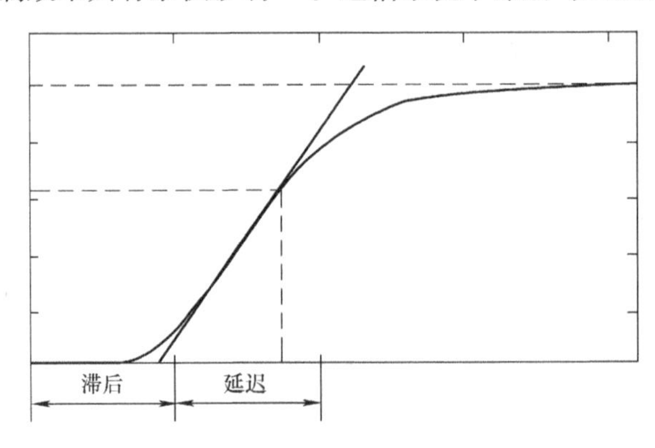

图8-1 通信系统中滞后与延迟的关系

由于通信系统、传感器及执行器存在延迟和滞后，控制器的信息不可能立即得到执行，同样执行后的信息也不可能立即反馈回控制器。这里用符号 τ 来代表控制系统存在的滞后值，用 Δ 表示通信延迟值，以便具体分析通信延迟对于车辆队列协同控制的影响。

加速工况时为

$$\tau_n\ (\dot{T}_{\text{net}})_n + (T_{\text{net}})_n = (T_{\text{net}})_n \tag{8-1}$$

减速工况时为

$$\tau_n(\dot{T}_{br})_n + (T_{br})_n = (T_{br})_n \tag{8-2}$$

由于通信系统存在延迟，导致车辆队列系统获得的信息并不是实时信息，而是一定时间之前的信息。因此，控制器执行的期望加速度 $a_n(t)$ 要表示为 $a_n(t-\Delta)$ [3]，因此得出本章的加速度延迟方程为

$$\tau_n \dot{a}_n(t) + a_n(t) = a_n(t-\Delta_n) \tag{8-3}$$

8.1.2 通信失效的影响及模型调整策略

通信失效，是通信延迟至无穷大的一个特殊情况。队列中行驶的车辆需要提前判断前方车辆是否发生了通信失效，然后调整控制模型参数，跳过失效车辆与前方车辆进行通信；通信失效车辆判断自己处于无网络状态时，控制系统切换到定距跟车，保证车距不发生变化，与前车作为一体进行控制，不影响车辆队列整体安全性。其控制模型切换策略如图 8-2 所示。

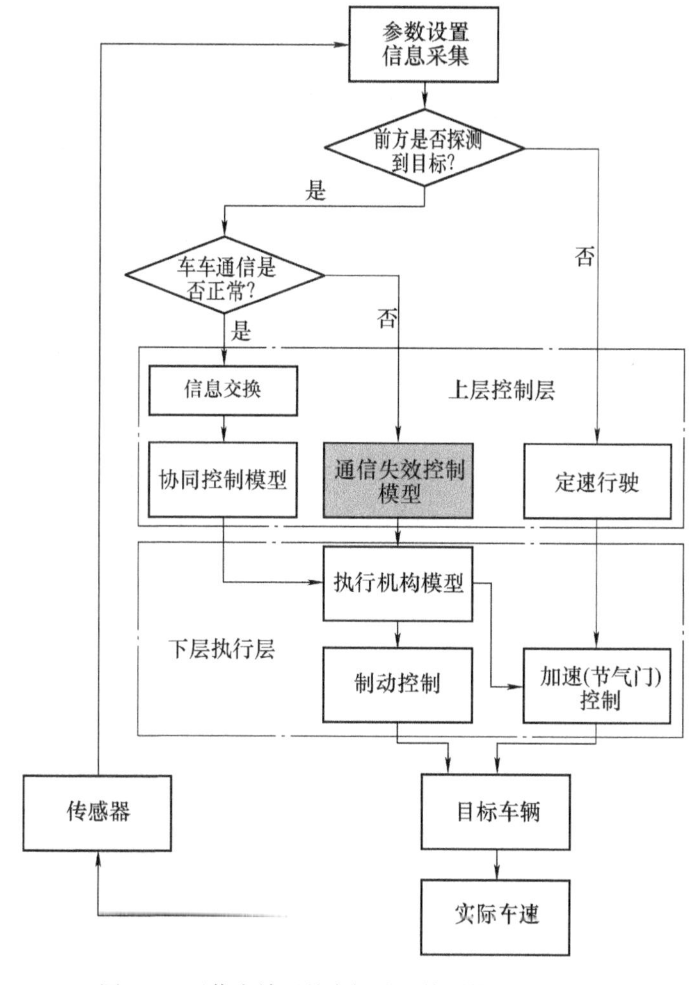

图 8-2　通信失效下的车辆队列控制模型切换策略

8.2 考虑通信时延的智能网联汽车编队切换控制模型

8.2.1 存在通信时延时智能网联汽车编队切换控制模型

首先，假设由 n 辆车所组成的车辆队列中领队车辆根据一定的运行轨迹进行运动，而跟随车辆则跟随前车进行运动，如图 8-3 所示。

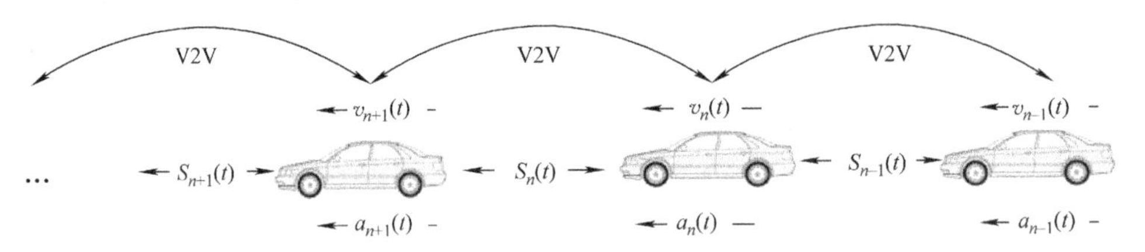

图 8-3　通信正常下的车辆队列结构

按照前面给出的车辆队列协同控制模型设计原则，队列控制系统可以通过车车通信系统获得前车的加速度信息，因此队列控制器要使队列中所有车辆的理想车距差值和连续两车的相对速度之和趋向于 0，即

$$Y=\delta_n(t)+\dot{S}(t)=\dot{S}(t)+S_n(t)-hv_n(t)-S_{\min} \tag{8-4}$$

式中，Y 趋向于 0。根据前面给出的滑模切换函数，可以计算得出

$$a_{n,\mathrm{des}}(t)=\frac{1}{h+1}\{\dot{S}_n(t)(1+\lambda)+\dot{v}_{n+1}(t)+\lambda\delta_n(t)\} \tag{8-5}$$

满足上式时，$Y\to 0$，即 $\delta_n(t)+\dot{S}(t)\to 0$。式中，$\lambda>0$，为控制器参数。在考虑车辆队列通信系统、传感器及执行器的滞后因素后，由上式可计算得车辆队列控制模型为

$$a_{n,\mathrm{des}}(t-\Delta)=\frac{1}{h+1}\{\dot{S}_n(t-\Delta)(1+\lambda)+\dot{v}_{n+1}(t-\Delta)+\lambda\delta_n(t-\Delta)\} \tag{8-6}$$

可以使 $\dot{Y}+\lambda Y=0$（$\lambda>0$）成立。

8.2.2 存在通信时延时保持队列稳定性条件

车辆纵向加速度动态迟滞模型[4]为

$$a_{n,\mathrm{des}}(t)=\tau a_n(t)+a_n(t) \tag{8-7}$$

式中，τ 为控制执行器中存在的延迟，结合控制器计算公式可以得到关于 n 号车纵向迟滞的关系式如下：

$$\tau\dot{a}_n(t)+a_n(t)=\frac{1}{h+1}(\dot{S}_n(t-\Delta)+\dot{v}_{n-1}(t-\Delta)+\lambda(\delta_n(t-\Delta)+\dot{S}_n(t-\Delta))) \tag{8-8}$$

同样也可以得到关于 $n-1$ 号车的如下关系式：

$$\tau\dot{a}_{n-1}(t)+a_{n-1}(t)=\frac{1}{h+1}(\dot{S}_{n-1}(t-\Delta)+\dot{v}_{n-2}(t-\Delta)+\lambda(\delta_{n-1}(t-\Delta)+\dot{S}_{n-1}(t-\Delta))) \tag{8-9}$$

以上两式显示了 n 号车加速度和 $n-1$ 号跟随车辆之间的实际车距及理想车距差值之间的关系。将以上的两式相减，求一次微分然后对上式两端进行拉普拉斯变换，从而获得如下

的关系式：

$$G(s)=\frac{\delta_{n-1}(s)}{\delta_n(s)}=\frac{(s^2+(1+\lambda)s+\lambda)\mathrm{e}^{-\Delta s}}{(1+h)\tau s^3+(1+h)s^2+(1+(1+h)\lambda)s\mathrm{e}^{-\Delta s}+\lambda\mathrm{e}^{-\Delta s}} \tag{8-10}$$

式中，$G(s)$为车辆队列中连续两车在频域内的理想车距差值动态模型。要保持车辆队列稳定性，即$|G(jw)|<1$，于是可以得出以下两个条件：

条件一，由$|H(jw)|<1$计算得出控制器参数λ的取值范围，即

$$\lambda\in\left(0,\frac{h^2+2h-2(h+1)(\Delta+\tau)}{2(h+1)^2(\Delta+\tau)-2(h+1)\Delta\tau}\right) \tag{8-11}$$

条件二，由于控制器参数$\lambda>0$，由相同的CCA车辆组成的自动车队中的每一辆跟随车辆的固定时间间距值满足

$$h>2\frac{h+1}{h+2}(\Delta+\tau) \tag{8-12}$$

在满足以上两个条件时，队列稳定性判断准则$|G(jw)|<1$对任何$w>0$都成立，即由n辆车组成的车队队列稳定性可以保持。

8.3　通信失效下的智能网联汽车编队切换控制模型

8.3.1　车辆队列中通信失效车辆及其后车的控制模型

(1) 通信失效车辆控制模型

队列中某车通信失效情况时，通信失效车辆无法与队列中其他车辆进行信息交互，原有车辆队列协同控制模型已经无法成立，需要调整控制结构。

假设n号车通信失效，此时调整车辆队列协同控制模型结构，令$n+1$号车与$n-1$号车进行通信，如图8-4所示。

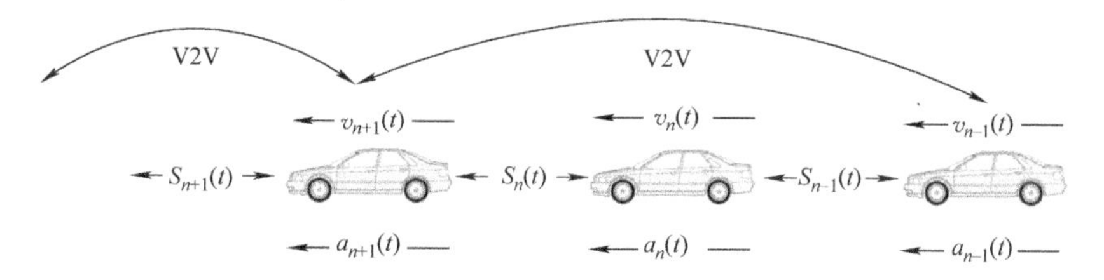

图8-4　n号车通信失效下的车辆队列模型

从队列稳定性的角度来讲，n号车通信失效情况下虽然无法获得前车的加速度信息，但是仍然要保持与前车的理想车距差值趋近于0。也就是说，控制模型的目的就是要让n号车能够与$n+1$号车保持理想的理想车距差值，即

$$Y_n=\delta_n(t)=S_n(t)-h_nv_n(t)-S_{\min} \tag{8-13}$$

理想车距差值逐渐趋向于0。根据滑模控制方法，当

$$\dot{Y}_n=-\lambda_nY_n \tag{8-14}$$

满足时，$Y_n\to0$也就有$\delta_n(t)\to0$。式中，$\lambda_n>0$，为n号车滑模控制参数。因此，通信失效下如果设计的控制模型$a_{n,\mathrm{des}}(t)$具有如下的结构：

$$a_{n,\mathrm{des}}(t)=\dot{v}_n(t)=\frac{1}{h_n}(\dot{S}_n(t)+\lambda_n\delta_n(t)) \tag{8-15}$$

则可以使 $\dot{Y}_n+\lambda_nY_n=0(\lambda_n>0)$ 成立。也就是说，此时的车辆队列协同控制模型 $a_{n,\mathrm{des}}(t)$ 可以使 n 号车通信失效时与前车理想车距差值趋向于0。此时 n 号车通信失效下车辆控制模型 $a_{n,\mathrm{des}}(t)$ 为

$$a_{n,\mathrm{des}}(t)=\frac{1}{h_n}(\dot{S}_n(t)+\lambda_n\delta_n(t)) \tag{8-16}$$

（2）通信失效车辆后车的控制模型

在 n 号车通信失效情况下，$n-1$ 号车就与 $n+1$ 号车进行车车信息交互，此时 $n-1$ 号车得到的是 $n+1$ 号车的行驶信息，车距和车速计算公式调整如下：

$$S_{n-1}(t)=x_{n+1}(t)-x_{n-1}(t)-2l \tag{8-17}$$

$$\dot{S}_{n-1}(t)=v_{n+1}(t)-v_{n-1}(t) \tag{8-18}$$

此时期望加速度模型 $a_{n-1,\mathrm{des}}(t)$ 为

$$a_{n-1,\mathrm{des}}(t)=\frac{1}{h+1}\{\dot{S}_{n-1}(t)(1+\lambda)+\dot{v}_{n+1}(t)+\lambda\delta_{n-1}(t)\} \tag{8-19}$$

考虑通信延迟时间，调整模型为

$$a_{n-1,\mathrm{des}}(t-\Delta)=\frac{1}{h+1}\{\dot{S}_{n-1}(t-\Delta)(1+\lambda)+\dot{v}_{n+1}(t-\Delta)+\lambda\delta_{n-1}(t-\Delta)\}$$

8.3.2 通信失效下保持队列稳定性条件

由建立的车辆纵向动态迟滞模型式（8-3）可知，$a_{n,\mathrm{des}}(t)=\tau a_n(t)+a_n(t-\Delta)$，可以得到通信失效情况下 n 号车与其前车 $n+1$ 号车的动态加速度迟滞模型：

$$\tau\dot{a}_n(t)+a_n(t)=\frac{1}{h}(\dot{S}_n(t-\Delta)+\lambda(S_n(t-\Delta)-hv_n(t-\Delta))) \tag{8-20}$$

$$\tau\dot{a}_{n+1}(t)+a_{n+1}(t)=\frac{1}{h+1}(\dot{S}_{n+1}(t-\Delta)+\dot{v}_{n+2}(t-\Delta)+\lambda(\delta_{n+1}(t-\Delta)+\dot{S}_{n+1}(t-\Delta))) \tag{8-21}$$

上述两式相减，两边求微分后进行拉氏变换，可以得到 n 号车与 $n+1$ 号车的理想车距偏差公式为

$$G(s)=\frac{\delta_n(s)}{\delta_{n+1}(s)}=\frac{(s+\lambda_n)\mathrm{e}^{-\Delta s}}{h_n\tau s^3+h_ns^2+(1+h_n\lambda_n)s\mathrm{e}^{-\Delta s}+\lambda_n\mathrm{e}^{-\Delta s}} \tag{8-22}$$

根据车辆队列稳定条件 $G(s)<1$，可以得出通信失效下车辆控制器参数 λ 的取值范围为

$$\lambda_n\leqslant\frac{h_n-2(\Delta+\tau)}{2(h_n(\Delta+\tau)-\Delta\tau)} \tag{8-23}$$

由于滑模控制参数 $\lambda_n>0$，通信失效情况下失效车辆的固定车头时距 h_n 满足如下关系：

$$h_n>2(\Delta+\tau) \tag{8-24}$$

所以在通信失效情况下，应该调整车辆队列协同控制模型及滑模控制参数，才能保持失效的 n 号车在车辆队列中的稳定性

同理，由建立的车辆纵向动态迟滞模型 $a_{n,\mathrm{des}}(t)=\tau a_n(t)+a_n(t)$，可以得到关于 $n+1$ 号车的动态迟滞关系式为

$$\tau \dot{a}_{n+1}(t)+a_{n+1}(t)=\frac{1}{H}(\dot{S}_{n+1}(t-\Delta)+\dot{v}_{n-1}(t-\Delta)+\lambda(\delta_{n+1}(t-\Delta)+\dot{S}_{n+1}(t-\Delta))) \tag{8-25}$$

同样也可以得到关于 $n-1$ 号车的动态迟滞关系式为

$$\tau \dot{a}_{n-1}(t)+a_{n-1}(t)=\frac{1}{h+1}(\dot{S}_{n-1}(t-\Delta)+\dot{v}_{n-2}(t-\Delta)+\lambda(\delta_{n-1}(t-\Delta)+\dot{S}_{n-1}(t-\Delta))) \tag{8-26}$$

两式相减后进行拉式变换得到 n 号车通信失效情况下车辆队列中 $n+1$ 号和 $n-1$ 号车的理想车距差值动态模型：

$$G(s)=\frac{\delta_{n-1}(s)}{\delta_{n+1}(s)}=\frac{(s^2+(2+\lambda)s+\lambda)\mathrm{e}^{-\Delta s}}{(1+h)\tau s^3+(1+h)s^2+(2+(1+h)\lambda)s\mathrm{e}^{-\Delta s}+2\lambda\mathrm{e}^{-\Delta s}} \tag{8-27}$$

根据车辆队列稳定条件 $G(s)<1$，可以得出 n 号车通信失效下 $n-1$ 号车滑模控制参数 λ_{n+1} 的取值范围为

$$\lambda_{n-1}\in\left(0,\frac{{h_{n-1}}^2+4h_{n-1}-2(h_{n-1}+1)(\Delta+\tau)}{2(2h_{n-1}+1)^2(\Delta+\tau)-2(2h_{n-1}+1)\Delta\tau}\right) \tag{8-28}$$

由于滑模控制参数 $\lambda_{n-1}>0$，通信失效情况下 $n-1$ 号车的固定车头时距值满足如下关系：

$$h_{n-1}>2\frac{h_{n-1}+1}{h_{n-1}+4}(\Delta+\tau) \tag{8-29}$$

当选取以上滑模控制参数时，$n-1$ 号车可以满足车辆队列稳定性条件，车队在通信失效情况下可以保持车队稳定。

综上所述，要使通信失效下车辆队列协同控制模型保持稳定性，滑模控制参数 λ 和固定车头时距 h 应满足下列条件：

$$\begin{cases}\lambda\in\left(0,\dfrac{h^2+2h-2(h+1)(\Delta+\tau)}{2(h+1)^2(\Delta+\tau)-2(h+1)\Delta\tau}\right),\text{通信正常车辆}\\ \lambda_n\leqslant\dfrac{h_n-2(\Delta+\tau)}{2(h_n(\Delta+\tau)-\Delta\tau)},\text{通信失效的}\ n\ \text{号车}\\ \lambda_{n-1}\in\left(0,\dfrac{{h_{n-1}}^2+4h_{n-1}-2(h_{n-1}+1)(\Delta+\tau)}{2(2h_{n-1}+1)^2(\Delta+\tau)-2(2h_{n-1}+1)\Delta\tau}\right),\text{失效车辆后的}\ n-1\ \text{号车}\end{cases} \tag{8-30}$$

固定车头时距对应满足下列条件：

$$\begin{cases}h>2\dfrac{h+1}{h+2}(\Delta+\tau), & \text{通信正常车辆}\\ h_n>2(\Delta+\tau), & \text{通信失效的}\ n\ \text{号车}\\ h_{n-1}>2\dfrac{h_{n-1}+1}{h_{n-1}+4}(\Delta+\tau), & \text{失效车辆后的}\ n-1\ \text{号车}\end{cases} \tag{8-31}$$

综上所述，n 号车通信失效情况下，车辆队列协同控制模型应当调整控制模型结构。通信失效的 n 号车和跟随失效车辆的 $n-1$ 号车采用特定控制模型及参数，其余车辆沿用正常模型即可。同时，要调整滑模控制参数 λ 和固定车头时距 h 满足特定条件，此时可以保持车

辆队列稳定性，避免因通信失效造成的连环追尾碰撞。

8.4 通信异常时智能网联汽车编队控制模型仿真

在车辆队列中 n 号车通信延迟/失效情况下，选取同样的仿真参数，分别对调整前的车辆队列协同控制模型和本章调整后的车辆队列协同控制模型进行仿真，仿真参数配置如表8-1所示。

表8-1 仿真参数配置表

仿真参数名称	数值
初始车头时距 h	0.2s
头车初速度 v	0m/s
初始车距 S_{min}	40m
通信延迟时间 Δ	0.2s
控制系统滞后时间 τ	0.2s

8.4.1 头车阶跃紧急减速输入仿真

在仿真环境中，设定1号车通信失效无法接收周围车辆信息，正常匀速行驶时车辆队列状态不会变化，但是当加速度输入阶跃紧急减速后，会对车辆队列协同控制模型造成扰动。分别对比模型结构调整前和调整后的速度、加速度、理想车距差值仿真结果，如图8-5～图8-7所示。

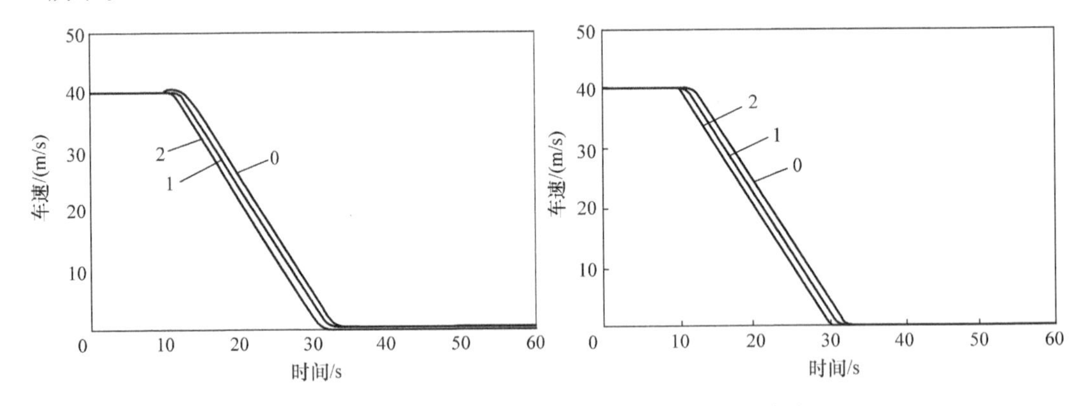

图8-5 模型调整前和调整后的车速曲线（紧急减速）

由仿真结果得出，1号车通信失效时，如果车辆队列协同控制模型结构不做任何调整，1号车的车距保持会出现不稳定的情况，理想车距差值最大到4m，不能按照设定安全车距行驶。由于获取不到周围车辆信息，会引起1号车期望加速度跳变，导致1号车车速超过前车车速，造成理想车距差值扩大，进而导致追尾碰撞事故的发生。如果针对1号车的车辆模型做出调整，从仿真结果可以看出理想车距差值仍然能够保持在1m之内，并且车速和加速度的变化和头车保持一致，可以保持队列稳定性不变，从而保证车辆队列行驶不存在安全

隐患。

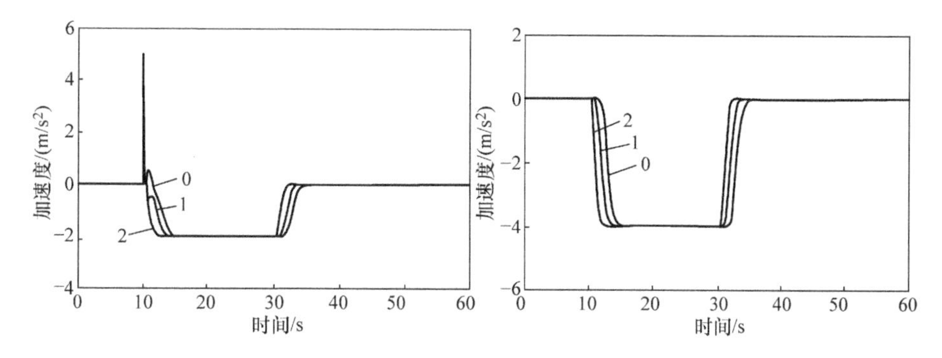

图 8-6　模型调整前和调整后的加速度曲线（紧急减速）

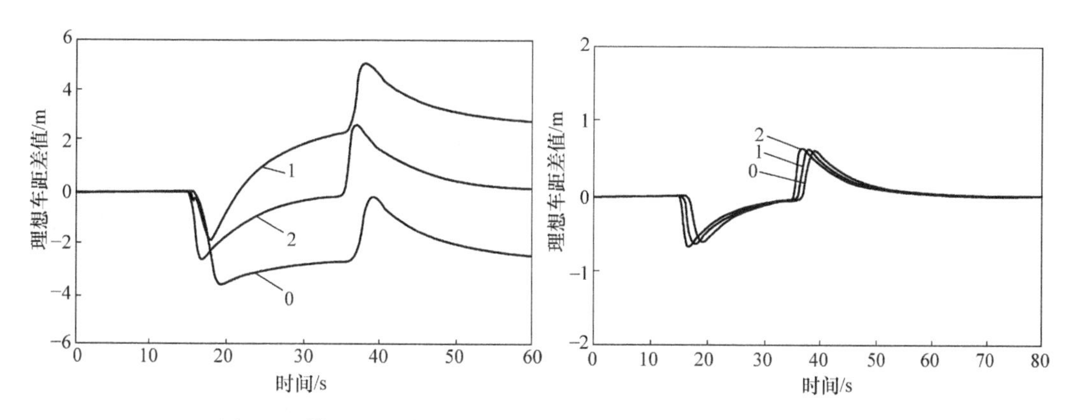

图 8-7　模型调整前和调整后的理想车距差值曲线（紧急减速）

8.4.2　头车正弦加速度输入仿真

在仿真环境中，设定 1 号车通信失效无法接收周围车辆信息，正常匀速行驶时车辆队列状态不会变化，但是当加速度输入为正弦变化后，分别对比模型调整前和调整后的仿真结果，如图 8-8 ~ 图 8-10 所示。

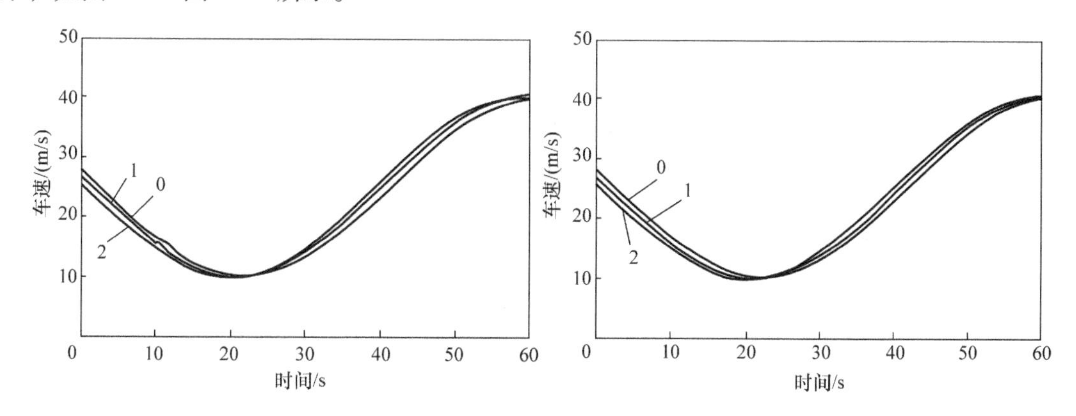

图 8-8　模型调整前和调整后的车速曲线（正弦加速度输入）

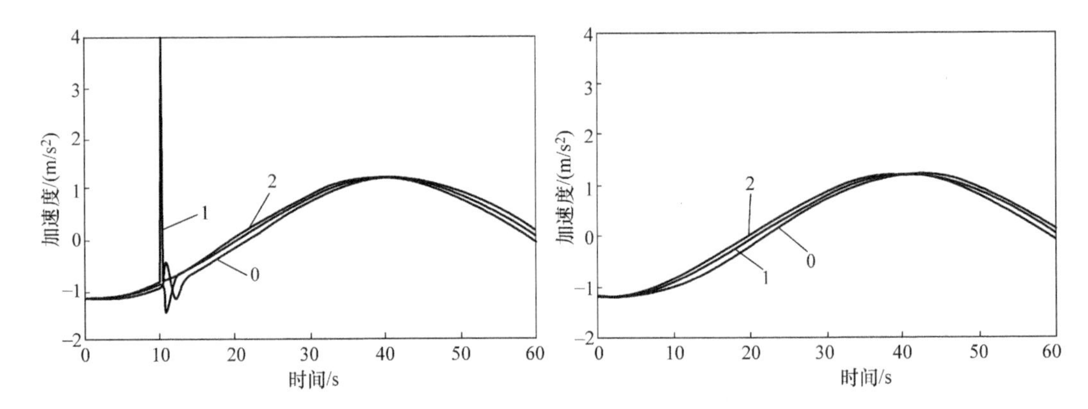

图 8-9　模型调整前和调整后的加速度曲线（正弦加速度输入）

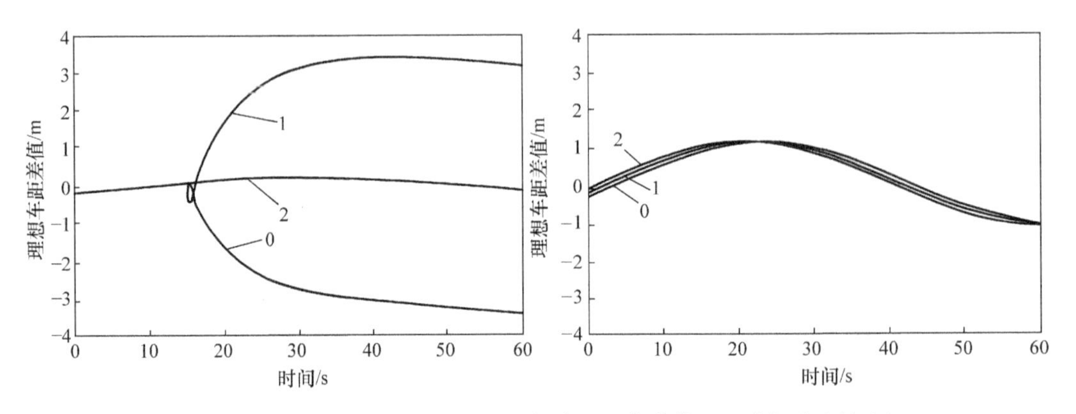

图 8-10　模型调整前和调整后的理想车距差值曲线（正弦加速度输入）

由仿真结果可以得出，1 号车通信失效，头车做正弦加速度变化时，如果车辆队列协同控制模型不做任何调整，1 号车的车距保持会出现不稳定的情况，理想车距差值最大到 4m。由于获取不到周围车辆信息，会引起 1 号车期望加速度跳变，导致 1 号车车速超过前车车速，破坏车辆安全性条件，引起理想车距差值扩大，进而导致追尾事故的发生。如果车辆队列协同控制模型做出调整，从仿真结果可以看出，理想车距差值仍然会保持在 1m 之内，并且车速和加速度变化和头车保持一致，不影响车辆行驶安全性和队列稳定性，从而保证车辆队列行驶不存在安全隐患。

运行 CarSim 软件做仿真 3D 效果，如图 8-11 所示，可以清晰地看到在 1 号车通信失效的情况下，如果车辆队列协同控制模型不做调整，会造成追尾碰撞事故的发生，车辆行驶安

a) 1号车通信失效时模型不做调整仿真效果

b) 1号车通信失效时模型做出调整后仿真效果

图 8-11　实际仿真效果 3D 图

全性和队列稳定性会受到影响；如果车辆队列协同控制模型根据通信失效情况作出相应的调整，车辆队列能够继续正常行驶，不会发生碰撞事故。

参考文献

[1] 肖凌云. 基于典型信息框架的自动车队分布式控制与队列稳定性分析 [D]. 北京：北京航空航天大学，2009.

[2] 贾晓燕. 通信丢包影响下的智能车队纵向控制 [J]. 兰州交通大学学报，2011 (06)：99-105.

[3] Yanakiev D, Kanellakopoulos I. Longitudinal control of automated CHVs with significant actuator delays [J]. Vehicular Technology, IEEE Transactions on, 2001, 50 (5): 1289-1297.

[4] Cook P A. Stable control of vehicle convoys for safety and comfort [J]. IEEE transactions on automatic control, 2007, 52 (3): 526-531.

第9章

智能网联汽车主动安全控制技术

智能网联汽车以队列行驶时的车距与非队列行驶时车辆的车距相比是较小的，因此，如果控制系统操作不当，会增大碰撞事故发生的概率，给车辆行驶造成新的安全隐患。为了保证车辆队列行驶安全性，当实际车辆队列行驶的车距小于制动距离时，需要通过队列中的其他车辆协同操作来辅助完成避撞的动作，保证车辆队列安全行驶。

9.1 车辆主动安全控制系统概述

车辆避撞系统与队列控制系统的应用范围是不同的。它主要是为了解决由车距过近引起的碰撞事故而开发的控制系统，其车辆并不局限于队列行驶的状态。车辆避撞系统是车辆辅助驾驶系统的一个主要组成部分，按照其依赖的传感器类型主要有以下两类：

（1）车辆避撞（Collision Avoidance，CA）系统

CA 系统通过先进的传感器技术（雷达、超声波等测距传感器）检测车辆前方障碍物的距离信息和前方车辆的距离、速度信息，控制车辆遇到紧急情况时自动制动[1]。但是，由于测距传感器种类繁多、不同传感器测距误差较大的缺点，所以很难形成统一的标准，于是 CA 系统也受到了行业的质疑[2,3]。

（2）车辆协同避撞（Cooperative Collision Avoidance，CCA）系统

随着无线通信的广泛应用和无线传输速度的提高，车辆可以通过车车（Vehicle - to - Vehicle，V2V）和车路（Vehicle - to - Infrastructure，V2I）通信实时获取其他车辆行驶信息（车速、车距、加速度、发动机功率等）和交通环境信息（车流量、红绿灯时间等）。无线网络改进了车辆避撞系统的机制，从而升级为基于无线通信的 CCA 系统。引入无线通信功能后，CCA 系统相比 CA 系统有很多优越之处，车辆可以获取更多有益于建立控制模型的信息，避撞功能不再依靠加装各种各样的传感器来实现。

基于上述特点比较可以发现，CCA 系统是随着车车通信技术广泛应用后对车辆安全控制领域十分有影响力的研究课题[4,5]，并且最近更引起国际车辆安全控制界的广泛关注[6,7]。基于车车通信系统，车辆在运行中可以获取更多临近车辆的行驶信息（如车速、位置、车距、加速度、发动机功率、期望加速度等），所以 CCA 系统也可以应用到更多领域，如车辆前侧安全预警、盲点监测、辅助换道预警和交叉口危险估计等[8]。

从控制实现方式来说，避撞模型主要包括两种：车辆纵向控制模型和车辆横向控制模型[9]。当车速控制和纵向加速度作为主要的控制对象时，车辆纵向控制是主要的控制方式。其目的在于利用获取传感器信息来控制车辆行驶的车速和车距，通过控制执行器避免碰撞事故的发生。横向控制是通过获取车车之间的车速和车距信息、道路宽度信息来控制换道和超车时的方向盘角度来避免事故。本章主要考虑的场景为平直的纵向公路，所以主要分析车辆纵向避撞控制。在现有关于车辆纵向避撞控制的文献中，大多模型通过控制纵向行驶时的车速和加速

度来避免碰撞事故的发生。但同时，已有模型多是基于单车的控制来完成操作的，在车辆队列保持较小的车距行驶过程中，这样的模型存在单车制动距离不足导致无法完成避撞的缺陷。

9.2 传统避撞模型缺陷分析

车辆队列行驶具有车距较小、通行速度快的特点，同时也带来了新的安全隐患。例如，在实际中车辆速度并不是完全一致，任意时刻控制误差引起的速度突变，在较小的车距范围内都会导致很大的碰撞隐患。传统协同避撞方法大多基于车车通信获取信息来建立避撞模型，通过控制执行机构来完成避撞控制。在此可以假设具体场景进行分析。

假设车辆队列中前后两辆车分别以速度 v_1、v_0 行驶，保持安全车距为

$$S_{\mathrm{safe}}(t)=hv_0(t)+S_{\min} \tag{9-1}$$

当速度 v_0 和 v_1 保持一致时，需要制动距离 S_{br} 为

$$S_{\mathrm{br}}=\frac{v_1^2-v_0^2}{2\left|a_{-\max}\right|} \tag{9-2}$$

所以为保持安全行驶，后车必须在安全车距范围内可以将车速减到与前车一致，即 $S_{\mathrm{safe}}<S_{\mathrm{br}}$。

由于车辆队列行驶过程中车距较小，那么假设当 $S_{\mathrm{safe}}<S_{\mathrm{br}}$ 时，由公式联立得出如下不等式：

$$v_0^2-2S_{\min}\left|a_{-\max}\right|hv_0-(2S_{\min}\left|a_{-\max}\right|+v_1^2)>0 \tag{9-3}$$

解关于 v_0 的不等式，解为

$$\begin{cases} v_0>\left|a_{-\max}\right|h+\sqrt{\left|a_{-\max}\right|^2h^2+2S_{\min}\left|a_{-\max}\right|+v_1^2} \\ \text{或} \\ v_0<\left|a_{-\max}\right|h-\sqrt{\left|a_{-\max}\right|^2h^2+2S_{\min}\left|a_{-\max}\right|+v_1^2} \end{cases} \tag{9-4}$$

由此可知，当车辆队列保持安全车距行驶时，前后车速不一致时会造成依靠一辆车的制动无法解决的碰撞事故。当产生这一类安全问题时，即使车辆避撞系统及时产生作用，利用最大制动减速度来制动也无法在安全车距内将车速减到零，这也证明了传统避撞控制方法应用在车辆队列控制中存在缺陷。

针对传统避撞模型存在上述缺陷，利用车辆队列行驶控制的整体优势，当一辆车制动无法解决问题时，需要其他正常行驶的车辆主动配合来确保整体队列的行驶安全性。基于这一思路，本章引入新的协同主动避撞的概念：

协同主动避撞（Cooperative Active Collision Avoidance，CACA）系统，是一种基于车车通信模式的新型避撞控制方法。区别于依靠后车判断环境信息来采取紧急制动避免安全事故的传统避撞控制，协同主动避撞可以通过车车之间信息的交互避免碰撞事故的发生，协同主动避撞控制必须在车车通信的环境下才可以应用。

经过以上总结，CA、CCA、CACA 系统的功能对比如表 9-1 所示。

表 9-1 CA、CCA 和 CACA 系统功能对比

功能类型	CA 系统	CCA 系统	CACA 系统
车辆行驶信息获取	相对速度	速度、加速度、发动机转速、发动机功耗、瞬时油耗等所有车内状态信息	速度、加速度、发动机转速、发动机功耗、瞬时油耗等所有车内状态信息

（续）

功能类型	CA 系统	CCA 系统	CACA 系统
车间信息获取	依靠本车的测距传感器采集距离前方车辆的车距信息	可以通过测距传感器信息和车辆定位传感器的不同车辆位置信息来计算多个车距	可以通过测距传感器信息和车辆定位传感器的不同车辆位置信息来计算多个车距
传感器类型	雷达、超声波等测距传感器	无线通信（通过标准接口采集其他传感器信息）	无线通信（通过标准接口采集其他传感器信息）
信息获取范围	因为测距传感器精度不同，大概范围为 10～200m	取决于无线通信范围，基本为 10～10000m 范围内	取决于无线通信范围，基本为 10～10000m 范围内
控制执行对象	单车	单车	多车
系统应用范围	应用范围主要是单车控制系统：前方避撞功能	应用范围可以是单车或者车队：前方避撞，换道提示，交叉口冲突预警，车辆队列协同避撞，车车协同控制	应用范围主要是无线通信环境下的车辆队列，可以协同控制避撞，协同避免危险情况

通过以上分析对比，可以看出 CACA 系统是 CCA 系统功能的扩展，可以弥补 CCA 系统的缺陷，充分利用无线通信的资源来协同控制保证车辆队列运行的安全性。在具体实现方式上，多车之间协同完成安全车距保持，实际是把各个车辆的车距协同分配，这也引出交通规划学科中的非线性规划问题。

9.3 避撞过程中交通资源非线性规划问题

车车通信模式下，车辆队列行驶会获得很多环境状态信息。如何充分利用这些信息为控制系统提供可靠的判断依据，是一种交通资源优化问题。对信息判断分析准确，才能很好地保证车辆安全行驶。与解决车辆队列安全问题类似，在现实生活中人们会遇到各种各样的优化问题，需要科学的数学方法解决，而数学规划就是专门用来解决这些优化问题的最佳方法[10]。

Rober Dorihlan 早在 1950 年左右提出数学规划方法来解决优化问题[11]，数学规划方法包括线性规划、非线性规划、不定过程规划、整数规划、凸规划、动态规划等。其中的约束条件和优化问题均为线性函数组成的，称为线性规划问题[12]。但是现实遇到的很多优化问题，如资源分配、生产加工流程安排、质量抽查、人员调动、资金流动等，经常是非线性约束条件下的优化问题，称为非线性规划问题，解决这类问题的方法称为非线性规划方法。

9.3.1 非线性规划函数

非线性规划（Nonlinear Programming）是运筹学理论的一个重要分支。它是一个求解目标函数极值问题的 n 元实函数[13]，并受一组等式或不等式约束条件的限制。其中的目标函数和约束条件至少有一个是非线性函数。非线性规划为系统管理和优化提供了一种有效的分析方法[14]。

将非线性规划问题统一用数学形式表达，可以将其转化为求一个受到一组等式或不等式约束条件限制下 n 维变量 x 的实函数 $f(x)$ 的最大或最小值，具体数学表达式如下[15]：

$$\begin{cases} \min f(x) \\ \text{满足 } h_i(x)=0 \quad i=1,2,\cdots,p,p<n \\ \qquad g_j(x)\leqslant 0 \quad j=1,2,\cdots,m \end{cases} \tag{9-5}$$

式中，$x=[x_1,x_2,\cdots,x_n]^{\mathrm{T}}$ 为 n 维欧氏空间 R^n 中的向量。其中目标函数为 $f(x)$，不等式约束条件为 $g_j(x)$，等式约束条件为 $h_i(x)$。目标函数 $f(x)$ 或约束条件 $g_j(x)$、$h_i(x)$ 中至少包含一个变量 x 的非线性函数时，称为非线性规划函数。

限定变量的上下界的区域集合为 X，当向量 $x \in X$ 且满足所有以上约束条件时，则称 x 为函数的可行解。如果满足所有约束条件的可行解的集合为 D，D 为非线性规划函数对应的可行解集合，标准式（9-5）简化为

$$\begin{cases} \min\limits_{x \in D} f(x) \\ \text{满足 } D = \{x \mid h_i(x) = 0, i = 1,2,\cdots,p, p < n; g_j(x) \leqslant 0, j = 1,2,\cdots,m\} \end{cases} \tag{9-6}$$

综上所述，非线性规划问题是求可行解集合内的最优解 $\bar{x}$，使得对于任意可行解 x 均满足不等式 $f(x) \geqslant f(\bar{x})$ 成立。

9.3.2　非线性规划求解方法

确定非线性规划函数后，求解其最优解有多种方法，常用的有迭代法、解析法、最优解法等。其中最适合计算机处理器求解的是迭代法，也是本章选用的求解方法。

（1）非线性规划函数凹凸性分析

类似求线性规划最优解方法，这里需要先确定其可行域边界。线性规划函数最优解通常在可行域的顶点。求非线性规划最优解时，因为最优解可能是可行域内的任意点，所以需要首先判断函数的凹凸性[16]，然后求出最优解在可行解集合内的位置。

首先，定义 $f(x)$ 为 n 维空间某个凸集 R 上的函数，如果集合 R 中的任意两点 x 和 y 及任何实数 $\alpha(0 < \alpha < 1)$ 满足以下不等式：

$$f(\alpha x + (1 - \alpha)y) \leqslant \alpha f(x) + (1 - \alpha)f(y) \tag{9-7}$$

则称 $f(x)$ 为定义在 R 上的凸函数。

若对每一个 $\alpha(0 < \alpha < 1)$ 和 $x \neq y \in R$ 恒有

$$f(\alpha x + (1 - \alpha)y) < \alpha f(x) + (1 - \alpha)f(y) \tag{9-8}$$

则称 $f(x)$ 为定义在 R 上的严格凸函数。

根据式（9-6）非线性规划函数定义，有

$$\begin{cases} \min\limits_{x \in D} f(x) \\ \text{满足 } D = \{x \mid h_i(x) = 0, i = 1,2,\cdots,p, p < n; g_j(x) \leqslant 0, j = 1,2,\cdots,m\} \end{cases} \tag{9-9}$$

其中目标函数 $f(x)$ 为凸函数并且限制条件 $h_i(x)$、$g_j(x)(j = 1,2,\cdots,m)$ 为凸函数时，上式称为凸规划。凸规划在可行域内存在最优解，并且其全局最优解与局部最优解相等。优化问题需要求出唯一解，当凸规划存在唯一解时，说明目标函数 $f(x)$ 是严格凸函数，并存在最优解[17,18]，此时凸规划的最优解即为唯一解。

（2）基本迭代法求解非线性规划问题

求解非线性规划问题的基本方法是迭代法，具体定义如下[19]。

记非线性规划（Nonlinear Programming，NP）的可行解集合域为 D。

若 $x^* \in D$，如果满足下式：

$$f(x^*) \leqslant f(x) \qquad \forall x \in K \tag{9-10}$$

则称 NP 的整体最优解是 x^*，NP 整体最优解的值为 $f(x^*)$ 是。

如果满足下式：

$$f(x^*) < f(x) \qquad \forall x \in K, x \neq x^* \tag{9-11}$$

则称 NP 的严格整体最优解为 x^*，NP 的严格整体最优值为 $f(x^*)$。

其中 $x^* \in D$，当存在 x^* 的邻域 $N_\delta(x^*)$ 满足以下不等式：

$$f(x^*) \leqslant f(x) \qquad \forall x \in N_\delta(x^*) \cap K \tag{9-12}$$

式中，$f(x^*)$ 为 NP 的局部最优值；x^* 为 NP 的局部最优解。

因为线性规划是以线性函数为目标函数的，求出的最优解在整个可行域内都是全局最优的。与线性规划不同，非线性规划有时求出的某个解可能只是在部分可行域内最优，极值点也只对应该区域。

NP 模型常用迭代法求其最优解。迭代法适合具有计算机系统的控制器去执行。其基本原理为选定可行解初始点 $x^0 \in D^n$，按照迭代规则产生某一特定的可行解列 $\{x^k\}$。最优解的存在需满足两个条件：判断 $\{x^k\}$ 为有穷点列，则终点为 NP 的最优解；判断 $\{x^k\}$ 为无穷点列，点列的极值点为 NP 的最优解。下面介绍具体计算方法。

设迭代方法的第 k 轮迭代点为 $x^k \in D^n$，第 $k+1$ 轮迭代点为 $x^{k+1} \in D^n$，迭代规则为

$$x^{k+1} = x^k + t_k \boldsymbol{p}^k \tag{9-13}$$

式中，$t_k \in R^1$；$p^k \in R^n$；$\|\boldsymbol{p}^k\| = 1$；x^k 与 x^{k+1} 确定的迭代方向为 p^k。式（9-13）就是对应 NP 模型求解的基本迭代格式。

迭代方法求解 NP 即确定适当的迭代步长和构造每轮迭代搜索方向。在式（9-13）的基本迭代格中，定义 $\boldsymbol{p}^k$ 为第 k 轮迭代点搜索方向，t_k 为沿 $\boldsymbol{p}^k$ 迭代方向的步长。

求解 NP 函数，需确定存在向量 $\boldsymbol{p}$，同时满足函数 $f(x)$ 在点 $\overline{x}$ 处为下降方向，以及 $f(x)$ 在该点处为区域 D 可行方向。下面进行具体定义。

如果存在 $\xi > 0$，且存在 $\overline{x} \in R^n$，$\boldsymbol{p} \neq 0$，满足以下不等式成立：

$$f(\overline{x} + t\boldsymbol{p}) < f(\overline{x}) \qquad \forall t \in (0, \xi) \tag{9-14}$$

则在点 $\overline{x}$ 处函数 $f(x)$ 的向量 $\boldsymbol{p}$ 是关于区域 D 下降方向的。

若存在 $\overline{x} \in R^n$，$\boldsymbol{p} \neq 0$，且存在 $t > 0$，那么满足

$$\overline{x} + t\boldsymbol{p} \in K \tag{9-15}$$

则在点 $\overline{x}$ 处函数 $f(x)$ 的向量 $\boldsymbol{p}$ 是关于区域 D 可行方向的。

综上所述，求解 NP 函数的基本迭代方法步骤如下：

1）选取初始点 x^0，令 $k = 0$。

2）依照一定迭代规则，选择可行解集合 D 下降方向作为 x^k 的迭代搜索方向 $\boldsymbol{p}^k$。

关于 $\boldsymbol{p}^k$ 的选择，在无约束极值问题中只需选择目标函数的下降的方向；对于约束极值问题则需为可行下降方向。

设 f：$R^n \to R^1$，$\overline{x} \in R^n$，$\boldsymbol{p} \neq 0$，若存在 $\delta > 0$ 使 $\forall \lambda \in (0, \delta)$，有

$$f(\overline{x} + \lambda\boldsymbol{p}) < f(\overline{x}) \tag{9-16}$$

则称函数 $f(x)$ 在 $\overline{x}$ 处的下降方向为向量 $\boldsymbol{p}$。

3）以 x^k 为起点，沿搜索方向 $\boldsymbol{p}^k$ 求出迭代步长 t_k，并满足目标函数值的下降方向。即，存在 $x = x^k + \beta\boldsymbol{p} \in K$，且 $\beta > 0$，满足 $f(x) < f(x^0)$。

4）按迭代格式求出第 $k+1$ 迭代点，即

$$x^{k+1} = x^k + t_k \boldsymbol{p}^k \tag{9-17}$$

当 x^{k+1} 满足终止条件时，停止迭代并确定最优解为 x^{k+1}。

下面介绍相关终止条件。在上述迭代中有，若 x^{k+1} 满足某终止条件则停止计算，输出近似最优解 x^{k+1}。这里满足某终止条件即到达某精确度的要求。常用的计算终止条件有以下几个：

1）自变量的改变量充分小时，$\| x^{k+1}-x^k \| < \varepsilon_1$ 或 $\dfrac{\| x^{k+1}-x^k \|}{\| x^k \|} < \varepsilon_2$，停止计算。

2）当函数值的下降量充分小时，$|f(x^k)-f(x^{k+1})| < \varepsilon_3$ 或 $\dfrac{f(x^k)-f(x^{k+1})}{|f(x^k)|} < \varepsilon_4$，停止计算。

3）在无约束最优化中，当函数梯度的模充分小时，$\| \nabla f(x^{k+1}) \| < \varepsilon_5$，停止计算。

4）若不满足终止条件，令 $k:=k+1$，以 x^{k+1} 代替 x^k，回到第1步。

9.4 智能网联汽车协同主动避撞模型

当车辆队列中第 n 辆车条件不满足避撞条件时，就会造成车辆追尾事故，为了弥补车辆队列中单车制动避撞造成的安全隐患，需要前方车辆进行加速行驶一段时间来满足第 n 辆车的避撞条件，完成行进间车车协同避撞控制，控制方式为协同主动避撞。

9.4.1 加速度非线性规划模型

在 $t(t>0)$ 时刻，当给定0号车加速度 $a_0(t)$ 时，如果执行CACA算法需要计算给前车的分配加速度 $a_1(t)$，则首先需要定义目标函数和相应的限制条件。

当0号车无法完成避撞需要前车1号车来完成CACA算法时，首先要考虑让前车加速而不会影响其他正常行驶车辆，以保证不引起二次事故。因此，基本的目标函数定义为前车移动最小的距离来完成加速避撞。

定义 $h_t>0$ 是在 t 时刻前车加速完成避撞需要持续的时间，$v_1(t)$、$a_1(t)$ 分别为在 t 时刻前车的速度和需要执行的分配加速度。定义非线性规划目标函数为

$$\min\left\{v_1(t)h_t+\frac{1}{2}a_1(t)h_t^2\right\} \tag{9-18}$$

要建立CACA模型的限制条件，需要建立如下约束条件：

（1）最大加速度值约束条件

考虑到车辆实际加速度不能超过整车出厂规定的最大加速度，定义最大的纵向加速度为 $a_{+\max}$，即约束条件为

$$0<a_1(t)<a_{+\max} \tag{9-19}$$

（2）纵向车速范围约束条件

车辆行驶过程中需要保证前后车的车距始终大于零，所以1号车车速应该始终大于或等于0号车，这样才不会发生车距小于零的情况发生，即

$$v_1(t+h_t)\geqslant v_0(t+h_t) \tag{9-20}$$

同样可表示为

$$v_1(t)+a_1(t)h_t\geqslant v_0(t)+a_0(t)h_t \tag{9-21}$$

（3）后车车距约束条件

为了满足1号车在控制器执行时间 h_t 后车速可以大于等于0号车，经时间 h_t 后两车的车距应该大于等于零，即

$$S_0(t+h_t)=\left(v_1(t)h_t+\frac{1}{2}a_1(t)h_t^2\right)+S_0(t)-\left(v_0(t)h_t+\frac{1}{2}a_0(t)h_t^2\right)\geqslant 0 \tag{9-22}$$

这里约束条件的意义在于，对车距的计算有个预期值。即，如果按分配的加速度加速的话，需要满足在控制器执行时间 h_t后车距要大于等于零，即在 h_t时刻完成避撞。

综上所述，基于非线性规划的加速度分配模型如下：

$$\min v_1(t)h_t + \frac{1}{2}a_1(t)h_t^2$$

$$\text{满足}\begin{cases}0 \leqslant a_1(t) \leqslant a_{+\max} \\ v_1(t) + a_1(t)h_t \geqslant v_0(t) + a_0(t)h_t \\ \left(v_1(t)h_t + \frac{1}{2}a_1(t)h_t^2\right) + S_0(t) - \left(v_0(t)h_t + \frac{1}{2}a_0(t)h_t^2\right) \geqslant 0 \\ h_t > 0\end{cases} \tag{9-23}$$

在时刻 t，$a_0(t)$ 由车车通信获取。同时，$v_0(t)$、$v_1(t)$ 和 $S_1(t)$ 可以由其他传感器信息得出并通过无线通信共享。非线性规划目标函数的计算结果是 1 号车的分配加速度 $a_1(t)$ 和控制系统完成避撞控制的时间 h_t。计算结果得出后，控制器将会按 $a_1(t)$ 的值来进行前车加速避撞控制。

在这里函数计算结果 $a_1(t)$ 如果始终有唯一解是最理想的状态。如果 $h_t > \Delta T$，目标函数就必须在每个控制周期 ΔT 时间内对 $a_1(t)$ 更新一次，即控制输出是在时刻变化直到完成避撞，此时可以认为 $a_1(t)$ 是变量为 t、步长为 ΔT 的迭代表达式；如果 $h_t < \Delta T$，那么控制器会在一个控制周期 ΔT 内完成避撞，下一个周期就不存在安全隐患。

9.4.2 非线性规划求解条件

因为目标函数是非线性的非凸（non－convex）函数，在应用迭代法求解这个目标函数时，需要先验证其解的存在性[20]。

定义可行性解的集合为 $F = \{(a_1(t), h_t): 0 \leqslant a_1(t) \leqslant a_{+\max}, h_t > 0\}$

避撞控制要满足的最重要的两个限制条件为车速限制条件和车距限制条件。接下来主要讨论满足这两个条件下解的存在性。

假设 $a_1(t) = a_{+\max} > 0$，$a_0(t) = a_{-\max} < 0$，此时的 1 号车以最大的正加速度加速的同时 0 号车以最大的制动减速度减速。

所以为了满足车速限制条件，有

$$h_t^* \geqslant \frac{v_0(t) - v_1(t)}{a_{+\max} - a_{-\max}}$$

车距限制条件是一个关于 h_t的非线性二次方程不等式，当这个方程的不等式大于零时，那么式（9-23）的根应该等于 0，即

$$\left(v_1(t)h_t + \frac{1}{2}a_{+\max}h_t^2\right) + S_0(t) - \left(v_0(t)h_t + \frac{1}{2}a_{-\max}h_t^2\right) = 0 \tag{9-24}$$

将公式进行整理，上式变为

$$\frac{1}{2}(a_{+\max} - a_{-\max})h_t^2 - (v_0(t) - v_1(t))h_t + S_0(t) = 0 \tag{9-25}$$

以上公式的解将分两种条件来讨论。

条件 1：当 $S_0(t) > \dfrac{(v_0(t) - v_1(t))^2}{2(a_{+\max} - a_{-\max})}$或 $0 \leqslant S_0(t) \leqslant \dfrac{(v_0(t) - v_1(t))^2}{2(a_{+\max} - a_{-\max})}$, $v_1(t) \geqslant v_0(t)$，方

程存在满足车距限制条件下的唯一解 $h_t^* > 0$。因为在方程中在 h_t^2 这一项前的系数为正，即 $\frac{1}{2}(a_{+\max} - a_{-\max}) > 0$，故式（9-25）的等号左侧会始终大于零，所以当 $h_t^* > 0$ 时车距限制条件始终是满足的，当 $h_t^* \geqslant \max\left\{0, \frac{v_0(t) - v_1(t)}{a_{+\max} - a_{-\max}}\right\}$ 满足时车速限制条件也能同时满足。

所以，式（9-23）在条件 1 情况下的可行解不为空，存在最优解。

条件 2：当 $0 \leqslant S_0(t) \leqslant \frac{(v_0(t) - v_1(t))^2}{2(a_{+\max} - a_{-\max})}, v_1(t) < v_0(t)$ 时，式（9-25）存在解为

$$h_{t-}^* = \frac{(v_0(t) - v_1(t)) - \sqrt{(v_0(t) - v_1(t))^2 - 2(a_{+\max} - a_{-\max})S_0(t)}}{a_{+\max} - a_{-\max}}$$

或

$$h_{t+}^* = \frac{(v_0(t) - v_1(t)) + \sqrt{(v_0(t) - v_1(t))^2 - 2(a_{+\max} - a_{-\max})S_0(t)}}{a_{+\max} - a_{-\max}}$$

因此，当 $h_{t-}^* \leqslant h_t \leqslant h_{t+}^*$ 时车距限制条件不满足，也就是碰撞事故会不可避免。当 $h_{t-}^* < \frac{v_0(t) - v_1(t)}{a_{+\max} - a_{-\max}}$，1 号车的速度会大于 2 号车，造成车速限制条件不满足，发生碰撞事故。故在条件 2 情况下不存在一个可行性解。

综上所述，1 号车的分配加速度模型总结如下：

如果有 $S_0(t) > \frac{(v_0(t) - v_1(t))^2}{2(a_{+\max} - a_{-\max})}$ 或 $0 \leqslant S_0(t) \leqslant \frac{(v_0(t) - v_1(t))^2}{2(a_{+\max} - a_{-\max})}$，且 $v_1(t) \geqslant v_0(t)$，即满足条件 1，解式（9-23）可得出分配加速度值；

如果有 $0 \leqslant S_0(t) \leqslant \frac{(v_0(t) - v_1(t))^2}{2(a_{+\max} - a_{-\max})}$，且 $v_1(t) < v_0(t)$，即满足条件 2，则 $a_1(t) = a_{+\max} > 0$，$a_0(t) = a_{-\max} < 0$，碰撞事故会发生在 h_{t-}^* 时刻。

最终的结论是，分配加速度模型存在至少一个可行解，故方程不会为空解。

下面对结论进行证明。

如果 $S_0(t) > \frac{(v_0(t) - v_1(t))^2}{2(a_{+\max} - a_{-\max})}$ 或 $0 \leqslant S_0(t) \leqslant \frac{(v_0(t) - v_1(t))^2}{2(a_{+\max} - a_{-\max})}$，且 $v_1(t) \geqslant v_0(t)$，即满足条件 1：

允许 $a_1 * (t) = a_{+\max}$，$a_0 * (t) = a_{-\max}$。这时所有限制条件在任意 $h_t > 0$ 时刻均满足。方程的可行解不会为空，至少存在一个最优解。

如果 $0 \leqslant S_0(t) \leqslant \frac{(v_0(t) - v_1(t))^2}{2(a_{+\max} - a_{-\max})}$，且 $v_1(t) < v_0(t)$，即满足条件 2：

当 $h_t > h_{t-}^*$ 这个问题不会存在，同时会返回解 $a_1^*(t) = a_{+\max}$，$a_0^*(t) = a_{-\max}$。所以，分配加速度模型存在至少一个可行解。

值得注意的一点是，因为分配加速度模型的式（9-23）的可行解在条件 1 下不为空，所以 1 号车的最优加速度值不唯一。

9.5　协同主动避撞模型应用于车辆队列控制

为了保证 1 号车的分配加速度模型在执行加速避撞时不影响 2 号车的安全性，避免安全

事故的转移，需要定义一个避撞预测周期时间 T，来保证2号车在速度不变的条件下保证车距在安全车距范围之内，即满足以下不等式：

$$S_1(t+T)=v_2(t)T+S_1(t)-\left(v_1(t)T+\frac{1}{2}a_1(t)T^2\right)\geqslant 0 \tag{9-26}$$

当需要1号车执行分配加速度 $a_1(t)$ 来完成协同避撞时，如果1号车和2号车的车距不满足约束条件，即两车已是保持最小安全车距行驶的情况，2号车需要协同1号车执行加速避撞控制。同时，需要将2号车加速行驶距离最小化，避免安全事故转移给下一辆车，这也是加速避撞的前提条件。

采用前面同样的讨论分析方法，2号车的分配加速度模型可以总结如下：

如果有 $S_1(t)>\dfrac{(v_1(t)-v_2(t))^2}{2(a_{+\max}-a_1(t))}$，$a_1(t)<a_{+\max}$ 且 $v_1(t)\leqslant v_2(t)$，$a_1(t)=a_{+\max}$，即满足条件1，则2号车分配加速度非线性规划函数为

$$\min \quad v_2(t)h_t+\frac{1}{2}a_2(t)h_t^2$$

$$\text{满足}\begin{cases}0\leqslant a_2(t)\leqslant a_{+\max}\\ v_2(t)+a_2(t)h_t\geqslant v_1(t)+a_1(t)h_t\\ \left(v_2(t)h_t+\frac{1}{2}a_2(t)h_t^2\right)+S_1(t)-\left(v_1(t)h_t+\frac{1}{2}a_1(t)h_t^2\right)\geqslant 0\\ h_t>0\end{cases} \tag{9-27}$$

如果 $0\leqslant S_1(t)\leqslant\dfrac{(v_1(t)-v_2(t))^2}{2(a_{+\max}-a_1(t))}$，$a_1(t)<a_{+\max}$ 且 $v_1(t)>v_2(t)$，$a_1(t)=a_{+\max}$，即满足条件2，此时 $a_2(t)=a_{+\max}$。

在这种情况下，如果1号车为避免碰撞而加速，但造成碰撞事故转移到1号车和2号车，此时不满足避撞控制的前提条件，故分配加速度模型也无效，控制器不执行操作。

对于相似的 n 辆车的情况，如果 $n-1$ 号车与 n 号车（$n=2,\cdots,N$）的车距不满足 $n-1$ 号车的加速条件，即车距满足以下条件：

$$S_{n-1}(t+T)=v_n(t)T+S_{n-1}(t)-\left(v_{n-1}(t)T+\frac{1}{2}a_{n-1}(t)T^2\right)\geqslant 0 \tag{9-28}$$

这时需要 n 号车同时进行协同加速。第 n 号车（$n=2,\cdots,N$）的分配加速度模型可以通过相似2辆车的分配加速度模型推导得出。

如果 $S_{n-1}(t)>\dfrac{(v_{n-1}(t)-v_n(t))^2}{2(a_{+\max}-a_{n-1}(t))}$，$a_{n-1}(t)<a_{+\max}$ 且 $v_{n-1}(t)\leqslant v_n(t)$，$a_{n-1}(t)=a_{+\max}$，即满足条件1，求如下非线性规划函数的解：

$$\min \quad v_n(t)h_t+\frac{1}{2}a_n(t)h_t^2$$

$$\text{满足}\begin{cases}0\leqslant a_n(t)\leqslant a_{+\max}\\ v_n(t)+a_n(t)h_t\geqslant v_{n-1}(t)+a_{n-1}(t)h_t\\ \left(v_n(t)h_t+\frac{1}{2}a_n(t)h_t^2\right)+S_{n-1}(t)-\left(v_{n-1}(t)h_t+\frac{1}{2}a_{n-1}(t)h_t^2\right)\geqslant 0\\ h_t>0\end{cases} \tag{9-29}$$

如果 $0 \leqslant S_{n-1}(t) \leqslant \dfrac{(v_{n-1}(t)-v_n(t))^2}{2(a_{+\max}-a_{n-1}(t))}$，$a_{n-1}(t) < a_{+\max}$ 且 $v_{n-1}(t) > v_n(t)$，$a_{n-1}(t) = a_{+\max}$，即满足条件2，此时 $a_n(t) = a_{+\max}$。

同样的协同主动避撞条件，如果 n 号车避免了0号和1号车那样的避撞事故加速，但造成了与 $n-1$ 号车的事故，分配加速度模型同样无效，控制器不执行操作。

在 t 时刻通过上述公式计算得出 $a_n(t)$ 后，下一步对 n 和 $n+1$ 车的预测时间 T 后的车距进行判定。在时刻 T，如果下式成立：

$$S_n(t+T) = v_{n+1}(t)T + S_n(t) - \left(v_n(t)T + \frac{1}{2}a_n(t)T^2\right) < 0 \tag{9-30}$$

需要通过给定的 $a_n(t)$ 计算 $a_{n+1}(t)$ 的分配加速度模型。

通过上述论证，整个计算分配加速度过程可以扩展到整个具有车车通信的车辆队列，如图9-1所示。

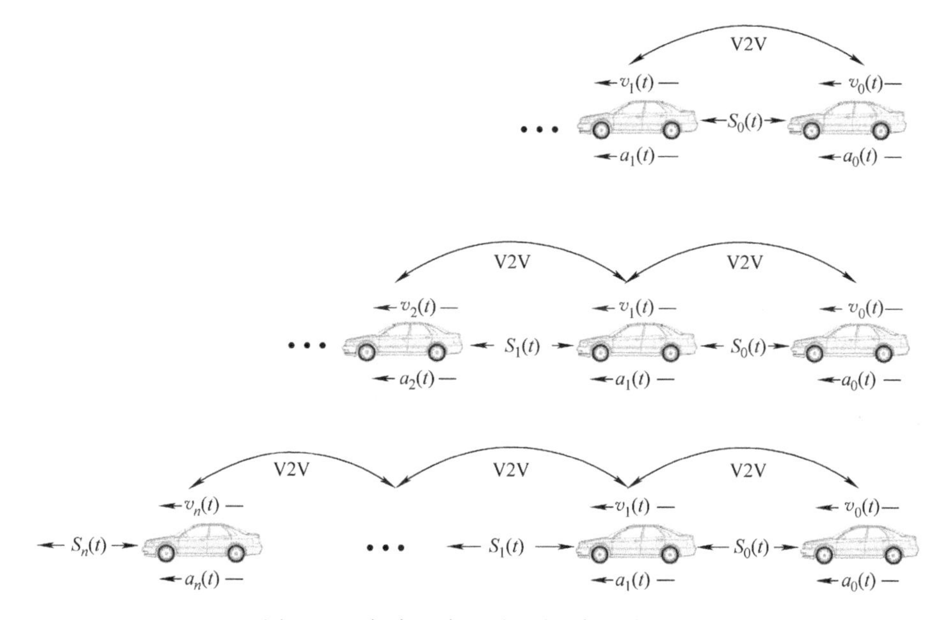

图9-1　n 辆车组成队列的分配加速度模型

整个分配加速度过程会在满足下列条件时停止：

$$S_n(t+T) = v_{n+1}(t)T + S_n(t) - \left(v_n(t)T + \frac{1}{2}a_n(t)T^2\right) \geqslant 0 \qquad n=1,2,3,\cdots \tag{9-31}$$

这个结论说明加速度分配过程会一直循环判断直到 n 号车加速避撞的同时不影响 $n+1$ 号车的安全车距，或者是 n 号车已经是通信系统可以检测到的最远车辆或前面已经没有其他加速的车辆，模型运算停止，车辆队列分配加速度过程结束。

在分配加速度模型在车辆队列中运行结束并求出加速度控制量后，得到分配加速度值会反馈给控制单元来执行避撞控制。在下一个控制周期，即 $t = t + \Delta T$，模型会判断队列中是否仍存在有安全隐患的车辆，如此循环以上过程，直至避撞过程结束。

n 辆车队列的CACA模型计算流程框图如图9-2所示。

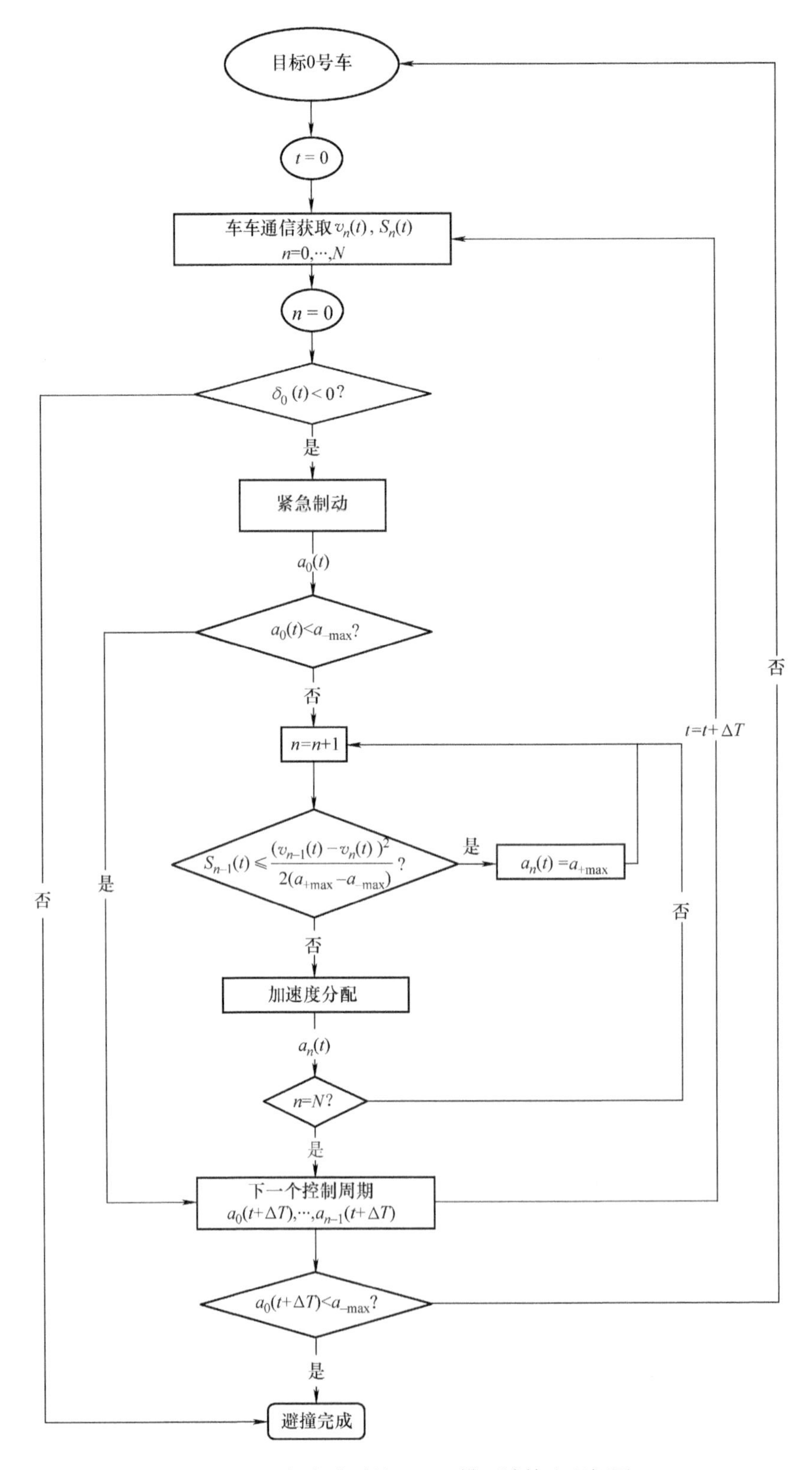

图 9-2　n 辆车队列的 CACA 模型计算流程框图

9.6　仿真验证

验证 CACA 模型前需要对特定仿真环境进行配置。本章在 CarSim 软件仿真环境中定义路面为干燥高速公路，最高车速为 40m/s，并且路面摩擦系数 $\mu=0.85$，车辆类型为重量 2t 的帕萨特轿车，滑模控制器参数初始化为 $\lambda=1$，初始车间时距 $h=0.2\text{s}$，最大制动减速度 $a_{-\max}=-8.5\text{m/s}^2$，并且最大加速度为 $a_{+\max}=5\text{m/s}^2$。在仿真验证中，为方便对不同的相似模型进行比较，特定义传统避撞模型为单车（1 - vehicle）模型，只有两车参与协同主动避撞的模型为两车（2 - vehicle）模型，n 辆车同时参与协同主动避撞的模型为多车（n - vehicle）模型。

9.6.1　两车协同主动避撞

首先，比较单车模型和两车模型的仿真结果。

建立仿真环境：两台具有车车通信的车辆在高速公路上同向行驶，为了验证高速工况条件，设定 0 号和 1 号车的初始速度分别为 40m/s 和 13m/s，两车的初始车距为 40m。基于运动学理论可以得到碰撞只有在 0 号车执行大于 18 m/s^2 的制动减速度时才能避免。但是由于实际路面摩擦系数所限，最大制动减速度值只能小于等于 8.5m/s^2，这意味着只依靠 0 号车紧急制动仍然无法避免追尾事故的发生。

图 9-3 所示的仿真结果为单车模型和两车模型在同一环境下加速度、车速和行驶轨迹的仿真结果。如图 9-3a 和 c 所示，0 号车按最大制动减速度 -8.5m/s^2 紧急制动，与此同时 1 号车仍然保持 13m/s 的速度行驶。在两车车距为零的时刻，0 号车的速度已经减为 15m/s 但是仍然大于 1 号车的车速，所以追尾事故在 2.4s 发生。

当两车模型运行时，1 号车协同加速完成避撞。如图 9-3b 所示，1 号车从 1s 加速到 2s，与此同时 0 号车按最大制动减速度 -8.5m/s^2 减速到 2.9s。如图 9-3d 所示，在 3s 的时候 0 号和 1 号车的相对速度已经等于零，之后两者开始按照相同的车速 15m/s 在高速公路上匀速行驶。

通过结果比较，两车模型不仅避免了碰撞事故，而且保证了驾驶人的舒适性，1 号车只需要按 2.2m/s^2 的加速度行驶 1s 左右，驾驶人基本感觉不到车辆的加速变化。

如图 9-3e 所示曲线，可以很清楚地看到在单车模型情况下两车轨迹在 2.4s 的时刻发生了交叉，即两车位置重合发生了追尾。在两车模型执行情况下，如图 9-3f 所示，两车行驶轨迹在 3s 的时刻开始平行运行，轨迹没有发生交叉，追尾碰撞事故不会发生。

图 9-4 所示为单车模型和两车模型车距仿真结果对比。在单车模型运行到 2.4s 时车距变为零，发生了碰撞事故；在两车模型运行到 3s 时，车距从 40m 减到 3m，且之后保持稳定的车距，不会发生碰撞事故。

图 9-5 所示的 3D 仿真进一步利用 CarSim 软件仿真环境说明了单车模型和两车模型控制效果。单车模型仅靠 0 号车紧急制动发生追尾事故；两车模型靠加速度的分配不会发生追尾事故。

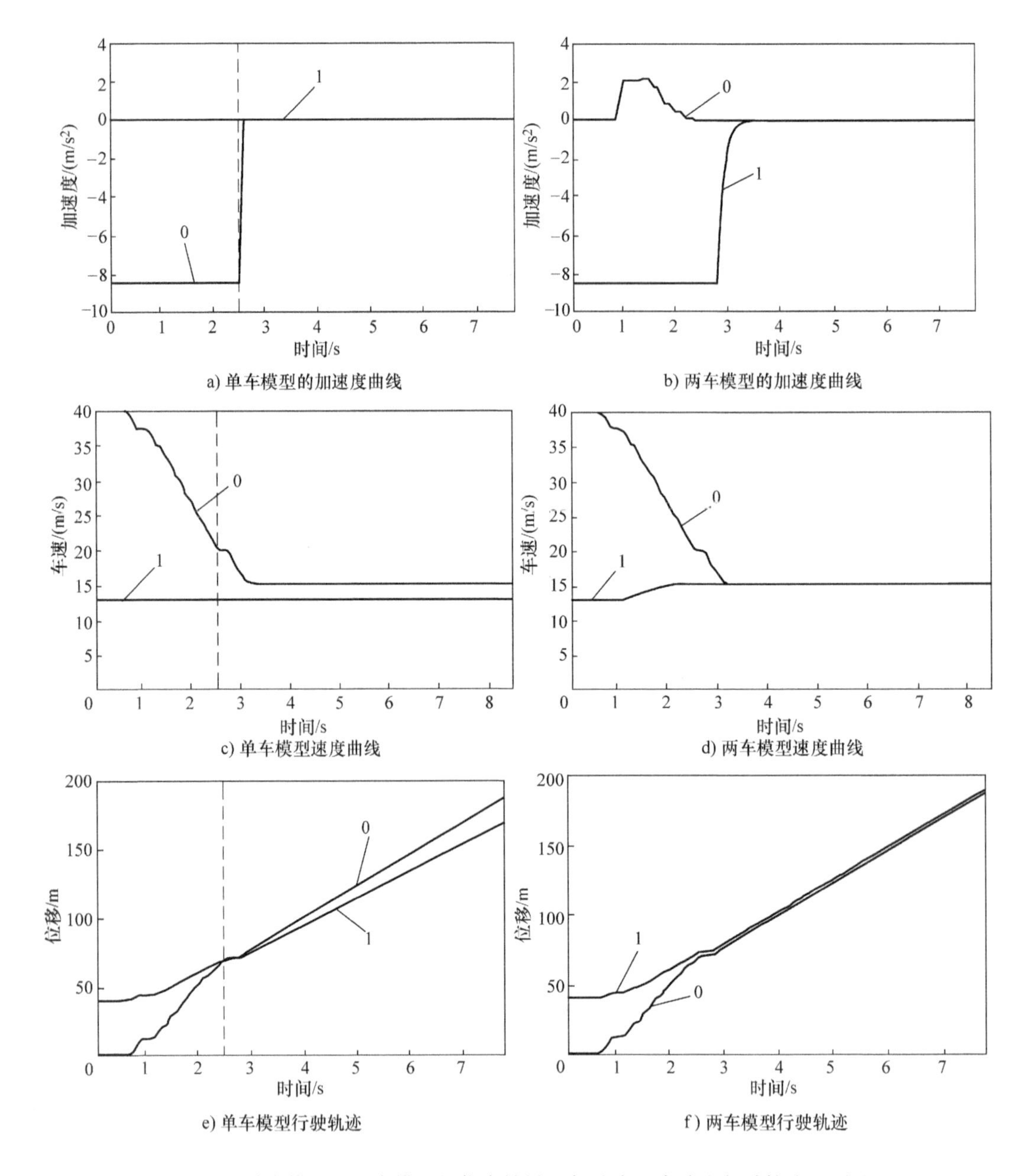

a) 单车模型的加速度曲线　b) 两车模型的加速度曲线

c) 单车模型速度曲线　d) 两车模型速度曲线

e) 单车模型行驶轨迹　f) 两车模型行驶轨迹

图 9-3　单车模型和两车模型的仿真结果（加速度、车速和行驶轨迹）对比

9.6.2　车辆队列协同主动避撞

本节以 3 辆车组成队列为例，来仿真 n 辆车的协同主动避撞模型效果。当 1 号和 2 号车的车距不满足加速度条件时，CACA 模型应该扩展到 2 号车也参与到协同避撞过程中，从而模型也扩展为多车模型。

初始状态下 0 号、1 号和 2 号车的初速度分别为 40m/s、13m/s 和 14m/s，车距分别为 40m 和 10m 。因为 1 号 和 2 号车的车距不满足分配加速度条件不允许 1 号车加速，这就意

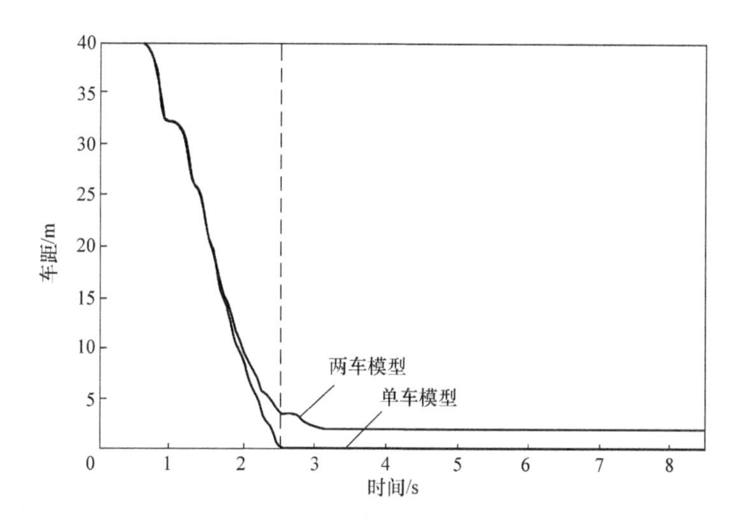

图 9-4　单车模型和两车模型车距仿真结果对比

a) 单车模型3D仿真结果

b) 两车模型3D仿真结果

图 9-5　单车模型和两车模型的 CarSim 软件 3D 仿真结果

味着 0 号和 1 号车之间不可避免地发生追尾事故，需要 2 号车配合加速完成避撞。下面比较两车模型和多车模型的仿真结果。

图 9-6 所示的仿真结果为 0 号、1 号和 2 号车在两车模型、多车模型下的加速度、车速和行驶轨迹的仿真结果。

两车模型仿真结果分析：如图 9-6a 和 c 所示，仿真开始时，0 号车按最大制动减速度执行紧急制动，同时 1 号车在 2s 时速度达到 15m/s，但 2 号车维持 14m/s 的速度匀速行驶。如图 9-6e 所示，在 5. 2s 时 3 辆车发生追尾。

多车模型仿真结果分析：在 2 号车加速参与避撞后，如图 9-6b 所示，2 号车从 1. 5s 加速到 2. 7s，同时 1 号车从 1s 加速到 2. 5s。1 号车开始加速时和 2 号车开始加速时中间有 0. 5s 的时间间隔，同时 2 号车分配的加速度和执行时间是小于 1 号车的，说明分配加速度会随队列中车辆增多而逐渐减小，并最终趋近于零。如图 9-6d 所示，在 3. 4s 后，3 辆车保持相等的车速 15m/s 匀速行驶。如图 9-6f 所示，3 车的轨迹在 5s 后保持平行，车距均为零，不会发生碰撞事故。

图 9-7 所示为两车模型和多车模型车距仿真结果对比。如图 9-7a 所示，两车模型执行

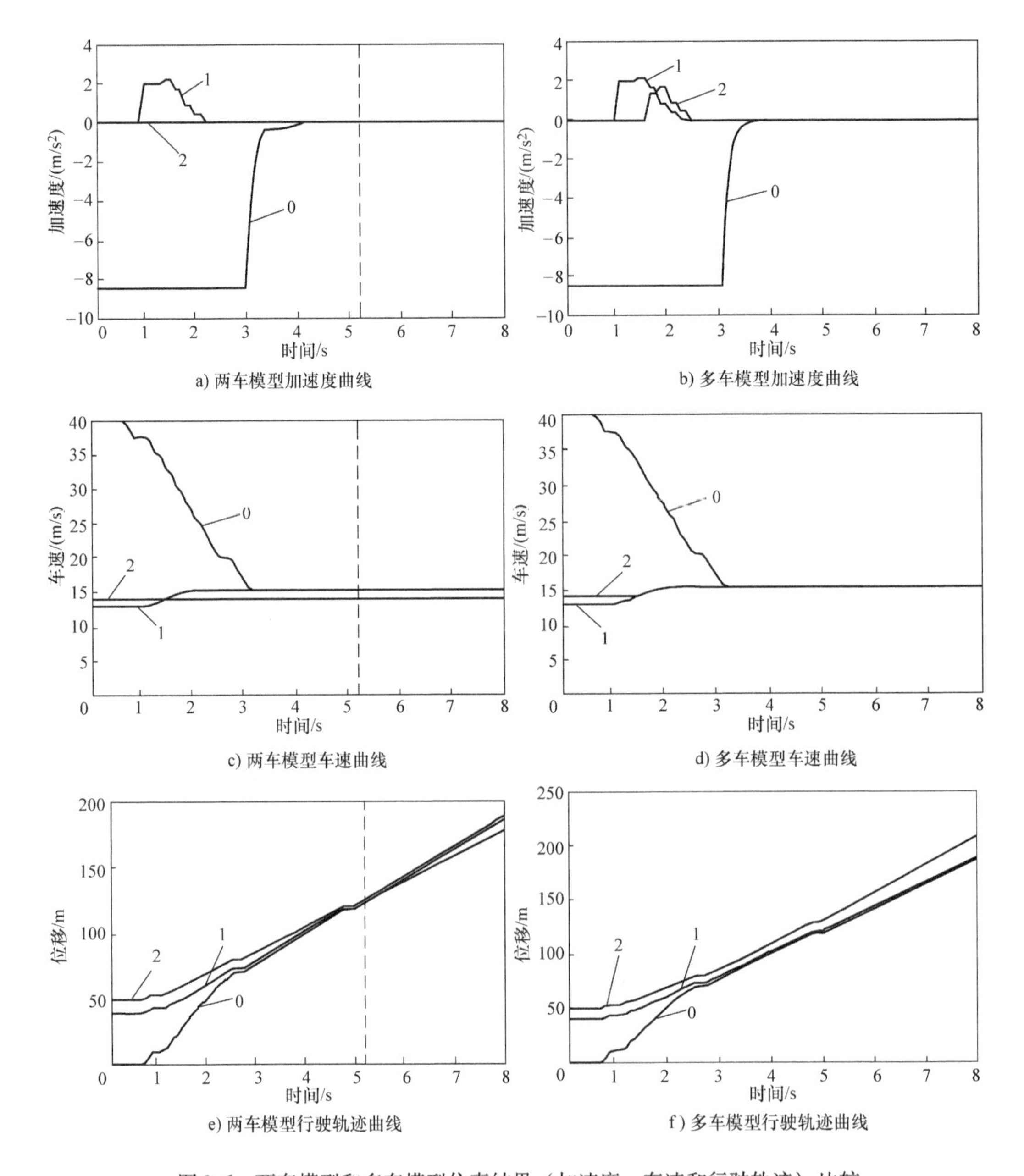

图 9-6 两车模型和多车模型仿真结果（加速度、车速和行驶轨迹）比较

下碰撞事故在 5.2s 发生，1 号和 2 号车两车的车距变为零。在多车模型执行下，如图 9-7b 所示，1 号和 2 号车的车距会维持在 10m，同时 0 号和 1 号车的车距维持在 2m，不会发生追尾碰撞事故。

图 9-7 所示的仿真结果进一步通过 CarSim 软件 3D 仿真，可以更显著地看到两车模型和多车模型执行下的车队运行效果。如图 9-8 所示，两车模型控制下会发生追尾碰撞事故，多车模型控制下没有发生追尾碰撞事故。

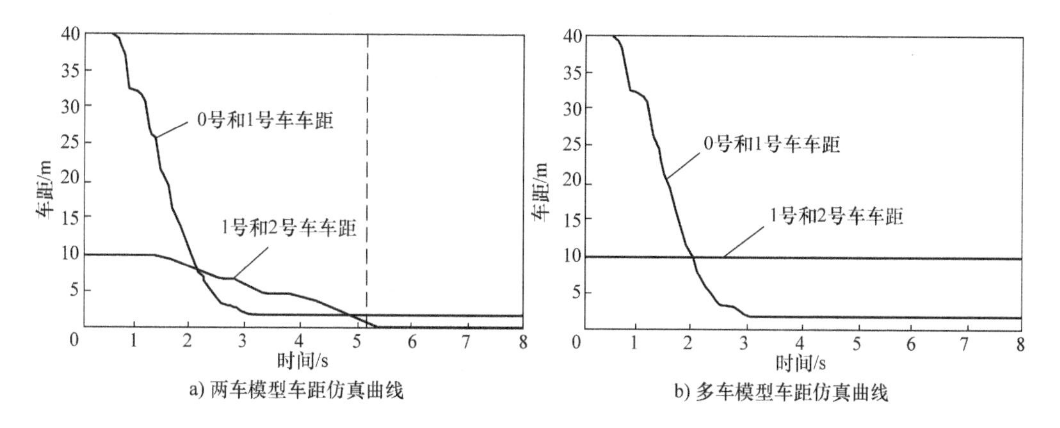

a) 两车模型车距仿真曲线　　b) 多车模型车距仿真曲线

图 9-7　两车模型和多车模型车距仿真结果对比

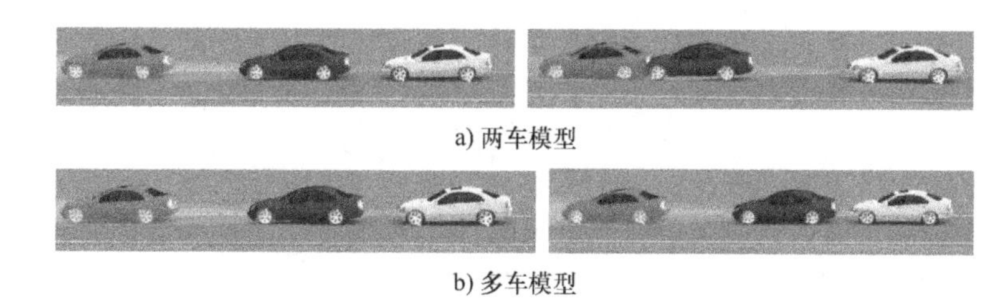

a) 两车模型

b) 多车模型

图 9-8　两车模型和多车模型 CarSim 软件 3D 仿真结果

参考文献

[1] Fritz A, Schiehlen W. Automatic cruise control of a mechatronically steered vehicle convoy [J]. Vehicle System Dynamics, 1999, 32 (4-5): 331-344.

[2] Baum D, Hamann C D. High performance ACC system based on sensor fusion with distance sensor, image processing unit, and navigation system [J]. Vehicle System Dynamics, 1997, 28 (6): 327-338.

[3] Rohr S N, Lind R C, Myers R J, et al. An integrated approach to automotive safety systems [J]. SAE transactions, 2000, 109 (6): 453-459.

[4] Tan H, Huang J. DGPS - based vehicle - to - vehicle cooperative collision warning: Engineering feasibility viewpoints [J]. Intelligent Transportation Systems, IEEE Transactions on, 2006, 7 (4): 415-428.

[5] Huang C, Fallah Y P, Sengupta R, et al. Intervehicle transmission rate control for cooperative active safety system [J]. Intelligent Transportation Systems, IEEE Transactions on, 2011, 12 (3): 645-658.

[6] Ference J J, Szabo S, Najm W. Performance evaluation of integrated vehicle - based safety systems [M]. US Department of Transportation, 2006.

[7] Rezaei S, Sengupta R, Krishnan H, et al. Tracking the position of neighboring vehicles using wireless communications [J]. Transportation Research Part C: Emerging Technologies, 2010, 18 (3): 335-350.

[8] Sengupta R, Rezaei S, Shladover S E, et al. Cooperative collision warning systems: Concept definition and experimental implementation [J]. Journal of Intelligent Transportation Systems, 2007, 11 (3): 143-155.

[9] Ference J J, Szabo S, Najm W. Performance evaluation of integrated vehicle - based safety systems [R]. US Department of Transportation, 2006.

[10] Liu X, Yuan Y. A sequential quadratic programming method without a penalty function or a filter for nonlinear

equality constrained optimization [J]. SIAM Journal on Optimization, 2011, 21 (2): 545 - 571.

[11] 邱松强. 非线性规划的可行性控制方法及其应用 [D]. 苏州: 苏州大学, 2013.

[12] Bielschowsky R H, Gomes F A. Dynamic control of infeasibility in equality constrained optimization [J]. SIAM Journal on Optimization, 2008, 19 (3): 1299 - 1325.

[13] 智登奎. 基于遗传算法非线性规划的约束广义预测控制 [D]. 太原: 太原理工大学, 2013.

[14] Gould N I, Toint P L. Nonlinear programming without a penalty function or a filter [J]. Mathematical Programming, 2010, 122 (1): 155 - 196.

[15] Qiu S, Chen Z. Global and local convergence of a class of penalty - free - type methods for nonlinear programming [J]. Applied Mathematical Modelling, 2012, 36 (7): 3201 - 3216.

[16] 刘谟新. 一般约束非线性规划问题的最优性条件 [D]. 长春: 吉林大学, 2007.

[17] 马威, 王正欧. 神经网络融合信赖域求解非线性规划的新方法 [J]. 天津大学学报 (自然科学与工程技术版), 2002, 35 (6): 705 - 709.

[18] Wang X, Zhu Z, Zuo S, et al. An SQP - filter method for inequality constrained optimization and its global convergence [J]. Applied Mathematics and Computation, 2011, 217 (24): 10224 - 10230.

[19] 唐冲. 基于 Matlab 的非线性规划问题的求解 [J]. 计算机与数字工程, 2013, 41 (7): 1100 - 1102.

[20] 杨丹. 解非线性规划问题的算法研究 [D]. 南京: 南京航空航天大学, 2006.

第 10 章

智能网联汽车编队控制硬件在环仿真技术

随着车辆智能化程度和车联网技术的不断提高，使通过智能车辆队列技术来提高车辆安全性和道路通行能力成为可能。但在智能车辆队列系统实际应用中，目前缺少一种可靠、高效的仿真系统对控制效果进行前期验证。因此，本章基于车车通信技术对车辆队列行驶的控制方法及仿真系统开展研究，并对系统的可行性进行了实验验证。本章建立了车辆队列协同控制模型及协同主动避撞模型。为解决实际的交通安全问题，除了仿真验证手段外，需要用实物验证的数据来进一步对模型进行分析，得出更具有说服力的实验结论。

10.1 智能网联汽车编队控制硬件在环仿真平台原理

目前，国内外有多种车辆编队控制系统测试方法。Naus 等人提出了协作自适应巡航控制系统的总体设计，针对车距控制运行和车速控制运行两种模式切换的转换逻辑进行了深入研究[1]。Fernandes 等人运用协作自适应巡航控制系统使车辆在小车距下行驶，并通过硬件在环仿真实验验证了其稳定性能够得到较好的保证[2]。Tan 等人利用磁极跟踪的方法来获取车辆队列在换道过程中的准确信息[3]。Behringer 等人利用摄像头传感器对采集的车辆信息进行分析，使车辆能够在弯曲道路安全行驶[4]。Hunter 等人通过在仿真软件中建立道路几何构造，提供必要交通数据需求，在交通控制器中提供信号控制逻辑与灯色状态，构建出了硬件在环仿真环境；对比评价出多路口中自适应信号控制系统相较于多时段定时控制能更好地提高通行效率[5]。施绍有等人利用硬件在环技术验证了基于模糊 - 神经网络的跟驰模型的合理性[6]。方兴等人通过硬件在环技术的优势解决了实车实验中车辆动力学特性不易确定的问题，并优化了系统提高解决智能车多车协作控制问题的效率[7]。

如图 10-1 所示硬件在环仿真，具有兼容性广的特点，能够在仿真实验高速运行的同时完成对模型参数的获取与控制；对控制数据及操作指令能够进行采集处理，并能够可靠地将设备数据与仿真数据进行匹配，传输实时性较高，保证仿真实验的测试准确性；通过设计编写的图形操作界面，能够直观简洁地将不同模块接口获取的信号数据进行展示，且能够在不同的控制模式下快速切换；节约时间成本，提高实验效率。

从实验角度来说，车路协同系统的应用使车辆的可靠性和主动安全性能得到了很大改善，但同时造成了车辆系统复杂化，导致研究过程中实车实验成本增加、危险系数增大，所以半实物验证平台成为目前研究智能车路协同系统常用的实验验证环境。半实物实验平台是指在与实际验证环境相似的场景中，按照相似比例关系的测试物取代相应实际物体进行实验，测试物等比放大或缩小。本章选用多智能微缩车半实物平台按比例缩小实物，通过机电模型来模拟真实的车辆动力学模型。其车辆传动系统、动力系统尽可能与实车动力学模型保持一致。

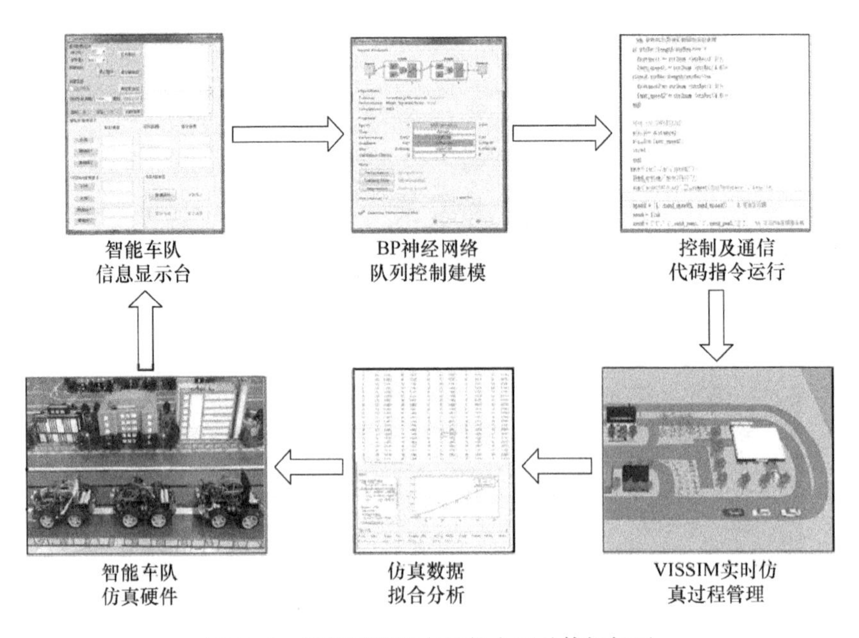

图 10-1　智能网联汽车硬件在环总体框架图

10.1.1　硬件在环仿真系统框架

如图 10-2 所示，智能网联汽车编队系统采用分布式控制方法，每辆车只需采集前后车的车辆信息，结合自身的行驶状态，由控制单元进行规划和决策。无需将队列中所有车辆的状态采集至中央控制器，避免数据冗杂和复杂计算。智能车辆队列系统主要由智能车子系统、通信子系统、路侧控制子系统三部分组成。智能车子系统中，其所配备的车载传感器主要完成车辆行驶信息感知采集工作，如采集自身车速、本车与前后车的间距、车道线偏离航向等信息；同时车辆的电子控制单元完成对车辆的行驶控制。通信子系统主要包括短程无线

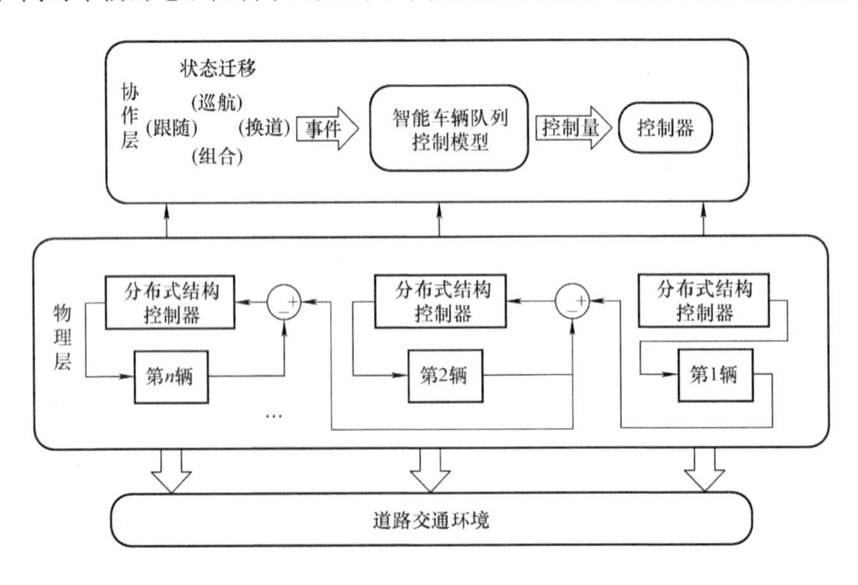

图 10-2　车辆分布式控制结构图

通信及4G网络。4G网络主要完成将道路区域中车辆、道路的信息上传并保存至云端数据库；短程无线通信主要完成车车、车路间的数据共享工作。路侧控制子系统主要完成信号相位配时、灯色状态及排队检测等工作。

智能网联汽车编队控制系统，主要可应用于城市快速路及市区内联络线。其工作流程如下：领航车通过云端获取前方路况及灯色信息，以合理的速度行驶于道路中。在有效区域内的车辆自动形成队列，以跟驰状态行驶。跟驰车辆通过传感器采集前后车辆的信息，并通过无线通信设备将数据进行共享；队列控制模型将信息进行融合并计算出最优的跟驰指令，完成对车辆的控制。当车队驶入交叉口，可根据路侧控制单元所采集的信号配时、排队长度等信息，使整个车队以不停车的行驶状态驶离交叉口。

如图10-3和图10-4所示，智能车辆队列硬件在环仿真系统实物部分主要由智能车及上位机软件两部分组成。两者之间由搭载的ZigBee无线通信模块完成数据的传输。智能车是仿真系统中的实体对象，也是系统的执行终端。它主要由无线通信、传感器、控制器等子系统组成。通过接收上位机的队列行驶指令，完成车辆行驶行为。上位机作为数据处理和决策

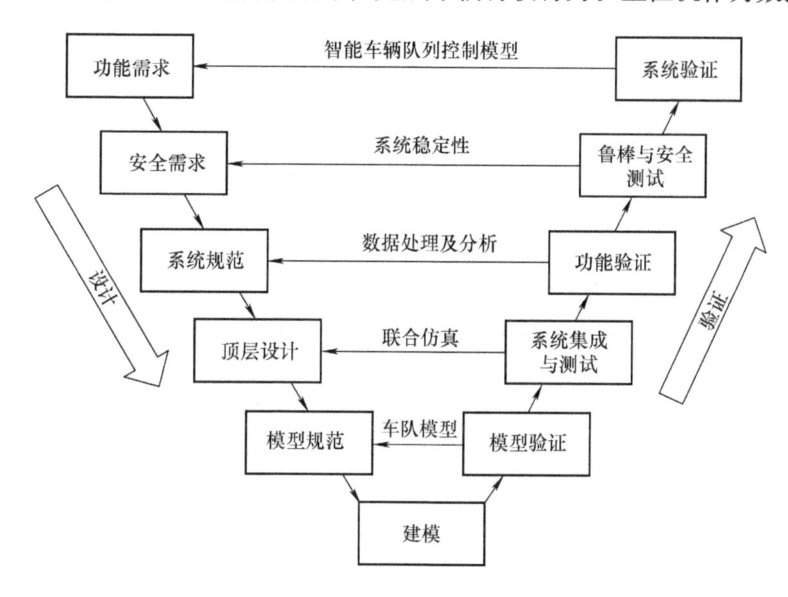

图10-3　硬件在环系统开发流程

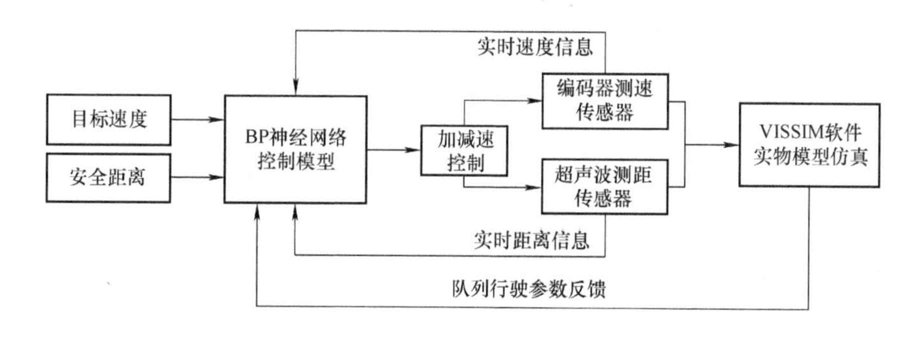

图10-4　智能车辆队列系统流程图

终端，主要由队列控制显示平台、车辆队列控制模型、VISSIM 软件仿真模型组成。其获取的车队行驶状态信息经控制算法分析决策计算出最优行驶参数，传送给车辆。VISSIM 软件仿真中会同步车辆行驶状态。实体与仿真数据均显示在图形操作平台，且平台能够对车队行驶状态进行控制。

10.1.2 硬件在环仿真平台验证原理

本章给出的智能微缩车平台是一个与实际场景按 1∶10 比例缩小智能车路协同系统半实物仿真平台。平台包括智能微缩车、沙盘道路及无线通信等交通设施，面积大约为 $25m^2$，如图 10-5 所示。智能微缩车选用后轮为直流电动机驱动和前轮为舵机转向的电动模型车；车载核心控制板的处理器是32 位 ARM 内核处理器 STM32F407；采用图像识别车道线感知环境信息，车车通信方式获取车辆信息。沙盘道路是宽度为 35cm 的双车道，表面呈磨砂状，其与柏油公路的摩擦系数基本一致。智能车在沙盘道路行驶最高速度不超过 4m/s，通常设置为 3m/s 以下。道路沙盘的路况与真实场景类似，包括直道、弯道、坡道及高架桥等，与实际场景基本一致。智能微缩车和上位机监控中心均有无线通信模块，可以实现车路直接的信息交互和命令控制。

图 10-5　智能网联汽车硬件在环仿真平台

本章车辆队列实验采用智能微缩车平台，相比实车道路实验有以下优势：

1）实验平台系统便于设计，各部件成本低廉并且容易更换。

2）微缩车的电池续航能力较强，零部件磨损较小，适合长时间做验证测试，并且不存在危险性，保证了实验的安全性和重复性。

3）沙盘道路和交通设置不存在占用公共资源问题，并且不需要考虑路面磨损和驾驶、行人的人身安全，将实际问题大大简化。

4）实验场景和实验需求可以任意修改，并且可以做实际很难实现的临界测试场景，如

紧急加减速运动等。

综上所述，由于半实物仿真平台和缩微版本与实际智能车路系统之间的极大相似性，并将很多现实情况下难以解决的问题大大简化，对于需要占用过多交通资源的车辆队列实验是较好的选择。

10.1.3 硬件在环仿真平台验证可行性验证

微缩车是否可以用来验证实车控制效果，各国科研机构一直存在着争议[8,9]。针对不同模型（ABS、ESP 等）的验证可行性，不同的机构都得出不同的缩比模型[10]。其中最具有参考意义的验证规则是美国麻省理工学院 Buckingham 建立的车辆“π groups”缩比模型法则[11]。它的实际意义在于缩比模型车和实车的下列参数比例一致时，证明两车的实验验证结果符合缩比性质。Buckingham 给出的该法则如图 10-6 所示。

$\pi_1 = Throttle$，$\pi_2 = Brake$	Non – dimensional driver inputs
$\pi_3 = i_t$，$\pi_4 = i_f$，$\pi_5 = N_{ratio}$，$\pi_6 = T_{ratio}$	Non – dimensional transmission and final drive gear ratio
$\pi_7 = \frac{J_e}{mL^2}$，$\pi_8 = \frac{I_t}{mL^2}$，$\pi_9 = \frac{J_w}{mL^2}$	Non – dimensional engine, transmission and wheel inertia
$\pi_{10} = \theta_{CS}$，$\pi_{11} = \theta_i$，$\pi_{12} = \theta_t$，$\pi_{13} = \theta_p$，$\pi_{14} = \theta_f$，$\pi_{15} = \theta_w$	Non – dimensional angular displacements
$\pi_{16} = \frac{\tau_e}{mU^2}$，$\pi_{17} = \frac{\tau_i}{mU^2}$，$\pi_{18} = \frac{\tau_t}{mU^2}$，$\pi_{19} = \frac{\tau_p}{mU^2}$，$\pi_{20} = \frac{f}{mU^2}$，$\pi_{21} = \frac{\tau_d}{mU^2}$，$\pi_{22} = \frac{\tau_w}{mU^2}$，$\pi_{23} = \frac{\tau_{brake}}{mU^2}$	Non – dimensional torques
$\pi_{24} = K_{fc}\sqrt{mU^2}$	Non – dimensional capacity factor
$\pi_{25} = \frac{R}{l}$	Non – dimensional wheel radius
$\pi_{26} = \frac{pL^3}{m}$，$\pi_{27} = \frac{p_{air}L^3}{m}$	Non – dimensional vehicle and air density
$\pi_{28} = \frac{A_f}{l^2}$	Non – dimensional projected front area of vehicle
$\pi_{29} = \frac{BU}{ml}$	Non – dimensional damping
$\pi_{30} = C_D$，$\pi_{31} = C_{rr}$	Non – dimensional drag and rolling resistance coefficient

图 10-6 Buckingham 给出的“π groups”车辆缩比模型相似法则

针对这个经典“π groups”车辆缩比模型法则，美国密歇根大学 Rajeev Verma 等人选用了 1∶13 的智能微缩车通过配置五项“π groups”法则基本参数，并按照 0.5 节气门开度加速曲线标定了缩比模型速度控制性能，实现了车辆动力学的缩比模型，并验证了避撞控制模型的实际效果[12]。目前该研究成果被广大研究结构采用。

基于以上文献的实验结论，沿用密歇根大学 Rajeev 团队证明的“π groups”缩比微缩车模型，本章的多智能微缩车平台采用缩比 1∶10 智能微缩车，选择“B – Class”轿车作为实车依据，具体参数对比见表 10-1 所示。

表 10-1　实车和道路与微缩车平台参数对比

参数类型	实车和道路参数	微缩车平台参数
车长/m	约 4.8	0.4
车重/kg	约 2000	1.157
车宽/m	约 1.8	0.15
车道宽度/m	3.4	0.35
轮胎半径/cm	0.4412	0.0368
行车路面材质	柏油（摩擦系数约为 0.6）	沙盘（摩擦系数约为 0.6）
最高车速/(m/s)	55.6（约 200km/h）	4m/s

（1）轮胎半径与车长比例

选用的“B - Class”车型标准轮胎半径为 0.4412m、车长为 4.8m，智能微缩车长为 0.4m，通过“π groups”法则中的 π_{25} 定义，有

$$\begin{gathered}\left(\frac{R}{l}\right)_{\text{Full}}=\left(\frac{R}{l}\right)_{\text{Scaled}}\\ \left(\frac{0.4412}{4.8}\right)=\left(\frac{R}{0.4}\right)\\ D_{\text{scaled}}=0.0368\text{m}\end{gathered}\tag{10-1}$$

可以得出选择的智能微缩车轮胎需选用半径为 0.0368m 的轮胎，可以通过更换配件来实现。

（2）车长与车身质量比 π_{26}

因为智能微缩车的重量变化不会太大，故 π_{26} 法则采取反向运用，实车重量应为 2000kg，通过比例计算后，得出微缩车重量应为 1.157kg，除去本身车重其他可以通过增加载荷来实现。

$$\begin{gathered}\left(\frac{\rho l^3}{m}\right)_{\text{Scaled}}=\left(\frac{\rho l^3}{m}\right)_{\text{Actual}}\\ (\rho)_{\text{Scaled}}=(\rho)_{\text{Actual}}\\ \left(\frac{l^3}{m}\right)_{\text{Scaled}}=\left(\frac{l^3}{m}\right)_{\text{Actual}}\\ \left(\frac{4.8^3}{2000}\right)_{\text{Actual}}=\left(\frac{0.4^3}{m}\right)_{\text{Scaled}}\\ m_{\text{Actual}}\approx 1.157\text{kg}\end{gathered}\tag{10-2}$$

（3）车速与车长比例

这一条法则在“π groups”中没有定义，是密歇根大学学者增加的一条，按照法则定义为

$$\begin{gathered}\left(\frac{Ut}{l}\right)_{\text{Scaled}}=\left(\frac{Ut}{l}\right)_{\text{Actual}}\\ \frac{U_{\text{full}}}{U_{\text{Scale}}}=4.8/0.4=12\end{gathered}\tag{10-3}$$

可以得出实际车速与微缩车车速的比例关系为12倍的关系。

（4）车长与发动机转动惯量比例关系 π_7

这一条主要用于计算微缩车电动机转矩时需要的转动惯量，根据 π_7 定义计算如下：

$$\left(\frac{J_e}{ml^2}\right)_{\text{Scaled}}=\left(\frac{J_e}{ml^2}\right)_{\text{Actual}}$$

$$\left(\frac{J_e}{1157\times0.4^2}\right)_{\text{Scaled}}=\left(\frac{0.5}{2000\times4.8^2}\right)_{\text{Actual}} \tag{10-4}$$

$$J_{e\text{Scaled}}=2.01\times10^{-6}\text{kg}\cdot\text{m}^2$$

这样可以计算出微缩车的转动惯量为 $2.01\times10^{-6}\text{kg}\cdot\text{m}^2$。

（5）发动机对应车速下的发动机转矩关系 π_{16}

π_{16}法则也是后续推导微缩车动力学模型的基础，计算微缩车转矩与实车发动机转矩的关系，有

$$\left(\frac{T_e}{mU^2}\right)_{\text{Scaled}}=\left(\frac{T_e}{mU^2}\right)_{\text{Actual}}$$

$$\left(\frac{T_e}{1.157}\right)_{\text{Scaled}}=\left(\frac{T_e}{2000\times12^2}\right)_{\text{Actual}} \tag{10-5}$$

$$(T_e)_{\text{Scaled}}=4.017\times10^{-6}(T_e)_{\text{Actual}}$$

计算得出与实际转矩的比例关系。

10.1.4 车辆动力学的微缩车实现

本节将介绍智能微缩车验证实验的基础。通过10.1.3节的“π groups”的微缩车基本参数配置，可以实现与实车相似的模型，下一步需要验证微缩车的动力学模型。通过微缩车动力学模型验证结果证明可行性后，车辆控制模型验证的分析结果才能具有一定的说服力，才能作为模型实际验证手段。

参考美国密歇根大学建立的如下微缩车动力学模型：

$$m\ddot{\beta}+\left(B+K_T\frac{K_B}{R_{\text{dcm}}}\right)\dot{\beta}-K_T\frac{V_{\text{PWM}}}{R_{\text{dcm}}}=0 \tag{10-6}$$

可以得出驱动电动机PWM控制方式如下：

$$V_{\text{PWM}}=k_1T_d+k_2v \tag{10-7}$$

式中，k_1，k_2 由直流电动机特性曲线决定，此处引用参考文献计算的参数代入 k_1，k_2；T_d为实现加速度的期望电动机转矩。式10-6中，B 为动力系统阻尼。K_B，K_T为电动机电枢电流系数，由电机特性曲线决定；β 为电动机转角位置；R_{dcm}为电机电枢电阻；V_{PWM}为驱动电动机对应PWM占空比电压值，计算公式为

$$V_{\text{PWM}}=70+2800T_d+0.72v \tag{10-8}$$

由此可得电动机转矩与电动机PWM值为线性关系，所以当需要计算理想车速时，换算出理想PWM值即能控制微缩车的期望加速度。这样从原理上验证了智能微缩车平台验证车辆队列控制模型的可行性。

沿用美国密歇根大学Rajeev Verma实验方法，设置节气门开度为0.5，验证智能微缩车

加速曲线与实际车辆加速曲线对比效果，如图 10-7 所示。

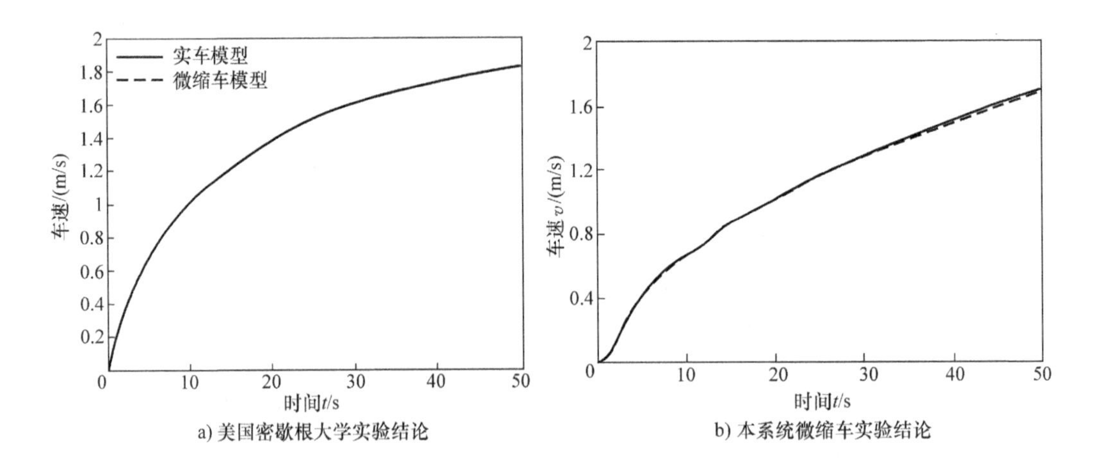

a) 美国密歇根大学实验结论
b) 本系统微缩车实验结论

图 10-7 微缩车动力学模型验证对比（0.5 节气门开度加速）

如图 10-7 所示，左右两图中虚线代表实车模型结果曲线，实线代表微缩车模型结果曲线，虚线与实线场基本拟合。通过相似比例来配置车辆参数后，得出了与密歇根大学 Rajeev Verma 等人实验结论一致的实验结果，这证明本章智能微缩车模型可成立，可以直接用于验证其他车辆动力学控制模型。

10.2 智能微缩车平台硬件结构

本章采用的高性能智能微缩车硬件电路设计方案为双层结构，即图像处理层与控制层。智能微缩车硬件平台结构如图 10-8 所示。图像处理层采用 Mini – ITX 微型控制板作为图像处理的核心，处理器型号为美国英特尔（intel）赛扬 1037U 1.8G 双核，内存为 2G。控制层采用 ARM 处理器搭建嵌入式控制系统作为核心控制板，选用 STM32F407 微处理器。图像处理层用于图像分析、车道线识别，以及前车检测和车距识别。控制层用于实现智能微缩车转向与速度控制。图像处理层与控制层之间通过串口进行数据通信，图像处理层将图像处理后的信息发送给控制层，在控制层实现对执行机构的控制最终验证结果。智能微缩车之间，监控中心之间通过 ZigBee 通信实现信息交互。

智能微缩车利用传感器采集信息，通过 ARM 内核处理器对信息进行分析处理，然后根据当前的行驶条件进行合理的实现行驶、转弯、避撞控制，提高了智能微缩车的可控制性；同时，智能微缩车基于无线通信实现多智能微缩车之间和沙盘道路之间的车车、车路通信，通过安装 ZigBee 无线传输模块接收车辆和监控中心的数据和命令信息。监控中心软件通过 RS232 串口将控制命令通过无线传输发送给各个微缩车的底层控制板，控制板接收到无线控制命令后控制启停等控制操作，车车之间通过互相收发行驶状态信息来判断当前车辆队列行驶的状况，并决定车辆控制执行器的参数和是否需要采取相应的避撞控制。智能微缩车安装了电动机驱动控制器，故只需给驱动器提供 PWM 脉宽调制信号即可控制舵机和驱动电动机。

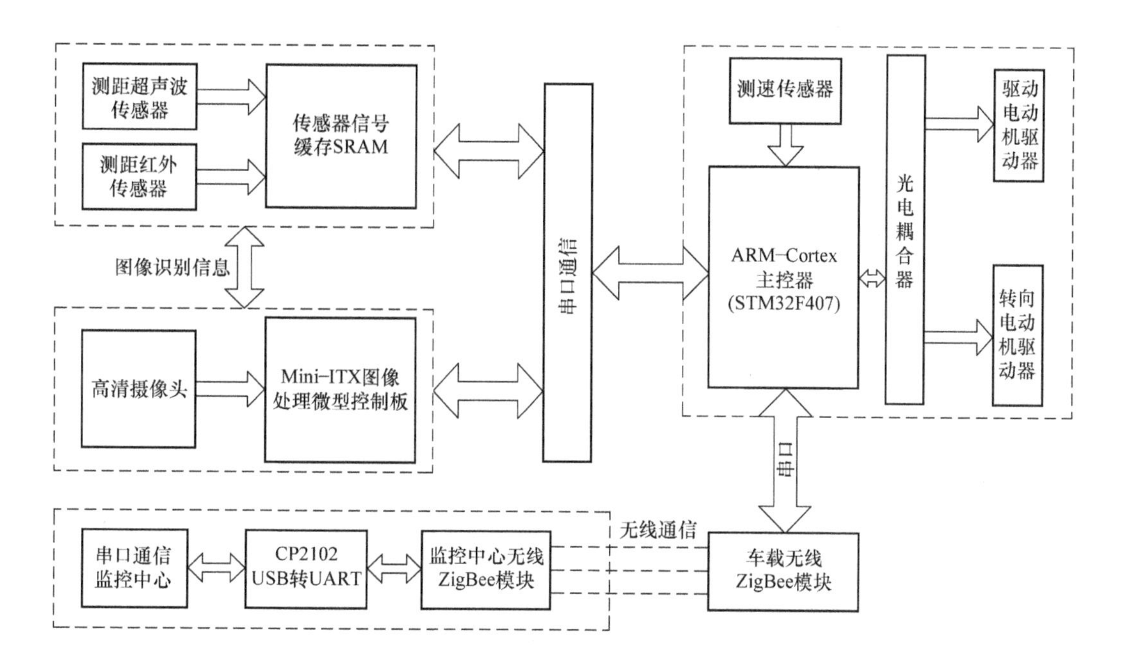

图 10-8 智能微缩车硬件平台结构

10.2.1 控制部分电路设计

1. 硬件原理图设计

(1) STM32F407 最小系统设计

针对智能微缩车系统要求处理速度快、功耗低的特点，选用 STM32F407 作为核心处理器。STM32F407 是面向低成本、低功耗应用的基于 ARM7 架构的 Cortex－M3 的 32 位处理器，拥有 3 级流水线和哈佛结构。STM32F407 处理器最高主频高达 100MHz，内部存储空间包括 1MB 的 Flash 存储器、64KB 的数据存储器，并具有丰富接口资源（如 PWM、AD、CAN、IIC)，可以很好满足开发平台的要求。

系统的最小系统包括晶振起振电路、程序下载电路、指示灯电路和基本处理器外围电路等，其电路原理图如图 10-9 所示。

(2) 系统电源设计

系统以 12V、2000mA · h 、驱动电流为 5A 的可充电锂电池作为电源供电，12V 作为图像处理工控板的供电，需要 2A 的驱动电流，所以基本占据整个系统电源输出功率的 1/2；12V 电源经电压稳压芯片 LM2576 转换得到 5.0V 电压，分别为超声波模块、舵机、驱动电动机、ZigBee 模块提供电源；然后低压差三端线性电压转换芯片 LM1117 将 5.0V 转换成 3.3V 电压，为 ARM 处理器内核、外围最小系统和 SD 卡存储提供电源，系统电源电路原理图如图 10-10 所示。

(3) 驱动电动机控制电路

智能微缩车驱动电动机型号为 RS－540SH，属于直流电动机。智能微缩车通过驱动电动机来实现车速控制，输出功率为 0.9～60W，其特性如表 10-2 所示。

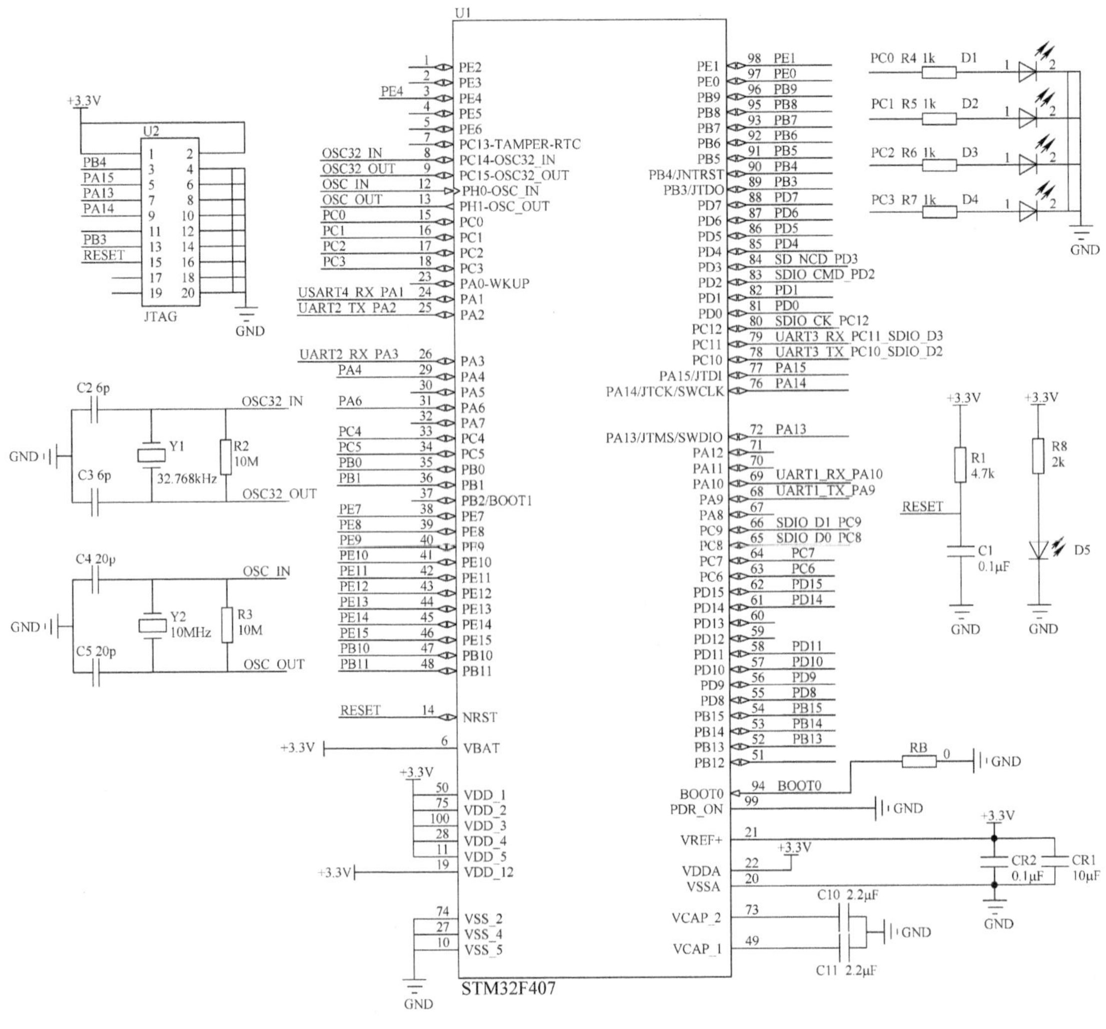

图 10-9　STM32F407 最小系统电路原理图

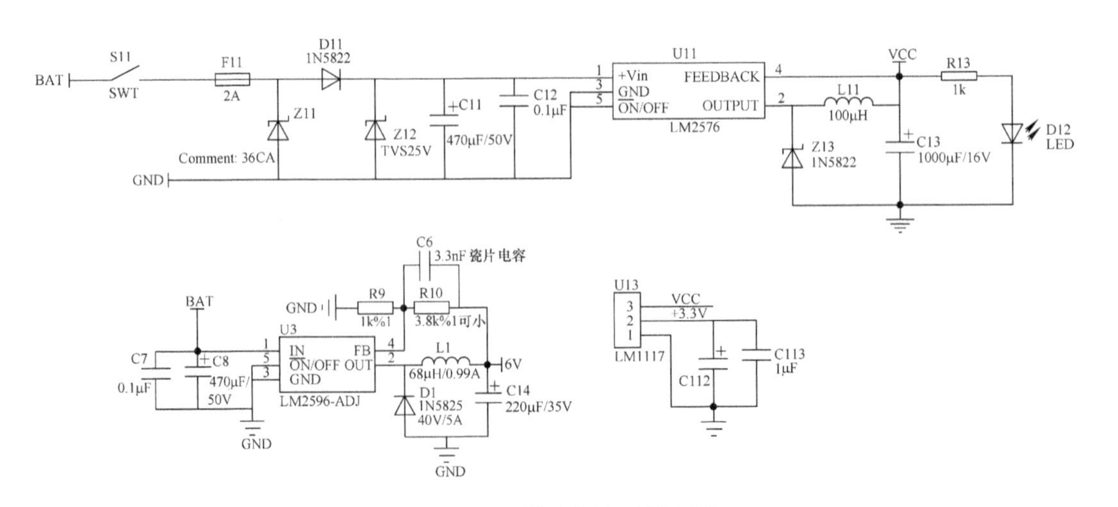

图 10-10　系统电源电路原理图

表 10-2　RS－540SH 直流电动机特性

电压/V		空载		最高效率				堵转	
工作范围	正常	转速 /(r/min)	电流 /A	转速 /(r/min)	电流 /A	转矩 /(mN·m)	输出功率 /W	转矩 /(mN·m)	电流 /A
4.8～9.6	7.2	23400	1.6	20040	9.55	31.0	64.9	216	57

采用集成驱动芯片 BTS7970 搭建 H 型全桥直流电动机驱动电路，用于智能微缩车小功率直流电动机的控制。道路沙盘面积大、环境复杂，电动机功率输出大，所以控制要求较高，需要车载电池提供持续、稳定的电源。所以，对智能微缩车硬件电动机驱动电路要特殊设计，保证为智能微缩车提供给驱动电动机稳定和持续的直流驱动功率，对于不同复杂的路况都能够稳定控制。

设计的智能微缩车 H 型全桥驱动电动机控制电路，如图 10-11 所示。

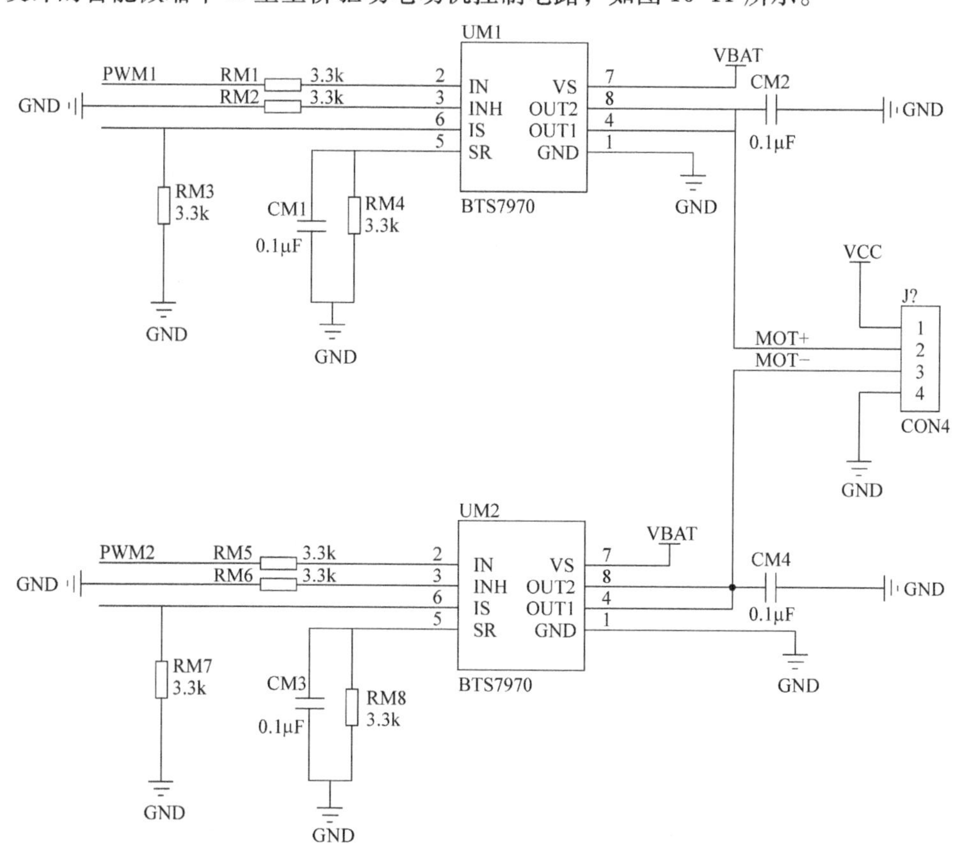

图 10-11　智能微缩车 H 型全桥驱动电动机控制电路

（4）车车通信模块

智能微缩车在行驶验证过程中主要依靠无线通信获取道路信息和周围车辆行驶信息，并且需要获得启停等控制命令，与实际参考的系统相同，智能微缩车设计采用 ZigBee 无线通信方式。

智能微缩车选用美国飞思卡尔（Freescale）公司高灵敏度ZigBee芯片MC13213作为车车通信模型核心单元。MC13213是将支持IEEE 802.15.4协议的射频芯片和具有8位单片机内核的处理器集成一体的片上系统（System on Chip，SOC）芯片。车车通信模块采用RS232串行接口作为与其他设备通信的方式，与本系统监控中心平台和智能微缩车控制板进行无线通信。实验用ZigBee模块如图10-12所示。

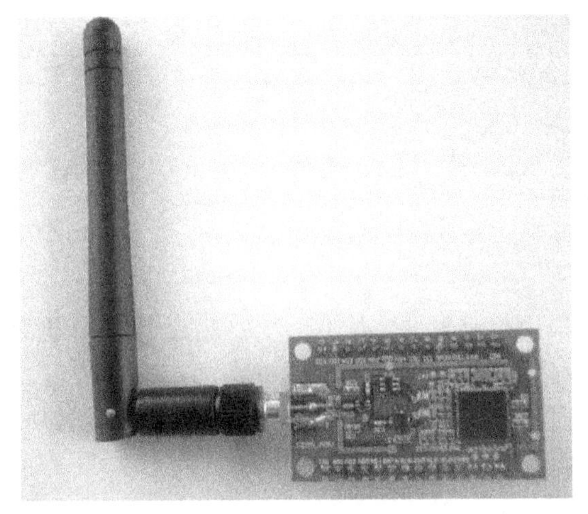
图10-12　实验用ZigBee模块

ZigBee模块参数如表10-3所示。

表10-3　ZigBee模块参数

参数类型	参数名称	参数值
无线网络参数	传输距离	200～2000m
	通信协议	IEEE 802.15.4
	网络拓扑	星形、树形、链形、网状网
数据通信接口	最大数据包	256byte
	数据接口	TTL电平、RS232串口
	波特率	1200～115200bit/s可配置
收发器参数	频率范围	2.405～2.480GHz
	无线信道	16
	发射功率	-27dBm～25dBm
	天线连接	外置SMA天线
工作参数	输入电压	直流2.0～12V
	最大发射电流	200mA
	最大接收电流	55mA
	待机模式	10mA
	工作温度	-40～85℃

除此以外，电路原理图还包括速度反馈电路、数据存储电路、超声波测距电路等。

2. 控制板的PCB设计

控制板是系统硬件的核心。本系统用到了无线通信模块和众多通信端口，而且对系统实时响应要求较高，所以需要特别注意电磁兼容性和信号传输性来考虑设计方案。

（1）接地设计

智能微缩车行驶时各器件功率不同，额定电流也要同时满足，并且电压需要稳定在一定范围，可以采用接地平面覆铜。覆铜整个地平面有较低的阻抗，使地平面能保持一个稳定的电势。同时驱动电动机是智能微缩车的主要功率部件，并且会产生较大工作电流。智能微缩车额定功率为25W，额定电压为12V，当驱动电动机以额定功率运行时，在导线上最高产

生3A左右的大电流，引起PCB产生大电压降。由于其他器件与驱动电动机共用覆铜地，会引起其他器件供电严重不足。所以在设计PCB时需要割裂接地层迫使它环绕割裂位置流动，让大电流不经过控制电路区域；同时避免驱动电动机反向电流干扰需要通过信号输入端接入光耦隔离器件控制电流流向；采用该接地设计方法可以保证驱动电动机工作电流的同时不影响控制电路的正常工作。

（2）信号线包地处理

智能微缩车各组成器件之间通信信号的稳定性决定了控制系统的稳定性。特别需要注意的是，与底层控制板电路相连接的外围模块需要额外处理。智能微缩车系统中的ZigBee无线模块属于高速时钟周期信号，超声波测距信号边沿变化很快，这些实时性要求高的信号电路与底层控制板通信电路可以采用包地处理。信号包地线还可以吸收这些高频信号走线上电流产生的噪声，同时其他电路产生电磁干扰也可以避免。智能微缩车系统控制板上处理器周围的SPI、SDIO总线、IIC总线等也需要包地处理，防止干扰处理器工作。

（3）模拟地、数字地分开设计，在一点接地

智能微缩车系统中包含多组模拟信号和数字信号，地线也同时作为两种信号的电流返回路径。数字信号由于噪声容限大所以抗干扰能力强，但是如果模拟地和数字地共用会导致数字信号的噪声影响模拟信号，所以必须将数字、模拟信号的电流回流路径分离。PCB的数字地和模拟地采用单独布线，并且数字地平面和模拟地平面分割，最后在PCB上没有通信线路的区域通过0Ω电阻单点连接。

（4）提供稳定系统供电，电源网络中需分配储能钽电容器

本系统有多组供电电源，电源网络设计尤为关键。开关噪声会在电源线或者电源平面传播并且对其他芯片产生干扰。所以在设计电路时电源芯片引脚附近都布置有0.01～0.1μF的去耦电容器，其主要功能就是给电路中有源器件提供局部的直流电源。当有源器件处于受干扰馈电状态时，每个芯片旁边的去耦电容器和储能电容器来补充其余的电量。

最终控制板的PCB图和实物图如图10-13所示。

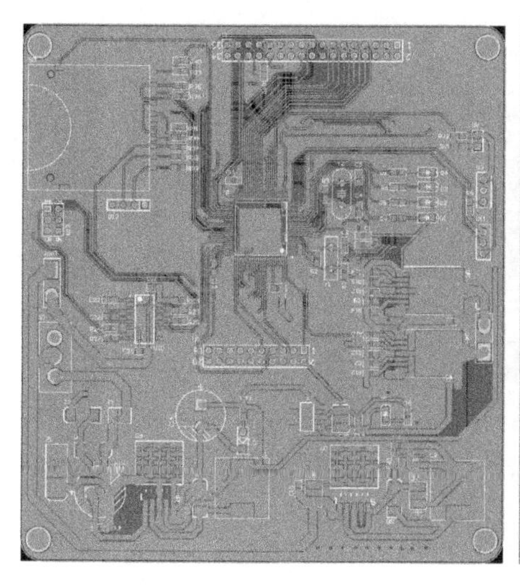

图10-13　系统控制板的PCB图和实物图

10.2.2 环境感知部分设计

（1）Mini－ITX 图像处理微型控制板

Mini－ITX 图像处理微型控制板如图 10-14 所示，基于英特尔赛扬 1037U 型号处理器（1.8GHz）双核，2GB 内存。硬件接口包括一路高速 HDMI 接口，用于连接高速 USB 高清摄像头；识别车辆周围环境通过 Mini－ITX 板，通过上层 OpenCV 函数开发相应的图像处理程序。

本系统选用一路罗技（Logitech）公司的 C270 高清 CMOS 摄像头作为环境识别的传感器（像素为 3 百万，分辨率为 1280×720，最大帧数为 30 帧/秒），通过 USB 接口与 Mini－ITX 板连接，功能实现通过调用 OpenCV 库函数对实时采集的图像进行二次开发，得出控制系统需要的车道线、前车、指示灯等环境信息。

图 10-14　Mini－ITX 图像处理微型控制板

（2）智能微缩车外观

设计稳定可靠的微缩车对验证车辆队列控制来说是一个基本前提条件。其中机械结构的设计是很重要的一方面。微缩车的机械结构（如底盘设计和轮胎）设计要稳定，可以保证微缩车执行机构的稳定，同时保证了移动灵活性。因此，微缩车机械结构设计与控制系统具有同样重要的地位。

智能微缩车半实物平台道路沙盘的车道宽度为 35cm，微缩车为 1∶10 缩比模型车。微缩车采用前轮转向后轮驱动的方案，如图 10-15 所示。

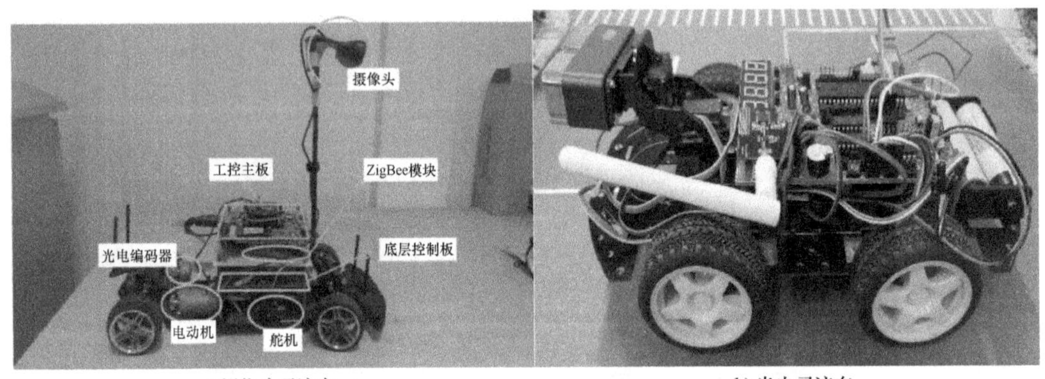

a) 摄像头寻迹车　　b) 光电寻迹车

图 10-15　智能微缩车外观设计图

10.3 智能微缩车平台软件结构

10.3.1 图像处理部分软件结构

如图 10-16 所示，智能微缩车在行驶过程中通过高清摄像头实时对图像进行采集处理。

首先经过滤波滤掉一些噪点，然后对图像进行二值化为黑白像素图，这是图像处理前期阶段。得到二值化图像后，对车道线特征点和白色矩形区域进行判断，对判断为车道线特征点进行霍夫变换并求出连续两帧图像的车道中线位置差来计算方向舵机的转向角度来控制微缩车的转向。通过对白色联通区域的识别来判断前方是否存在车辆；当判定为矩形区域是前车的标示时同时读取超声波采集的距离信息，即为当前车距信息；然后根据测速发电机的反馈值计算当前车速，从而执行安全车距控制模型。图像处理流程效果如图 10-17 所示。

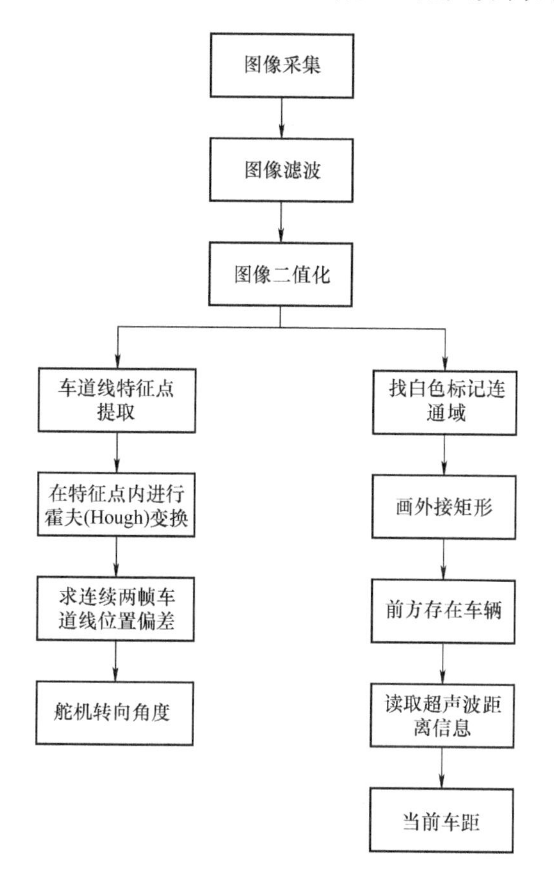

图 10-16　智能微缩车图像处理软件流程图

图 10-17　图像处理流程效果

10.3.2　控制系统部分软件结构

如图 10-18 所示，智能微缩车首先通过车车通信实时获取前车信息，包括（位置、距离、车速、加速度），然后根据提取出的信息判断通信区域内是否有目标车辆。当判断通信区域内存在目标车辆则进入车距保持控制程序，否则选择按当前车速匀速行驶。同时，协同主动避撞模型实时判断当前状态，当判断当前存在安全隐患时，选择前车车速和车距作为安全车距控制模型的输出期望加速度值来控制驱动电动机转速以避免碰撞事故的发生；加速度输出值由微缩车执行机构去执行，最后由输出的车速反馈给控制系统，进入下一周期的闭环避撞控制程序。

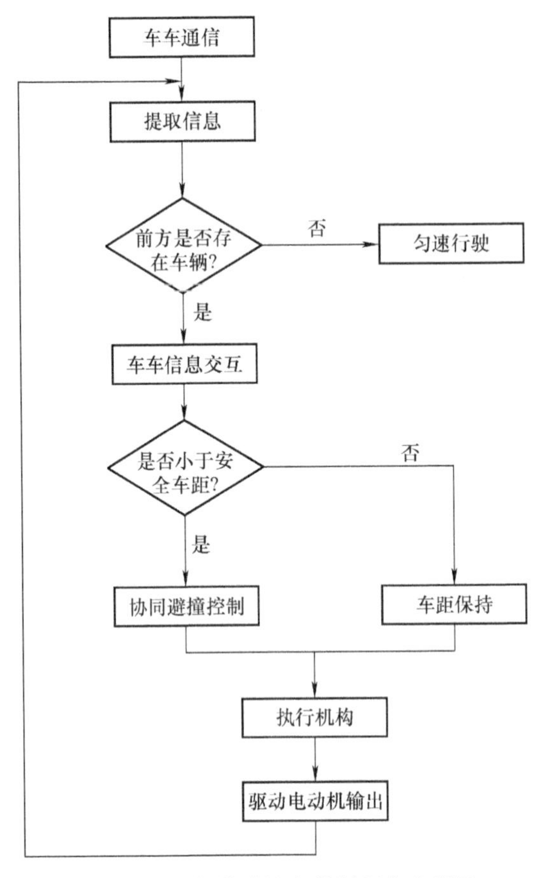

图 10-18 智能微缩车控制程序流程图

10.3.3 数据滤波处理程序结构

智能微缩车验证过程中会接收和处理大量数据，所有数据必须按照统一的规范进行处理，也必须遵循一定的协议规则，相关的数据通信协议如表 10-4 所示。

表 10-4 智能微缩车数据通信协议

协议序列	数据名称	数据结构	数据单位	数据类型	占用字节数
1	起始位	$$	无	字符	2
2	车辆 ID	01	无	字符	2
3	车速	000～400	cm/s	十六进制	2
4	车距	000～500	cm	十六进制	2

（续）

协议序列	数据名称	数据结构	数据单位	数据类型	占用字节数
5	加速度	0~10	cm/s²	十六进制	1
6	车辆 ID	02	无	字符	2
7	车速	000~400	cm/s	十六进制	2
8	车距	000~500	cm	十六进制	2
9	加速度	0~10	cm/s²	十六进制	1
10	车辆 ID	03	无	字符	2
11	车速	000~400	cm/s	十六进制	2
12	车距	000~500	cm	十六进制	2
13	加速度	0~10	cm/s²	十六进制	1
14	故障码	0~255	无	十六进制	1
15	校验码	0~65535	无	十六进制	2

数据处理流程：当智能微缩车行驶时，首先需要对本车的信息进行采集和处理，主要包括控制板的测速发电机 A－D 接口反馈值，超声波 UART 接口反馈值和一些控制量的 IO 值，处理器将这些值进行转换成为可以被程序使用的本车车速、车距、加速度等信息；本车图像识别板还会反馈车道线信息、道路中心线偏移角信息和障碍物信息；在接收到本车信息后，处理器通过无线通信接收其他车辆的行驶信息和控制中心的控制命令，然后将这些信息通过限幅滤波和中位值滤波，滤掉数据中的干扰值和重复值，得出有效的数据后按照协议定义统一编码来参与程序运行；程序运行的结果会通过无线通信传输给 ZigBee 无线网络并通过硬件 SDIO 接口存储到 SD 卡中，存储后的数据用于后期验证分析适用。

智能微缩车信息数据处理流程如图 10-19 所示。

10.3.4　上位机控制软件结构

如图 10-20 所示，在智能微缩车实验过程中，由于实验人员无法直接对 ARM 处理器底层控制板并进行命令控制，因此需要开发监控中心上位机软件与底层控制板进行无线通信，用户通过操作上位机软件来完成对智能微缩车的命令控制，实现智能微缩车控制系统的远程遥控和数据记录分析。

（1）队列控制操作平台

使用 Visual Studio 2010 的 C#语言开发上位机界面，通过界面的 MSCOMM 控件实现与控制终端的 ZigBee 无线通信模块的串行接口链接，从而实现上位机与智能微缩车之间的无线串口通信。监控中心上位机软件的编队控制操作平台主界面如图 10-21 所示。该监控软件可显示并储存智能微缩车在道路沙盘上的行驶信息，还可以用于后期数据分析处理，通过设置 ID 地址与智能微缩车进行命令控制。

软件主要功能如下：

- 参数配置区，配置软件基本端口选择、波特率、校验位。
- 命令控制区，控制命令发送格式、自动发送周期选择、控制按钮配置。
- 数据发送显示区，动态显示上位机端口发送的数据。

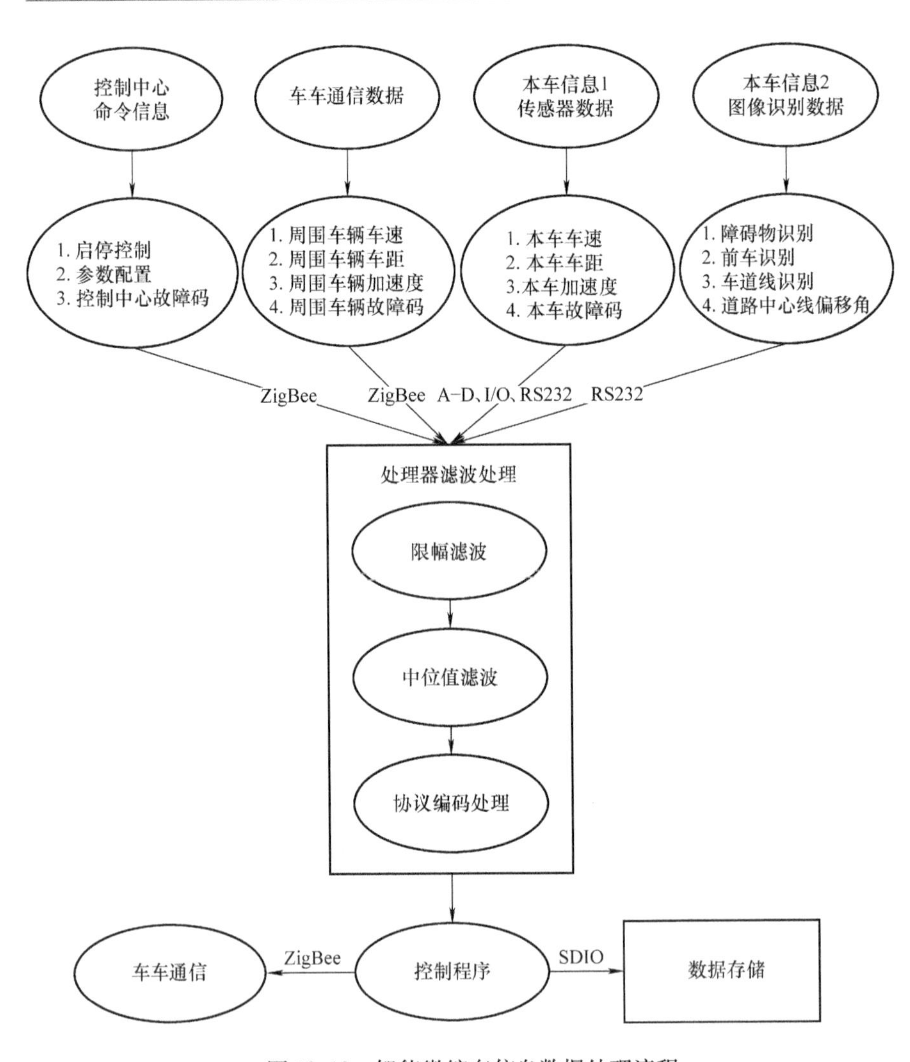

图 10-19　智能微缩车信息数据处理流程

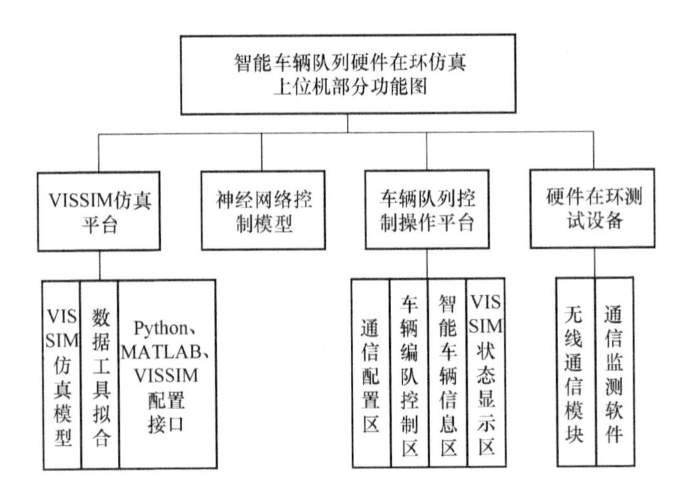

图 10-20　智能车辆软件功能结构图

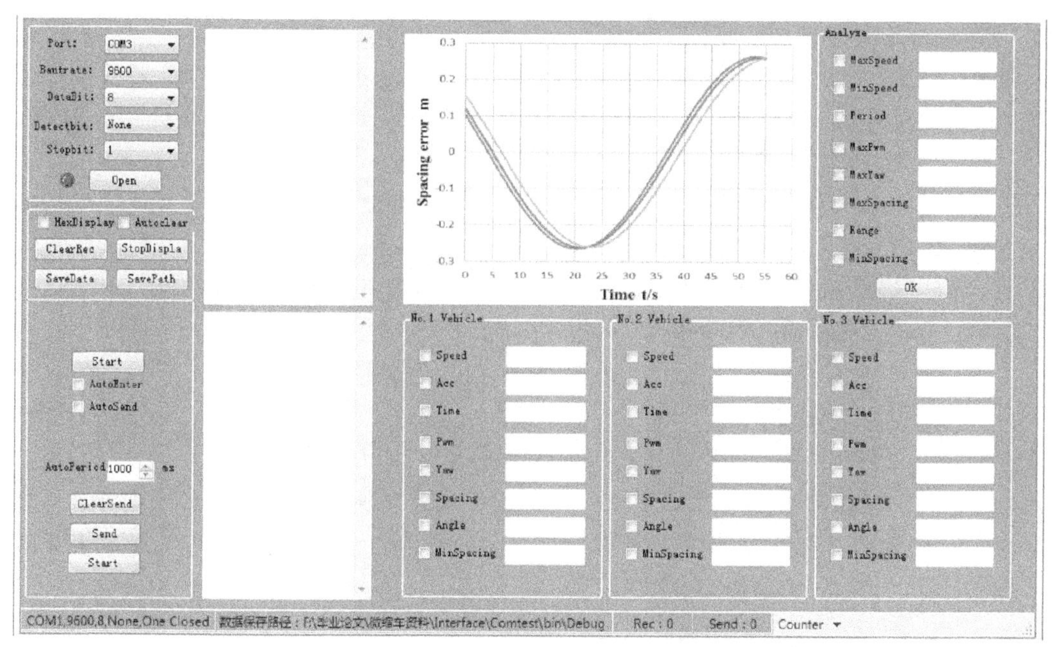

图 10-21　编队控制操作平台主界面

- 数据接收显示区，动态显示上位机端口接收的数据。
- 1 号、2 号、3 号车行驶信息显示区，实时显示 3 辆车的行驶状态，主要有车速、加速度、PWM 值、车距、转向角度、当前最小车距和当前时间。
- 曲线显示结果区，3 辆车的运行曲线回放。
- 曲线显示选择区，选择 3 辆车曲线回放的时间周期和曲线名称。

（2）VISSIM 仿真平台

针对硬件在环仿真系统，VISSIM 仿真平台基于实际智能车实验平台进行同比例缩放搭建，如图 10-22 所示。通过 VISSIM 软件提供的 COM 接口，与 MATLAB 软件建立连接，获取智能车辆队列控制与信息显示平台中采集的实际车辆数据，并对仿真车辆进行同步控制；同时，仿真车辆实时地将坐标（根据车辆所在车道及行驶里程确定）返回给平台。VISSIM 仿真平台通过安置检测器，将仿真队列行驶状态进行保存，通过分析数据进一步为队列控制模型进行优化。

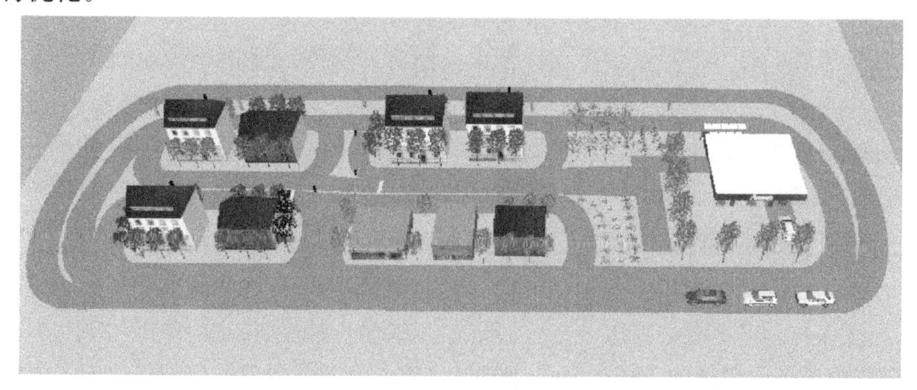

图 10-22　VISSIM 仿真平台

VISSIM 是基于微观交通流模型所建立的仿真建模工具。通过对交通组成、车辆行驶状态、道路运行指标、公共交通设计等方面的设计与控制，它可实现对于城市道路交通及城市公共交通的仿真建模。是对于评价交通工程、城市交通规划、解决交通问题方面有效的技术工具。

同时，VISSIM 提供的 COM 接口能够与其他应用程序连接，进一步的对仿真模型的数据进行分析、处理。本系统主要通过 MATLAB 编译环境，实现对 VISSIM 软件的直接控制。将车联网下车辆队列控制与 VISSIM 软件相结合，在仿真软件中实现车辆自组队、车队速度控制、队列运行状态数据输出的功能。

10.4 仿真结果分析

通过按照 1:10 的比例分别搭建了微缩车平台的硬件、软件和上位机控制软件，为了验证设计的控制模型，需要对环境参数进行缩比设置。并选择两个具有代表性的验证实验作为模型验证手段，验证控制模型的可行性。

10.4.1 仿真场景环境参数设置

按照微缩车平台与实际场景 1:10 的比例，实验参数设定如表 10-5 所示。

表 10-5 实验参数设定

类型	微缩车	实车
微缩车控制程序周期/ms	200	200
车速范围/(m/s)	0.5 ~ 4	5 ~ 40
路面摩擦系数 μ	0.8	0.85
测距传感器类型	超声波	雷达
车车通信方式	ZigBee	ZigBee/DSRC
安全车距/m	0.3	3
加速度范围/(m/s^2)	-0.6 ~ 0.6	-6 ~ 6

10.4.2 智能网联汽车编队控制效果

输入加速度在 -6 ~ 6m/s^2 正弦变化，验证车辆队列协同控制模型控制效果，如图 10-23 所示。

通过头车加速度正弦变化实验，从实验数据可以得出两车的车速稳定在 1 ~3m/s，加速度稳定在 -0.6 ~0.6m/s^2，并且三车车速变化趋势一致，理想车距差值保持在 15cm 以内。在正弦急加速和急减速的速度变化情况下，三车的加速度曲线会有小幅震荡，但是没有骤变和趋于零的情况出现。整个实验过程在满足车辆行驶安全性条件和队列稳定性条件下进行，没有发生安全事故，车距保持稳定，充分验证了车辆队列协同控制模型的可靠性。

如图 10-23 所示，头车在做正弦加速度变化时，会按照正弦输入变化车速，与后车的车距也会实时变化；车辆队列控制模型会将三车作为一体进行控制，实时判断当前状态并及时

调整速度大小保证车辆队列按最小安全车距行驶；并且，三车之间距离基本稳定在一定范围之内，车速不会发生跳变引起安全隐患，整个过程车辆队列安全稳定行驶。

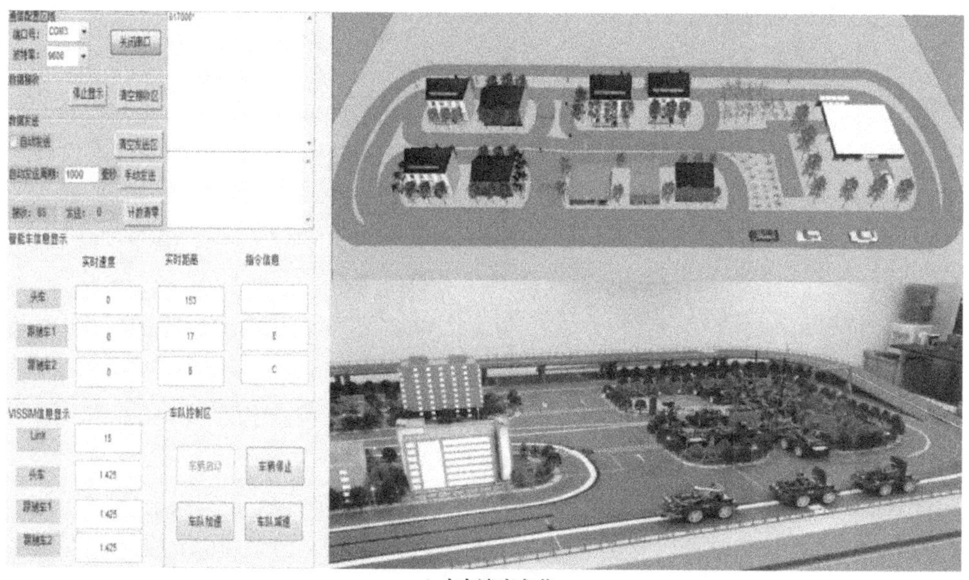

a) 头车速度变化

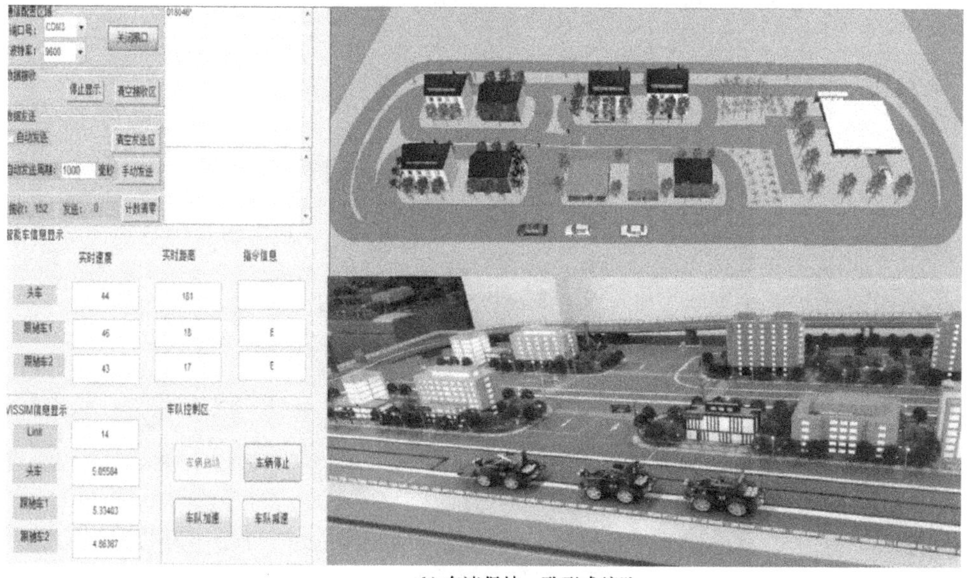

b) 车速保持一致形成编队

图 10-23　智能微缩车验证车辆队列协同控制模型

10.4.3　智能网联汽车编队主动安全控制效果

车辆进入弯道和高架桥时，存在传感器感知盲区，行驶信息丢失严重，特别是队列中某车辆存在阶跃变化时，队列稳定性很难保证，此场景可用来验证 CACA 模型和 CCA 模型实验结果。实验选取和本书第 5 章仿真验证的场景缩比参数，前两车按 1m/s 的速度行驶，后车速度阶跃变化为 3m/s 的车速行驶，并分别验证 CACA 控制下的协同主动避撞控制实验结果。

进入弯道和高架桥信息缺失情况，可通过硬件在环仿真实验结果进行分析。当初始 3 号车的车速发生阶跃变化且与前车距离小于安全车距时，CACA 模型会计算当前车距是否大于制动距离。判断当前车距过近时，后车采取最大制动减速度 -0.6m/s^2 紧急制动，同时控制 1 号和 2 号车按 CACA 模型分配加速度，分别以 0.2m/s^2 和 0.1m/s^2 的加速度进行加速避撞控制；在车速结果曲线中，当 0 号车车速从 3m/s 减小且 1 号和 2 号车也同时加速，三车的车速曲线最终在 1m/s 左右的车速下汇合，三车的车速趋于一致，车车之间相对速度为零，队列进入稳定行驶；三车的最终运行效果可以在车距曲线中直观地看到，通过车距曲线可以看到 1 号和 2 号车的车距保持在 1m 左右，会有小幅震荡但没有趋近于零的趋势，1 号和 2 号车不存在碰撞隐患，0 号和 1 号车的车间距从 3m 开始减小到最小安全车距 30cm 左右，曲线不会趋近于零，说明协同主动避撞控制完成了避撞，三车最终按照稳定的状态安全行驶。这满足车辆队列的安全性条件，充分说明了 CACA 模型的可行性。

根据图 10-24 所示的实验，可以比较 CCA 和 CACA 的实际验证效果。在进入弯道和高架桥信息缺失情况下，可以看出当 1 号和 2 号车低速行驶时，如果 0 号车速度发生阶跃跳变会导致车距太小，在 CCA 控制下无法避免碰撞事故；当 CACA 控制时，1 号和 2 号车会根据 CACA 模型的分配加速度值加速避撞，及时弥补车距不足的漏洞，加速行驶产生的额外车距使得 0 号车有充足的距离完成紧急制动，最终三辆车的车速趋于一致，车距均保持在安全车距范围内，不会发生碰撞事故这样车辆队列可以稳定安全地行驶，验证了 CACA 模型相比 CCA 模型的优势。整个实验过程在满足车辆行驶安全性条件和队列稳定性条件下进行，没有发生安全事故，车距保持稳定，充分验证了车辆队列协同控制模型的可靠性。

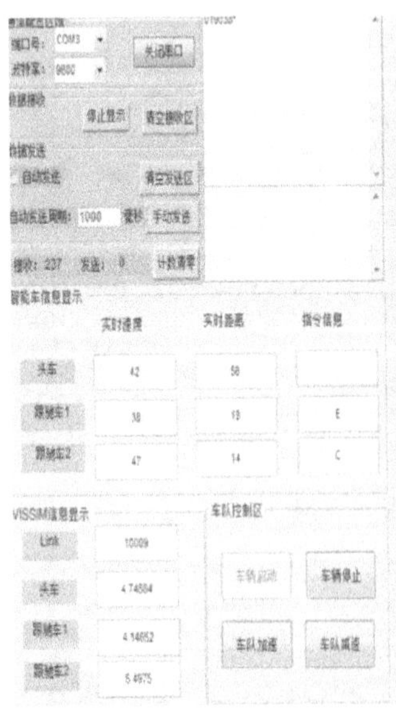

a) 进入弯道车速调整

图 10-24　CACA 模型实验场景

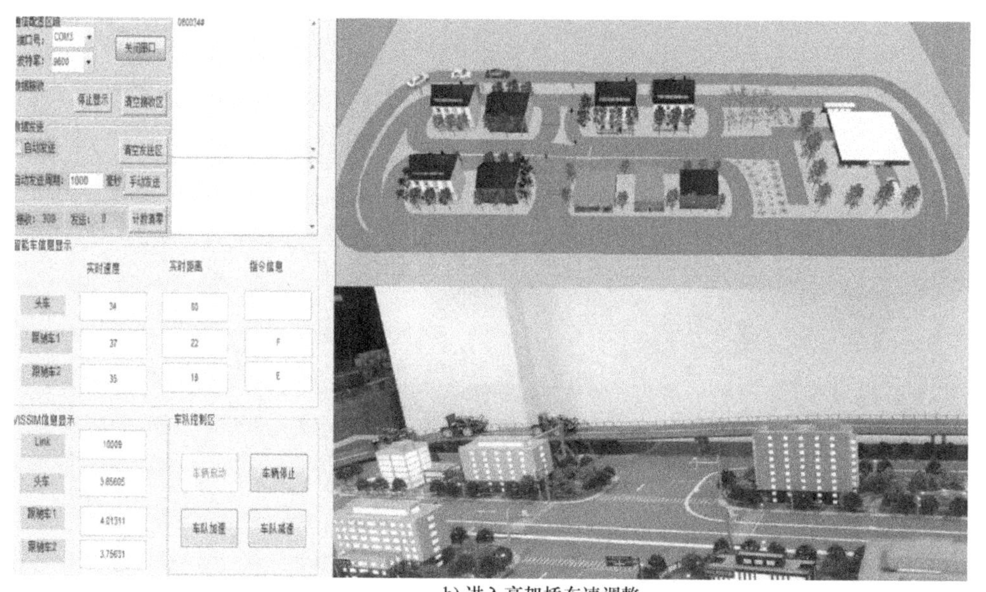

b) 进入高架桥车速调整

图 10-24 CACA 模型实验场景（续）

参考文献

[1] Naus G J L, Vugts R P A, Ploeg J, et al. String - stable CACC design and experimental validation: A frequency - domain approach [J]. IEEE Transactions on vehicular technology, 2010, 59 (9): 4268 - 4279.

[2] Fernandes P, Nunes U. Platooning with IVC - enabled autonomous vehicles: Strategies to mitigate communication delays, improve safety and traffic flow [J]. IEEE Transactions on Intelligent Transportation Systems, 2012, 13 (1): 91 - 106.

[3] Tan H S, Guldner J, Patwardhan S, et al. Development of an automated steering vehicle based on roadway magnets - a case study of mechatronic system design [J]. IEEE/ASME transactions on mechatronics, 1999, 4 (3): 258 - 272.

[4] Behringer R, Muller N. Autonomous road vehicle guidance from autobahnen to narrow curves [J]. Robotics & Automation IEEE Transactions on, 1998, 14 (5): 810 - 815.

[5] Hunter M, Roe M, Wu S. Hardware - in - the - loop simulation evaluation of adaptive signal control [J]. Transportation Research Record: Journal of the Transportation Research Board, 2010, (2192): 167 - 176.

[6] 施绍有，高峰，史科．智能车辆巡航建模与硬件在环试验［J］．中国机械工程，2008，19（4）：0 - 401.

[7] 方兴，杨明，彭新荣．智能车硬件在环仿真系统的设计与实现［J］．华中科技大学学报（自然科学版），2008（1）．

[8] Brennan S N. Modeling and control issues associated with scaled vehicles [D]. Urbana - Champaign: University of Illinois at Urbana - Champaign, 1999.

[9] Brennan S N. On size and control: the use of dimensional analysis in controller design [D]. Urbana - Champaign: University of Illinois at Urbana - Champaign, 2002.

[10] Polley M, Alleyne A, Vries E D. Scaled vehicle tire characteristics: dimensionless analysis [J]. Vehicle System Dynamics, 2006, 44 (2): 87 - 105.

[11] Buckingham E. On physically similar systems; illustrations of the use of dimensional equations [J]. Physical Review, 1914, 4 (4): 345 - 376.

[12] Verma R, Del Vecchio D, Fathy H K. Development of a scaled vehicle with longitudinal dynamics of an HMMWV for an ITS testbed [J]. Mechatronics, IEEE/ASME Transactions on, 2008, 13 (1): 46 - 57.